我
们
一
起
解
决
问
题

# 采购管理实操
# 从入门到精通

滕宝红◎主编

人民邮电出版社

北 京

**图书在版编目（CIP）数据**

采购管理实操从入门到精通 / 滕宝红主编. -- 北京：
人民邮电出版社，2019.5
ISBN 978-7-115-50942-0

Ⅰ．①采… Ⅱ．①滕… Ⅲ．①采购管理 Ⅳ.
①F253

中国版本图书馆CIP数据核字(2019)第042411号

## 内 容 提 要

采购经理是采购管理工作的主要负责人，提高采购经理的工作能力是提升采购管理水平的重要手段之一。

《采购管理实操从入门到精通》以图文结合的形式，把采购经理需要掌握的各项知识和技能分解成365个知识点。采购经理可以每天学习一个知识点，并将其应用到实际工作中。本书内容包括采购计划管理、供应商管理、采购谈判管理、采购合同管理、采购订单管理、采购价格控制、采购成本管理、采购品质控制、采购方式选择、采购人员管理等多个方面，可以有效地帮助采购经理提高工作能力和工作效率，增强团队的凝聚力和战斗力。

本书不仅可以作为采购经理自我充电、自我提升的学习手册和日常管理工作的"小百科"，还可以作为相关培训机构开展岗位培训、团队学习的参考资料。

◆ 主　　编　滕宝红
　　责任编辑　程珍珍
　　责任印制　彭志环
◆ 人民邮电出版社出版发行　　北京市丰台区成寿寺路11号
　　邮编　100164　　电子邮件　315@ptpress.com.cn
　　网址　http://www.ptpress.com.cn
　　北京七彩京通数码快印有限公司印刷
◆ 开本：800×1000　1/16
　　印张：20　　　　　　　　　2019年5月第1版
　　字数：380千字　　　　　　2025年1月北京第13次印刷

定　价：75.00元

读者服务热线：（010）81055656　印装质量热线：（010）81055316
反盗版热线：（010）81055315
广告经营许可证：京东市监广登字20170147号

# 前　言

采购管理在企业管理体系中的地位非常重要，因为它涉及企业内部各项具体而烦琐的采购事务。采购经理是企业采购事务的主要负责人，相当于企业采购事务的"大管家"。采购经理只有充分掌握采购管理的各项技能，才能带领本部门人员做好采购管理工作。

本书内容分为三个部分。

第一部分为"岗位职责"，主要介绍了采购经理的岗位职责，具体包括采购部的职责权限以及采购经理的职责要求和工作内容。

第二部分为"管理技能"，主要介绍了采购经理需要掌握的各项管理技能，如制订工作计划、汇报与下达指示、进行有效授权等。

第三部分为"专业技能"，主要介绍了采购经理在日常工作中需要掌握的各项实操技能。这部分内容是本书的重点，涵盖了采购模式的确定、采购管理基础建设、采购计划管理、供应商管理、采购谈判管理、采购合同管理、采购订单管理、采购价格控制、采购成本控制、采购质量控制、"互联网+"下的采购管理、招标采购管理、采购部人力资源管理等。

通过对本书的学习，采购经理可以全面掌握采购管理的各项技能，更好地开展采购管理工作。

本书具有以下五个特点。

（1）模块清晰。全书分为三大部分，即岗位职责、管理技能和专业技能。通过学习岗位职责部分，采购经理可以了解本部门的职责权限和工作内容；通过学习管理技能部分，采购经理可以掌握工作中需要用到的各项管理技能；通过学习专业技能部分，采购经理可以学到本岗位的各项专业技能。

（2）内容全面。本书的最大亮点就是把采购经理需要掌握的知识和技能分解成365个知识点。一年365天，采购经理可以每天学习一个知识点，并将其应用到实际工作中。

（3）版式新颖。本书每一章的前面都设计了一段A经理与Q先生的对话，这些生动的对话简要地归纳了每一章的知识要点，不仅能提升读者的阅读兴趣，也便于读者记忆。

（4）拓展知识丰富。本书提供了大量的图表，以直观的形式展示相关知识点，便于读者阅读和学习。此外，书中还设置了"经典范本""实用案例"等栏目，对相关知识点进行了丰富和拓展，为读者提供了有价值的信息。

（5）实操性强。由于现代人们工作节奏快、学习时间有限，本书尽量做到去理论化、注重实操性，以精确、简洁的方式描述所有知识点，最大限度地满足读者希望快速掌握采购管理技能的需求。

本书由浙江智盛文化传媒有限公司、深圳市中经智库文化传播有限公司策划，由知名管理实战专家滕宝红主持编写。

由于编者水平有限，加之时间仓促，书中难免会出现疏漏与缺憾之处，敬请读者批评指正。

# 目 录

## 第一部分  岗位职责

### 第一章  采购部职责 ……………………2

采购经理要想有效地开展工作，就必须了解采购部在企业中所处的位置及其职责权限、日常工作流程。另外，采购经理还要事先明确一年的工作安排，这也是其岗位职责的一部分。

### 第二章  采购经理岗位须知……………9

采购经理岗位须知主要包含两方面的内容，即岗位要求和工作内容。岗位要求是对采购经理任职资格提出的各种要求，只有达到这些要求，采购经理才能胜任该岗位工作。工作内容是指采购经理必须了解和掌握的主要工作事项。

## 第二部分  管理技能

### 第三章  基本管理技能………………16

基本管理技能是指采购经理在日常管理工作中需要用到的一系列管理手段，如制订工作计划、进行有效授权、开展沟通等。采购经理只有掌握了这些基本管理技能，才能高效地开展工作。

1

采购经理除了要做好基础管理工作之外，还要做好自我管理工作，即个人形象自检和自我反思。通过个人形象自检，采购经理可以拥有更好的个人形象；而通过自我反思，采购经理可以获知个人失误，以便及早做出改进，取得更大进步。

# 第三部分　专业技能

采购模式是采购主体获取资源或物品、工程、服务的途径、形式与方法。它决定着企业能否有效地组织、控制各种资源，以保证生产和经营正常进行。

采购是企业供应链管理中的一个重要环节。企业能否做好采购管理工作对整个企业的经营活动能否顺利进行起着决定性的作用。

制订采购计划就是确定如何采购物料和服务,以便更好地满足企业生产需求的过程。采购经理在制订采购计划时要重点考虑的问题包括是否采购、采购什么、采购多少、怎样采购及何时采购。

采购谈判是指企业为了采购商品，与卖方（即供应商）就购销业务有关事项，如商品的品种、规格、技术标准、质量保证、订购数量、包装要求、售后服务、价格、交货日期与地点、运输方式、付款条件等进行反复磋商，最终达成协议，建立双方都满意的购销关系的过程。

## 第十章　采购合同管理................161

采购合同管理是采购经理的一项重要工作内容。采购经理要带领采购部门成员做好合同的编制、签订以及各类变更事宜。合同管理一旦出现差错，就容易给企业造成损失，甚至引发纠纷，因此采购经理必须做好采购合同管理工作。

## 第十一章　采购订单管理................176

采购订单管理包括六个方面，即采购下单、订单跟催、采购进货、采购收货、应对交货期延误以及采购结算与付款。由于这六个方面在采购管理中发挥着重要作用，所以采购经理要对它们给予高度重视。

# 第十二章 采购价格控制........220

物品采购价格构成企业产品的成本，其高低直接影响企业产品的利润和采购的绩效。每降低一分钱的成本，就相当于为企业赢回一分钱的利润，因此控制采购品的价格十分重要。

# 第十三章　采购成本控制....234

采购成本对企业的经营业绩有着重要的影响。降低采购成本不仅会减少企业现金流出，而且能降低产品成本、增加利润、增强企业竞争力。采购经理应从多方面入手，严格控制企业的采购成本。

# 第十四章　采购质量控制....248

采购物料质量是企业产品品质控制的第一个环节，物料质量的好坏直接影响企业最终产品的质量和生产进度，因此采购经理应做好采购产品质量控制工作。

# 第十五章 "互联网+"下的采购管理..........265

在"互联网+"背景下，传统企业如何做好采购管理创新，实现高效、集中、阳光、协同的生态型采购管理是至关重要的。

# 第十六章 招标采购的管理..........284

招标采购是指采购方作为招标方，事先提出采购的条件和要求，邀请众多企业参加投标，然后由采购方按照规定的程序和标准一次性从中择优选择交易对象，并与提出最有利条件的投标方签订协议的过程。这是寻找优质供应商进行采购的最有效的方法之一。

采购人员是采购活动的执行者，决定着采购活动能否顺利进行。因此，采购经理要做好对采购人员的管理，提高采购人员的素质。具体来说，就是要把好招聘关，做好培训与考核工作；同时，要对采购人员进行监督，以防贪腐问题产生。

# 第一部分

## 岗位职责

# 第一章　采购部职责

**导读 >>>**

采购经理要想有效地开展工作，就必须了解采购部在企业中所处的位置及其职责权限、日常工作流程。另外，采购经理还要事先明确一年的工作安排，这也是其岗位职责的一部分。

　　　　Q先生：A经理，请问如何才能做好采购部的管理工作呢？

　　　　A经理：我认为要先了解采购部在整个企业中的位置，以及它的职责权限、日常工作流程、与其他部门的关系，只有这样，才能顺利地开展采购部的工作。

　　　　Q先生：那么，我该如何安排日常工作呢？

　　　　A经理：根据我的经验，你可以按日、周、月、季度以及年度对日常工作进行安排，使工作有条不紊、循序渐进。

　　说明：A经理是一名具有多年工作经验的采购经理；
　　　　　Q先生是一名刚上任的采购经理。

# 第一节　采购部概述

## 001　采购部所处的位置

在生产型企业中，采购部主要负责企业的各项采购事务，如制订采购计划、开发与管理供应商、开展采购谈判等。

由于各类生产型企业的组织架构各不相同，所以采购部在其中所处的位置也不尽相同。通常而言，采购部在企业中的位置如图1-1所示。

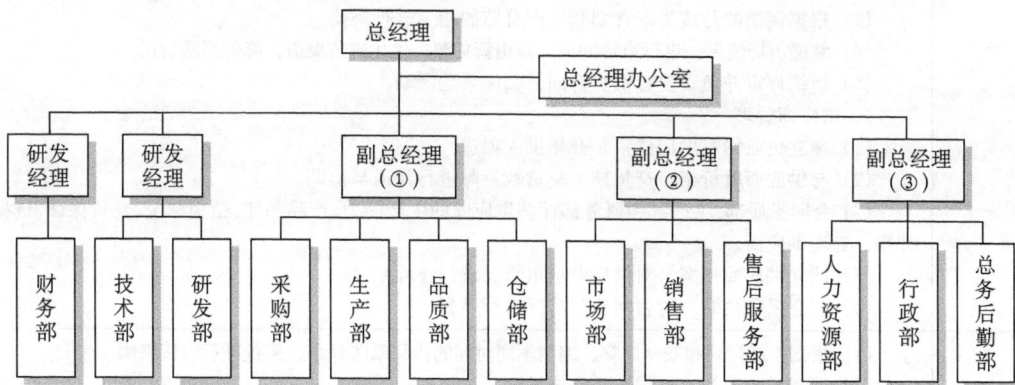

图1-1　生产型企业组织结构

备注：　"①"是指这位副总经理在生产型企业中分管采购部、生产部、品质部和仓储部。
　　　　"②"是指这位副总经理在生产型企业中分管市场部、销售部和售后服务部。
　　　　"③"是指这位副总经理在生产型企业中分管人力资源部、行政部和总务后勤部。

## 002　采购部的职责权限

采购部的具体职责权限如表1-1所示。

表1-1　采购部的职责权限

| 责权类别 | 具体内容 |
| --- | --- |
| 职能 | 1. 物料计划<br>（1）根据企业年度和月度生产计划的需要、各原辅材料消耗定额以及各采购项目的供货周期，编制月度物料需求及采购计划 |

（续表）

| 责权类别 | 具体内容 |
|---|---|
| 职能 | （2）按各部门物料需求情况，安排物料供应的批次<br>（3）统计分析物料耗用情况<br>（4）对超计划的用料进行分析，并向上级提交相关分析报告<br>　2．物料定额<br>（1）制订物料定额管理计划，有序实施物料定额工作<br>（2）学习、研究物料定额管理技术，使物料的使用更合理<br>（3）会同相关部门确定各项物料的采购量，及时了解存货情况，以便进行合理采购<br>（4）对物料消耗定额进行管理<br>（5）对物料储备定额进行管理<br>　3．物料采购<br>（1）汇总各部门的采购申请单，编制采购作业计划<br>（2）统一采购生产部门所需的物料，保证生产经营活动的顺利进行<br>（3）根据调整的月度生产计划和生产总监的指示进行采购<br>（4）掌握市场信息，进行市场询价，开拓新货源，优化进货渠道，降低采购费用<br>（5）组织评审并负责签订供货合同，实施采购活动<br>　4．供应商管理<br>（1）建立企业物料供应体系，开拓供应渠道<br>（2）与供应商就价格、交货期、交货数量等进行沟通与协调<br>（3）会同品质部、生产部和财务部评估供应商的生产能力、产品品质、信用状况、交货保证，选择、评审、管理供应商<br>（4）建立供应商档案，对供应商信用情况进行管理<br>（5）建立采购合同，对合同执行情况进行监督 |
| 责任 | （1）根据生产计划和安全库存，编制不同时期的物料采购计划，经批准后组织采购<br>（2）编制采购预算，经批准后实施采购<br>（3）审查各类请购申请，核查采购的必要性以及请购规格与数量是否恰当<br>（4）对供应商的资料进行收集、整理、选择和保管，对合格供应商进行评估<br>（5）执行采购活动，包括询价、比价、议价、订购及交货的催促与协调<br>（6）做好市场供求信息及价格调查，保质采购，确保满足生产及经营活动的需要<br>（7）做好物料消耗分析，在保证满足生产及经营需要的前提下降低资金占用量，减少库存<br>（8）收集市场上的物料价格信息，利用各种途径降低成本<br>（9）做好采购结算工作<br>（10）对国外采购的进口许可申请、结汇、公证、保险、运输及报关等事务进行处理<br>（11）其他相关职责 |
| 权力 | （1）具有采购方式设定、额度内资金支配的权力<br>（2）具有代表公司选择、评估、确定合格供应商的权力<br>（3）在计划范围内，具有代表公司对外签署采购合同的权力<br>（4）对于不合格的供应商，具有索赔、解除供应关系的权力<br>（5）对请购方式、手续权限、进度控制有监督权<br>（6）在不影响公司正常经营的情况下，具有对外物资进行调配的权力<br>（7）具有处理公司废旧物资、已损坏物资的权力<br>（8）对本部门员工的调动、奖惩、晋级、工作任务的重新分配有建议权 |

## 003 采购部的工作流程

为了保证企业生产正常进行，采购部需要建立与企业性质相一致的采购管理流程。表1-2是某企业采购部的工作流程，仅供读者参考。

表1-2 采购部的工作流程

| 流程图 | 流程详述 |
|---|---|
| ① 确认采购需求 | ①在采购之前确认采购需求，即确定购买哪些物料、买多少、何时买、由谁决定购买等 |
| ② 对需求进行说明 | ②确认需求之后，对需求的细节如品质、包装、售后服务、运输及检验方式等，均须加以明确说明 |
| ③ 选择供应商 | ③根据需求情况，从原有供应厂商中选择实绩良好的厂商，通知其报价，或通过网络发布公告等公开征求 |
| ④ 确定价格 | ④明确供应商之后，与其进行价格谈判 |
| ⑤ 安排订单 ←重购 | ⑤价格谈妥后，办理订货签约手续，订单或合同均属具有法律效力的书面文件，买卖双方的要求及权利和义务均须在订单或合同中列明 |
| ⑥ 追踪与稽核订单是否与合同相符 —否→ ⑦不符，予以退货处理 / 是 | ⑥签约订货之后，应依据合同规定，督促厂商在保质保量的前提下按时发货，并严格验收入库 |
| | ⑦凡供应商所交货品与合同规定不符或验收不合格的，应依照合同规定退货，并立即办理重购，同时予以结案 |
| ⑧ 核对发票 | ⑧供应商所交货品经验收合格后，应及时为其开具发票。在付清货款时，采购部应核对发票的内容，确认无误后财务部才能办理付款 |
| ⑨ 结款 | ⑨验收合格与否，均须办理结案手续，以清查各项书面资料有无缺失，核算绩效好坏，并呈报高层管理者或权责部门核阅批示 |
| ⑩ 记录与档案维护 | ⑩凡经结案批示后的采购案，均应列入档案进行登记、编号、分类并妥善保管 |

# 第二节　365天工作安排

## 004　了解国家法定节假日

采购经理必须了解一年中的国家法定节假日。一年中常规的国家法定节假日如表1-3所示。

表1-3　国家法定节假日

| 序号 | 节假日名称 | 放假天数 | 日期 |
|---|---|---|---|
| 1 | 新年 | 1天 | 1月1日 |
| 2 | 春节 | 3天 | 农历正月初一、初二、初三 |
| 3 | 清明节 | 1天 | 农历清明当日 |
| 4 | 劳动节 | 1天 | 5月1日 |
| 5 | 端午节 | 1天 | 农历端午当日 |
| 6 | 中秋节 | 1天 | 农历中秋当日 |
| 7 | 国庆节 | 3天 | 10月1日、2日、3日 |
| | | | |

## 005　计算工作时间

工作时间又称法定工作时间，是指国家相关法律规定，劳动者在用人单位从事相关工作或者生产的时间。

1．工作时间的计算

年工作日：365天－104天（休息日）－11天（法定节假日）＝250（天）

季工作日：250天÷4季＝62.5（天）

月工作日：250天÷12月＝20.83（天）

2．有效工作时间

有效工作时间是指员工完成一项工作必需的时间。如果上班时间为8个小时，通常情况下，扣除必要的个人私事所花费的时间，员工有效工作的时间往往是达不到8个小时的。

## 006　采用阶段工作法

采购经理可以采用阶段工作法，对一年的工作进行具体安排。那什么是阶段工作法呢？这里所说的阶段指的就是一日、一周、一月、一季度、一年共五个不同阶段。

采购经理可按天、周、月、季度及年度对工作事项进行安排，并对工作进行分阶段总结，具体安排如表1-4所示。

表1-4　采购经理阶段工作安排

| 序号 | 周期 | 工作事项 | 备注 |
|---|---|---|---|
| 1 | 日 | (1) 制订每日工作计划<br>(2) 每日进行形象自检<br>(3) 参加或主持每日部门早会<br>(4) 处理小额请购<br>(5) 处理紧急订单<br>(6) 处理与供应商的纠纷<br>(7) 跟踪下属工作进度<br>(8) 整理文件 | |
| 2 | 周 | (1) 制订每周工作计划<br>(2) 主持并参加相关会议<br>(3) 参与采购谈判<br>(4) 监督采购人员的工作<br>(5) 协调与其他部门的关系<br>(6) 监视供应商交货状况<br>(7) 来料后及时处理重大品质问题<br>(8) 控制采购成本<br>(9) 处理采购退货与索赔问题 | |
| 3 | 月 | (1) 制订每月工作计划<br>(2) 对请购进行确认<br>(3) 跟催物料，保证及时到货<br>(4) 接收监管采购物料<br>(5) 签订采购合同<br>(6) 控制采购价格和成本<br>(7) 进行供应商质量认证 | |

（续表）

| 序号 | 周期 | 工作事项 | 备注 |
|---|---|---|---|
| 4 | 季度 | （1）制订每季度工作计划<br>（2）招聘采购人员<br>（3）进行采购部门员工培训<br>（4）进行采购部门绩效评估<br>（5）考核供应商 | |
| 5 | 年度 | （1）编写年度工作总结与下一年工作计划<br>（2）编制年度采购计划<br>（3）开发供应商 | |

# 第二章 采购经理岗位须知

**导读 >>>**

采购经理岗位须知主要包含两方面的内容，即岗位要求和工作内容。岗位要求是对采购经理任职资格提出的各种要求，只有达到这些要求，采购经理才能胜任该岗位工作。工作内容是指采购经理必须了解和掌握的主要工作事项。

Q先生：A经理，我对自己能否胜任采购经理的工作不是很有信心，请问要做一名合格的采购经理，应该达到怎样的要求？

A经理：要想胜任这份工作，不仅需要具备良好的个人形象、过硬的心理素质、丰富的专业知识以及较强的个人能力，而且还需具有高尚的职业道德。

Q先生：有关具体的工作事项，您能给我一些建议吗？

A经理：采购经理的工作千头万绪，但具体来说分两部分，即日常管理和专业管理。前者是指制订工作计划、汇报与下达指示等；后者则是指每天要做的专业事务，如采购谈判管理、采购品质控制等。

# 第一节　采购经理岗位要求

## 007　个人形象要求

采购经理的形象主要体现在穿着服饰、言谈举止、神态等方面，具体要求如表2-1所示。

表2-1　采购经理的形象要求

| 序号 | 形象素质 | 具体说明 |
|---|---|---|
| 1 | 穿着服饰 | 整洁、朴素、舒适、大方是对采购经理穿着服饰方面的基本要求。无论穿什么款式的服装，戴什么样的装饰，都要做到衣着雅致美观、外表整洁端庄 |
| 2 | 言谈举止 | 言谈举止是一个人文化水准、性格特征、爱好、经历的直接表现，采购经理要做到举止彬彬有礼、谈吐文雅严谨 |
| 3 | 神态 | （1）作为管理人员，采购经理要给人一种亲切感、可以信赖感<br>（2）在日常工作交往中，一般采用"公事凝视"，即用眼睛看着对话者脸上的三角部分，这个三角以双眼为底线，上顶角到前额，给人以郑重、严肃的感觉<br>（3）对待下属时，要使自己的目光更加柔和一些，这样对方会觉得你平易近人、备感亲切 |

## 008　心理素质要求

采购经理应该具有过硬的心理素质，要有敢于决断的气质、坚韧不拔的意志和承受心理压力的能力，能够从容面对采购工作中的各种复杂问题，处理好各种烦琐的事务。

## 009　专业知识要求

采购经理的工作是一项贯穿上下、关注细节的综合性复杂工作，所以采购经理必须具备各方面的专业知识才能胜任，具体专业知识如表2-2所示。

表2-2　采购经理必备的专业知识

| 序号 | 知识类别 | 具体说明 |
|---|---|---|
| 1 | 采购基本知识 | （1）采购目的和采购作业流程<br>（2）材料市场行情的前期调查和价格预测 |
| 2 | 有关供应商的相关知识 | （1）熟悉供应商的审查流程与评估流程<br>（2）供应商资格的前期审核，包括相关文件和证件是否一致、真实，是否过期；信誉情况如何；所服务的公司有哪些等<br>（3）熟悉现有供应商公司名称及业务联系人 |
| 3 | 谈判签约技巧 | （1）了解基本的合同法律知识，熟悉订货合同条款的制定<br>（2）掌握谈判人员的选择技巧、谈判技巧等 |
| 4 | 仓库物料知识 | （1）熟悉所采购物料的名称、特性、种类等相关信息<br>（2）了解物料的库存信息 |
| 5 | 生产方面的知识 | （1）了解产品的生产流程、质量标准、文件特性等<br>（2）熟悉各种物料的使用车间、使用机种、一般用量等 |

## 010　个人能力要求

采购经理应具备较强的业务能力，并且这种能力已日益呈现出多样化的趋势，具体业务能力如表2-3所示。

表2-3　采购经理的业务能力要求

| 序号 | 能力 | 具体要求 |
|---|---|---|
| 1 | 分析能力 | 由于经常面对许多不同策略的选择，如物料规格、购买品种的决策等，采购经理应具备使用分析工具的技巧，并能针对分析结果制定出有效的对策 |
| 2 | 预测能力 | （1）依据各种产销资料，判断货源是否充裕<br>（2）通过与供应商沟通，分析物料可能的供应情况<br>（3）根据物料价格的涨跌情况，推断采购成本受影响的幅度 |
| 3 | 表达能力 | （1）能正确、清晰地说明采购的各种条件，如规格、数量等<br>（2）要有良好的语言表达技巧 |
| 4 | 沟通能力 | 采购部与品质部、仓储部等都会发生业务联系，所以采购经理要做好相互间的沟通协调工作 |

（续表）

| 序号 | 能力 | 具体要求 |
|---|---|---|
| 5 | 风险管理能力 | 应定期评估风险，诸如供应商风险、初级原料价格上涨或紧缺风险、汇率的剧烈变动风险等 |

### 011　职业道德要求

对于采购经理的道德素质要求，不仅要高于一般的社会道德要求，而且要高于一般岗位的职业道德要求。

凡是要求下属和员工遵守的制度，采购经理都要以身作则，并严格遵守。只有这样才能使大家为实现工作目标而共同奋斗。

# 第二节　采购经理工作内容

### 012　日常管理工作内容

采购经理的日常管理工作内容如表2-4所示。

表2-4　日常管理工作内容

| 序号 | 工作 | 具体内容 |
|---|---|---|
| 1 | 制订工作计划 | 在采购经理的基本管理技能中，第一项便是计划能力。计划能力的重要性体现于采购经理管理工作的全过程。因此，采购经理的首要任务便是制订清晰有效的工作计划，如长期战略规划、年度培训计划、人员招聘计划、年度预算等 |
| 2 | 汇报和下达指示 | 汇报和下达指示是采购经理日常管理工作的一个重要部分，也是其必须掌握的基本管理技能。采购经理要熟悉汇报与下达指示的各种方法，以便在工作中熟练运用 |
| 3 | 进行有效授权 | 通过对采购经理的工作盘点，可以发现，采购经理的许多工作都是可以授权的，他只需关心企业最核心的采购工作即可。当然，采购经理在授权时，必须先对自己的职位职责有一个明确定位，然后按照责任大小将工作分类，选出工作中较为重要的部分亲自监控，其他工作则采取授权的方式来完成，但要注意做好督导工作 |

（续表）

| 序号 | 工作 | 具体内容 |
|---|---|---|
| 4 | 管理团队 | 要想让各岗位人员相处融洽且工作效率高，就要具有良好的团队管理技能。采购经理在团队中扮演着领导的角色，其主要任务和职责就是实现团队目标，即和员工一起制订计划，召开团队会议，修正错误，担负起管理整个团队的责任 |
| 5 | 例行日常沟通 | 沟通是一切工作开展的前提。采购经理要充分意识到沟通的重要性，通过沟通发现问题并及时解决 |
| 6 | 进行个人形象自检 | 要做好采购管理工作，采购经理还应做好个人形象自检 |
| 7 | 进行自我反思 | 《论语》中说"吾日三省吾身"，所以采购经理应定期或不定期开展自我反思工作，并如实记录，以便及时改进 |

采购经理做好以上这些日常工作，既有利于提高工作效率，又有利于提高自身技能。

## 013　专业管理工作内容

采购经理的专业管理工作内容涉及采购管理的具体事项，如采购计划管理、供应商管理等，具体内容如表2-5所示。

表2-5　专业管理工作内容

| 序号 | 工作 | 具体内容 |
|---|---|---|
| 1 | 采购计划管理 | 采购计划就是要确定如何采购物料和服务，以更好地满足企业生产需求的过程 |
| 2 | 供应商的开发和管理 | 开发和管理好供应商是整个采购体系的核心，这项工作关系到整个采购部门的业绩，因此采购经理要予以高度关注 |
| 3 | 采购谈判管理 | 采购谈判是指企业作为采购商品的买方，与卖方供应商就购销业务有关事项，如商品的品种、规格等进行反复磋商，最终建立双方购销关系的活动 |
| 4 | 采购合同管理 | 采购合同管理是采购经理的一项重要工作内容，采购经理要带领部门人员做好合同的编制、签订以及各类变更工作 |
| 5 | 采购订单管理 | 采购订单管理包括六个方面，即采购下单、订单跟催、采购进货、采购收货、应对交货期延误，以及采购结算与付款，采购经理要加强对每个方面的管理，避免出现错误 |

（续表）

| 序号 | 工作 | 具体内容 |
|------|------|----------|
| 6 | 采购价格控制 | 产品的采购价格决定了企业产品的成本，其高低直接影响企业的利润和采购的绩效 |
| 7 | 采购成本控制 | 采购成本对企业的经营业绩至关重要，采购成本下降不仅体现在企业现金流出的减少方面，而且还直接体现在产品成本的下降、利润的增加，以及企业竞争力的增强等方面 |
| 8 | 采购品质控制 | 采购物料的质量是企业产品品质控制的第一个环节，物料质量的好坏直接影响产品的质量和生产的进度，所以采购经理应着力抓好产品质量的控制 |
| 9 | 采购方式选择 | 采购经理应根据企业的实际情况选择最合适的采购方式，也可以综合运用多种方式，最大限度地节省采购成本，为企业增加效益 |
| 10 | 采购人员管理 | 采购人员是采购活动的执行者，也是采购活动顺利进行的关键因素，因此采购经理要做好对采购人员的管理，提高采购人员的素质 |

# 第二部分

## 管理技能

# 第三章　基本管理技能

**导读 >>>**

　　基本管理技能是指采购经理在日常管理工作中需要用到的一系列管理手段，如制订工作计划、进行有效授权、开展沟通等。采购经理只有掌握了这些基本管理技能，才能高效地开展工作。

　　　　Q先生：A经理，最近我在工作中遇到一些问题，如我不知道该怎么向下级下达指示。

　　　　A经理：首先你要放平心态，不要给人以居高临下的感觉；其次你要掌握一些下达指示的技巧，如明确指示的内容、明确奖励和处罚机制等，只有做好了这些工作，才能顺利向下级下达指示。

　　　　Q先生：A经理，您能教我一些沟通技巧吗？

　　　　A经理：好的。沟通分很多种，如向上沟通、向下沟通、水平沟通，你要根据不同的情况，采取相应的技巧。例如，向上沟通时要尽量出"选择题"；向下沟通时要注意倾听。

# 第一节　制订工作计划

### 014　工作计划的格式

工作计划的常见格式如下。

（1）计划的抬头：包括计划的名称和计划期限两个要素，如"××公司采购部××××年××月工作计划"。

（2）计划的具体要求：一般包括工作目的和要求、工作项目和指标、实施的步骤和措施等，也就是为什么做、做什么、怎么做、做到什么程度。

（3）计划订立的时间：指订立计划的日期。

### 015　工作计划的内容

在行动前如果能对整个行动有一个周密的计划，对要做什么和如何做都能了然于胸，那么就能以更大的信心和把握投入到行动中去，唯有如此，行动的成功率才会大大提高。

### 016　工作计划制订步骤

工作计划制订步骤如下。

（1）认真学习和研究政府有关部门的指示办法，不得违背其规定。

（2）认真分析本公司的具体情况，这也是制订计划的根据和基础。

（3）根据本公司的实际情况，确定工作方针、工作任务、工作要求，再据此确定工作的具体步骤。

（4）根据工作中可能出现的偏差、缺点、障碍、困难等，确定相应的克服办法和措施，以免发生问题时，工作陷于被动。

（5）根据工作任务，明确分工。

（6）计划草案制定后，应交全体人员讨论。计划要靠所有员工共同来完成，只有正确反映他们的要求，才能使大家自觉为之奋斗。

（7）在实践中进一步修订、补充和完善计划。计划一经制订，并经正式通过或批准以后，就要坚决贯彻执行。在计划执行过程中，往往需要继续加以补充、修订，以使其更加完善、切合实际。

# 第二节　汇报与下达指示

## 017　向上级汇报工作

采购经理向上级汇报工作时应注意以下要点。

（1）遵守时间，不可失约。采购经理应树立恪守时间的观念，无需过早抵达，也不要迟到。

（2）轻轻敲门，经允许后才能进门。采购经理不可破门穿堂，即使门开着，也要用适当的方式告诉上级有人来了，以便上级及时调整状态。

（3）汇报时要注意仪表、仪态，站有站相，坐有坐相，文雅大方，彬彬有礼。

（4）汇报时要吐字清晰，声音大小适当，内容要实事求是。有喜报喜，有忧报忧，语言精练，条理清楚，不可"察言观色"，投上级所好，歪曲或隐瞒事实真相。

（5）如果上级不注意礼仪，切不可冲动，仍然要坚持以礼相待，也可以通过以身示范来暗示上级纠正错误，或者直言相告，但要注意措辞。

（6）汇报结束后，上级如果谈兴犹在，不可产生不耐烦的肢体语言，应等到上级表示结束时才可以告辞。

（7）告辞时，要整理好自己的材料、衣着与茶具、座椅，当领导送别时要主动说"谢谢"或"请留步"。

## 018　听取下级汇报工作

采购经理在听取下级的工作汇报时要注意以下要求。

（1）应守时。如果已约定时间，应准时等候，也可稍提前一点时间，以便做好其他相关准备工作。

（2）应及时招呼汇报者进门入座。不可给人一种居高临下、盛气凌人的感觉。

（3）要善于倾听。当下级汇报工作时，可与之目光交流，配之以点头等表示自己认真倾听的肢体动作。

（4）对汇报中不清楚的问题要及时提出来，要求汇报者重复、解释，也可以适当提问，但要注意所提的问题不能打消对方汇报的兴致。不要随意批评、拍板，要先思而后言。

（5）听取汇报时不要有频繁看表或打哈欠、做其他事情等不礼貌的行为。要求下级结束汇报时可以委婉的语气告诉对方，不能随意打断。

（6）当下级告辞时，应站起来相送。如果是联系不多的下级来汇报，还应送至门口，并亲切道别。


## 019　正确地下达指示

采购经理经常要对下属下达指示，有些采购经理对下达指示这件事很不重视，认为"不就是下命令吗，那还不简单"。采购经理可以回想一下自己是否曾这样下过指示：

"把采购订单整理完毕后交给我看一下！"

"仔细检查一下还有哪些供应商没有及时供货！"

现在请你以执行者的心态去想想：如果收到这样的指示，你真的会按照指示去执行吗？执行真的能达到要求吗？结果是肯定不会。为什么呢？因为你还没有"听懂"指示的真正含义，如果你是新人，接到这样的指示，恐怕更是一头雾水，无从下手。

在下达指示时，采购经理还要注意以下几个问题。

（1）下达指示时可用口头谈话、电话、书面通知、托人传递等方式，但能当面谈的就不要打电话，能打电话的就不要书面通知（规定文书除外），能书面通知的就不要托人传递。

这里要注意，如果要求下属去完成高难度项目时，要提前将奖励和处罚机制说清楚，这样下属才会有动力去做。

（2）发出指示、命令之前，可以先向下属询问一些相关的小问题，通过下属的回答，把握其对所谈话题的兴趣度、理解度之后，再把你的真实意图表达出来。

（3）除了绝对机密情报之外，采购经理应对下属说明该指示命令发出的原因，而且要确保是在自己认识、理解之后发出去的，不要做一个传话筒，"这是上面的指示，我也不知道为什么，你照办吧！"这样一来，下属的第一个心理反应就是："你都不知道，叫我怎么做？"

（4）已发出的指示、命令，有时不得已要重新更正。例如，一些对策方法等，常常是发现一点更改一点，改来改去，搞得下属疲于奔命，此时如果不加任何说明，极容易引发下属的不满，甚至导致下属不予以执行。

（5）尽量当面下达指示、命令，必要的时候要示范演练，在下达完后一定要让下属将指示、命令复述一遍。通过当面复述，你才能了解下属是否真正听清了、理解了，同时也能发现自己的表述是否得当。

另外，向下属发出的指示、命令最好在工作日记本上写下来，同时要求下属将收到的指示、命令记录在工作日记本上，以便于下属记忆和传达，以及自我检查与监督。

# 第三节　进行有效授权

## 020　明确授权要素

所谓授权，就是指将分内的若干工作交托员工履行。授权行为由工作指派、权力授予及责任担当三个要素构成，具体内容如表3-1所示。

表3-1　授权要素构成

| 序号 | 要素 | 具体内容 |
| --- | --- | --- |
| 1 | 工作指派 | 采购经理在指派工作时，往往只做到令员工获悉工作性质与工作范围，却未能令员工了解采购经理所要求的工作绩效<br>采购经理分内的所有工作不是都能指派给员工完成的。例如，目标的确立、政策的研拟、员工的考核与奖惩等工作，都须由采购经理亲自负责 |
| 2 | 权力授予 | 采购经理所授予的权力应以刚好能够完成指派的工作为限度。倘若授予的权力不是执行工作所需，则指派的工作将无法完成；反之，倘若授予的权力超过执行工作的需要，则势必产生权力失衡。因此，采购经理必须对所授予的权力作必要的追踪、修正或收回 |
| 3 | 责任担当 | 采购经理向员工授权，就意味着员工承担了一份与权力对等的责任，这是员工的责任担当。另外，当员工无法或错误地执行了工作指令时，采购经理要承担责任 |

## 021　避免踏入授权误区

授权是一种可以令员工"边做边学"的在职训练，通过这种在职训练，员工的归属感与满足感均可因此而得到提高。许多采购经理知道授权的好处，但又不愿意授权，其原因主要体现在表3-2所示的几个方面。

表3-2　影响授权的原因

| 序号 | 原因 | 具体内容 |
|---|---|---|
| 1 | 担心员工做错事 | 担心员工做错事，对员工缺乏信心。员工难免会做错事，但若采购经理能给予适当的训练与培养，员工做错事的可能性将必然减小。授权是一种在职训练，采购经理应为员工提供充分的训练机会，以避免员工做错事 |
| 2 | 担心员工工作表现太好 | 有些采购经理因担心员工锋芒太露或"声威震主"而不愿授权，但是从另一个角度来看，员工良好的工作表现可以反映采购经理的知人善任与领导有方 |
| 3 | 担心丧失对员工的控制 | 只有领导力薄弱的采购经理在授权之后才会丧失对员工的控制。倘若采购经理在授权的时候能划定明确的授权范围，注意权责相称，并建立追踪制度，就不必担心丧失对员工的控制 |
| 4 | 不愿放手得心应手的工作 | 出于惯性或惰性，许多采购经理往往不愿将得心应手的工作授权员工执行。另外，有许多采购经理基于"自己做比费唇舌去教导员工做更省事"的理由而不愿授权 |
| 5 | 找不到合适的员工授权 | 找不到合适的员工授权，常被一些采购经理当作不愿授权的借口。任何员工都具有某种程度的可塑性，均可借授权予以塑造。如果真的找不到可以授权的员工，那么采购经理就需要反思了，倘若员工的招聘、培训与考核工作做得不错，又岂会有"蜀中无大将"之理 |

## 022　掌握授权方法

授权的过程包括做出授权决定、简明交代情况和跟踪了解三个步骤。采购经理要对每一步可能产生的情况都有所预料。授权时的注意事项具体如表3-3所示。

表3-3　授权时的注意事项

| 序号 | 步骤 | 具体注意内容 |
|---|---|---|
| 1 | 做出授权决定 | 放心将事情授权给员工去做。授权是有回报的——一些员工一旦学会了完成某种任务的技能，日后不需要被重复交代就能很好地完成同类事情。因此，要尽量将每项工作授权给具有专业技能和知识的员工去完成 |
| 2 | 简明交代情况 | 要确保已向员工作了交代，且员工完全明白了你的意思——要求他做什么和什么时候完成及完成到什么程度，同时在员工工作的过程中要给予支持和指导 |

| 序号 | 步骤 | 具体注意内容 |
|---|---|---|
| 3 | 跟踪了解 | 在授权工作进行过程中，要检查工作的质量，以提供积极的反馈意见。要谨防把事情做过头，因为有效的监督与过分的干预往往只有一线之隔，所以有必要准备一张核查表，以跟踪已授权工作的进度 |

### 023　实行全面授权

当采购经理将某项工作授权给员工时，其除了要清楚地交代该项工作之外，还必须提供员工能顺利完成该工作所需的全部信息。为了避免产生误解，要花时间解释清楚所授权的工作要做到什么程度，讨论可能出现的困难和应对对策，并积极回答员工工作过程中产生的疑问。

### 024　强化被授权者的职责

对授权他人的工作要设定明确的、切实可行的完成时间。将某项工作授权给他人并不仅仅意味着将该项工作的控制权交给他人，同时也意味着交付了该项工作的职责，以鼓励被授权者在符合要求的前提下，用自己的方式开展工作。这样便能促使他们充分运用专业知识和技能，并且在一定程度上也向他们提供了开发新技术领域的机会。"授权"常引起的争议之一是职责问题，因此明确被授权者的职责至关重要。

# 第四节　团队管理技能

### 025　团队建设的措施

采购经理应采取以下措施进行团队建设。

（1）珍惜人才，因为人才是团队最宝贵的资源。热忱投入、出色完成本职工作的人，是团队最宝贵的资源和资本。

（2）尊重人才，为他们提供一个和谐、富有激情的工作环境，这也是上至经理下至部门主管开展一切工作的核心和重点。

（3）尊重每一位员工的个性，尊重员工的个人意愿，尊重员工的选择权利，为员工提供良好的工作环境、营造和谐的工作氛围，同时倡导简单真诚的人际关系。

（4）打造自己的管理团队，持续培养专业的富有激情和创造力的队伍，让每一位员工都成长为全面发展、能独当一面的综合性人才。

（5）倡导健康丰盛的人生，在工作之余要鼓励所有员工追求个人生活的极大丰富化。

（6）鼓励各种形式的沟通，提倡信息共享，帮助每一位员工迅速提升自己各方面的工作技能和综合素质。

## 026　团队管理的基本要点

团队管理的基本要点如表3-4所示。

表3-4　团队管理的基本要点

| 序号 | 要点 | 内容 |
|---|---|---|
| 1 | 制定科学、合理的规章制度 | 　　所谓强将手下无弱兵，一位好的管理者首先是规章制度的制定者。规章制度包含很多层面，如纪律条例、组织条例、财务条例、保密条例和奖惩制度等。好的规章制度体现在执行者能感觉到规章制度的存在，但并不觉得规章制度是一种约束<br>　　采购经理虽然是许多采购规章制度的制定者或监督者，但是更应该成为遵守规章制度的表率 |
| 2 | 建立明确的目标 | 　　采购经理应为团队设定一个共同的目标，设定目标时要注意：<br>（1）目标要具体、可衡量<br>（2）要设立目标完成的期限，并兼顾挑战性和现实性<br>（3）要兼顾团队各成员的目标 |
| 3 | 提供信息支持 | 　　员工在工作中会遇到信息不充分或不对称的情况，这就要求采购经理能及时提供相应的信息，以便更好地提供服务。例如，员工不了解其他部门的一些运作程序，当遇到客户询问时不能回答，这就是不完善的服务。基于此，可以向员工提供其他部门的一些运作程序信息，以便员工遇到需要其他部门协助的事宜时知道如何去做 |
| 4 | 营造积极进取、团结向上的工作氛围 | 　　假如团队中缺乏积极进取、团结向上的工作氛围，那么成员之间就可能会出现相互扯皮、推诿、指责的情形，目标也就不可能达成。为了营造积极向上的氛围，采购经理需要做一些努力： |

（续表）

| 序号 | 要点 | 内容 |
|---|---|---|
| 4 | 营造积极进取、团结向上的工作氛围 | （1）奖罚分明、公正，对于工作成绩突出者给予精神、物质方面的奖励，对于工作成绩较差者给予相应的惩罚<br>（2）让每位成员承担一定的责任，采购经理不应该成为"所有的苦，所有的累，我都独自承担"的典型人物<br>（3）在生活中，多关心团队成员，让他们感受到团队的温暖 |
| 5 | 具有良好的沟通能力 | 由于每个人的知识结构和能力存在差别，对于同一问题的认识也会出现相应的不同，所以具有良好的沟通能力非常重要 |

# 第五节　日常沟通管理

## 027　了解常见的沟通方式

采购经理可以运用的常见的沟通方式如表3-5所示。

表3-5　常见的沟通方式

| 序号 | 沟通方式 | 内容 |
|---|---|---|
| 1 | 文字形式 | 即以报告、备忘录、信函等文字形式来进行沟通。采用文字进行沟通的原则如下：<br>（1）文字表述要简洁，尽可能采用简单的用语<br>（2）如果文件篇幅较长，应在文件之前加目录或摘要<br>（3）合理组织内容，重要的信息一般要放在最前面<br>（4）要拟定一个清晰、明确的标题 |
| 2 | 口语形式 | 即面对面地进行沟通。口语沟通需要沟通者具有丰富的知识，要自信，发音要清晰，逻辑性要强，富有同情心，心态良好，诚实，仪表好，幽默，机智，友善等 |
| 3 | 非口语形式 | 即伴随沟通的一些非语言行为，具体包括眼神、面部表情、手势、姿势和其他肢体语言等 |

## 028　了解常见的沟通障碍

有人常常会因不善辞令而导致沟通不畅，但健谈的人也未必就是沟通高手。如果沟通时说个不停，也会引起他人的反感，造成沟通障碍。常见的沟通障碍一般来自三个方面，即传送方、传送渠道及接收方，具体如表3-6所示。

表3-6　常见的沟通障碍

| 障碍来源 | 传送方 | 传送渠道 | 接收方 |
|---|---|---|---|
| 主要障碍 | ·用词错误，词不达意<br>·咬文嚼字，过于啰唆<br>·不善言辞，口齿不清<br>·坚持让他人听从自己的意见<br>·态度不端正<br>·对接收方反应不灵敏 | ·消息经过他人传达而不全面或造成误解<br>·环境选择不当<br>·沟通时机不当<br>·有人破坏、挑衅 | ·听不清楚<br>·只听自己喜欢的部分<br>·偏见<br>·光环效应<br>·情绪不佳<br>·没有注意言外之意 |

## 029　明确沟通共识

采购经理与他人沟通时应建立下列共识。

（1）鼓励他人提出不同意见。

（2）感谢他人的建议。

只要员工愿意提出对企业发展的建议，不论是正面的还是反面的都是好事。因为一来采购经理可以倾听员工内心真正的声音；二来即使员工对企业政策有诸多不满，只要他愿意说出来，就给了企业和采购经理一个机会，可以再次向他解释及说服。

（3）先听后说。

（4）中间不作情绪化的直接反应（非理性情绪）。

（5）态度诚恳，讲话切合实际。

另外，沟通时还应遵循这样一个原则：沟通无共识，应予协调；协调未解决，应另行谈判；谈判无结果，申诉裁决。

## 030　向上沟通

要做好与上司之间的沟通工作，采购经理需要注意以下事项。

1．不要给上司出问答题，尽量给他出选择题

与上司沟通不要出问答题，要出选择题。例如，可以这样来提议：

——领导，您看明天下午开个会怎么样？

——那么后天上午呢?

——那么后天上午10:30以后呢?

——好吧,10:30以后。

——谢谢,我明天下班前再提醒您一下,后天上午10:30我们开个会。

2.选好地点

举个例子,如有些只需要领导简单回答"是"或"不"的问题,可以采取这样一种方式:下班时到公司门口等候领导,当他看到你时,你快速、简要地提出问题,而此时他一般都会给出意见。

3.一定要准备好答案

如果没有准备好答案,那么后果只有两个:第一个是领导会认为你办事不力;第二个则是领导一时半会儿也不会有明确的答案,因为他也需要通过分析判断才能得出结论。因此,基于这些可能,最好事先准备好答案或解决方案。

## 031  水平沟通

水平沟通是指同级关系的人员之间的沟通。部门的平级沟通中常见的问题有缺乏诚信、言语不实、没有服务及积极配合意识。为了消除水平沟通中的障碍,我们可以从图3-1所示的几方面入手。

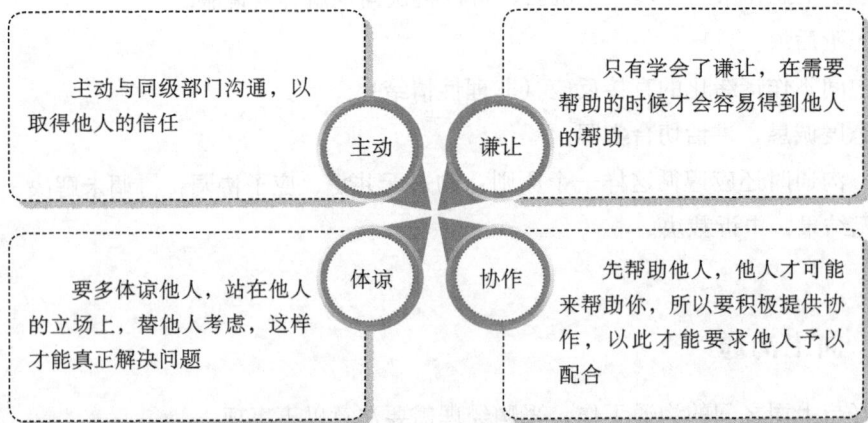

图3-1  水平沟通的注意事项

## 032　向下沟通

掌握与下属员工沟通的技巧和艺术，对企业领导来说意义重大。那么，采购经理该怎样向下沟通呢？

1. 多了解状况

与下属沟通时，如果你是"空降部队"，建议多学习，多了解，多询问，多做功课。多了解情况是一件非常重要的事情，如果真的不了解情况，就要先把"功课"做好，然后再与下属交流，这样才能言之有物，下属也才会心甘情愿听你的话。

2. 不要只会责骂

花点学费，让下属去体会是值得的。很多领导不愿意犯任何错，也不愿让下属做任何实验，这看起来很安全，但这样的领导恐怕只能是一个永远长不大的业务员。

3. 提供方法，紧盯过程

与下属沟通，重要的是提供方法和紧盯过程。如果你管过仓库，就告诉下属存货是如何浪费的；如果你做过财务，就告诉下属回款为什么常常会出现问题。

## 033　了解需要立即沟通的情况

当工作中出现表3-7所示的情况时，采购经理一定要立即与所属员工进行沟通，沟通的内容要围绕特定范围展开。

表3-7　需要立即进行沟通的情况

| 序号 | 情况 | 具体说明 |
| --- | --- | --- |
| 1 | 阶段性绩效考评结束之前的绩效沟通 | 这是最重要的也是最必需的一种沟通形式 |
| 2 | 员工工作职责、内容发生变化时 | 这种情况下，需要向员工解释发生变化的具体内容及原因，并说明这种变化给公司带来什么好处，同时征求员工对这种变化的看法，最后对变化后的工作职责、内容进行重新确认 |
| 3 | 员工工作中出现重大问题或某个具体工作目标未完成时 | 注意沟通时的语气，要本着帮助员工发现问题或认识到错误为目标，向员工表明沟通的目标是解决问题和帮助其提升自己，而不是为了追究责任，希望其能坦诚分析出现问题的原因 |

| 序号 | 情况 | 具体说明 |
|---|---|---|
| 4 | 员工表现出明显变化，如表现异常优异或非常差时 | （1）对表现优异的，要及时提出表扬，并适当了解和分析其出现变化的原因，以加强和延续其良好势头<br>（2）对表现差的，要向其指明表现不佳的原因，询问其遇到了什么问题，帮助其找出原因并制定改进措施，同时在日常工作中要不断给予员工指导和帮助 |
| 5 | 员工工资、福利或其他利益发生重大变化时 | 不管是增加还是减少，都要解释公司这么做的原因。尤其是减少时，更要阐述清楚变化的原因，并表明什么时间会再次做出调整，以及调整的依据是什么 |
| 6 | 员工提出合理化建议或看法时 | （1）如建议被采纳，应及时告诉员工并给予奖励，同时明确指出其建议对公司发展的帮助<br>（2）如建议未被采纳，应告知未被采纳的原因，表明公司和采购经理对其建议的重视，肯定其对公司工作的关心和支持，希望其继续提出合理化建议 |
| 7 | 员工之间出现矛盾或冲突时 | 要了解和分析出现矛盾的原因，并进行调解，主要从双方的出发点、对方的优点、对工作的影响、矛盾的轻重等方面与双方分别进行沟通。涉及其他部门人员时，可以请其他部门经理协助一起做工作 |
| 8 | 员工对自己有误会时 | 作为一名合格的采购经理，先要检讨自己，检查自身工作有无不妥之处，如有则列出改进方案或措施，向员工道歉并说明自己改进的决心和措施，以获得员工谅解 |
| 9 | 新员工到岗、老员工离开公司时 | （1）新员工到岗时，采购经理应向其明确说明工作职责、工作内容和工作要求，以及对他的殷切希望。通过沟通，对新员工情况进行了解，帮助其制订学习和培训计划，使其尽快融入团队<br>（2）员工辞职时，也要与其进行充分沟通，对其为公司所做的贡献表示感谢，了解其辞职的真实原因和对公司的看法，以便于自己和公司更好地改进工作 |
| 10 | 员工生病或家庭发生重大变故时 | 作为采购经理和同事，应关心员工的生活，了解和体谅其生活中的困难，并提供力所能及的帮助，培养相互之间的感情 |

## 034 掌握倾听的方法

倾听的方法如表3-8所示。

表3-8　倾听的方法

| 序号 | 方法 | 具体运用要点 |
| --- | --- | --- |
| 1 | 主动 | 如果不愿意倾听，就没有办法给予说话者相应的反馈 |
| 2 | 目光接触 | 通过与员工进行目光接触来集中注意力，降低分神的可能性，同时也能给予员工相应的鼓励 |
| 3 | 表现出兴趣 | 通过非言语信号，在眼神接触时坚定地点头或展现适当的肢体语言等，表示你正在专心倾听 |
| 4 | 避免分神行为 | 不要做出一些暗示你正在思考其他事情的动作，在倾听的过程中不要看表、翻动文件、玩弄铅笔或做其他类似的分神动作，这样员工会认为你觉得他的讲话内容无聊或无趣 |
| 5 | 表现关注 | 将自己置于倾听者的位置来理解员工的所看、所感，但不要将自己的要求和意志强加到员工身上 |
| 6 | 把握整体 | 像解读实际内容那样去解释感觉和情绪，如果只听词语而忽视其他声音信息和非言语信号，将漏掉很多细微信息 |
| 7 | 提问 | 分析自己所听到的内容，并且提问，通过提问证实所讲内容，以确保理解了内容，并向员工表明你正在倾听 |
| 8 | 解释 | 用自己的语言复述所讲内容，如用"我听你这样说……""你的意思是不是……"之类的语句复述 |
| 9 | 不要打断员工的谈话 | 在员工讲话时，不要随意打断他，也不要试图去揣测员工的思路 |
| 10 | 整合所讲内容 | 一边倾听一边整合，更好地理解讲述者的意思 |
| 11 | 不要讲太多 | 大部分人都喜欢表达自己的看法，而不愿听其他人说。但为了尊重他人，要留有合适的时间，供他人发表自己的看法 |
| 12 | 让说者和听者之间的转换更流畅一些 | 在很多情况下，你需要不断地在说者和听者两个角色之间进行转换。从倾听者的角度来说，你应该关注讲者所说内容，在获得发言机会前不要总是去斟酌自己的讲话内容 |

# 第四章　自我管理技能

**导读 ＞＞＞**

采购经理除了要做好基础管理工作之外，还要做好自我管理工作，即个人形象自检和自我反思。通过个人形象自检，采购经理可以拥有更好的个人形象；而通过自我反思，采购经理可以获知个人失误，以便及早做出改进，取得更大进步。

Q先生：最近公司有人告诉我不该留长发，这会影响公司的形象，是这样吗？

A经理：这应根据公司具体规定来具体看待。我建议你在每天上班之前，按照公司规定对自己进行形象自检，如果不符合，要立即改正。

Q先生：好的，谢谢。前几天因为工作失误与一位同事发生争吵，我心里很不安，对此我该怎么处理呢？

A经理：如果确实是因为你的工作失误导致争吵，你应该向你的同事道歉。对于这方面的问题你可以定期进行自我反思，将自己平时犯的过错仔细写下来，找出解决方案，不断进行自我改进。

# 第一节　个人形象自检

## 035　男士形象自检内容

男士形象自检内容具体如表4-1所示。

**表4-1　男士形象自检表**

| 序号 | 项目 | 检查标准 | 自检结果 |
|---|---|---|---|
| 1 | 头发 | (1) 发型大方，不怪异<br>(2) 头发干净整洁，长短适宜<br>(3) 无浓重气味，无头屑，无过多的发胶发乳<br>(4) 额前头发未遮住眼睛<br>(5) 鬓角修剪整齐 | |
| 2 | 面部 | (1) 胡须已剃净<br>(2) 鼻毛不外露<br>(3) 脸部清洁滋润<br>(4) 牙齿无污垢<br>(5) 耳朵清洁干净 | |
| 3 | 手 | (1) 干净整洁，无污物，无异味<br>(2) 指甲已修剪 | |
| 4 | 外套 | (1) 与工作环境相匹配<br>(2) 外套上没有脱落的头发、头皮屑，无灰尘、油渍、汗迹<br>(3) 衣袋平整，不放太多物品，无棉尘、脏物 | |
| 5 | 衬衫 | (1) 领口整洁，纽扣已扣好<br>(2) 袖口清洁，长短适宜<br>(3) 领带平整、端正，颜色不怪异 | |
| 6 | 裤子 | (1) 熨烫平整<br>(2) 裤缝折痕清晰<br>(3) 裤子长及鞋面<br>(4) 拉链结实且已拉好<br>(5) 有无污垢、斑点 | |
| 7 | 袜 | (1) 袜子干净，无异味<br>(2) 袜子与衣服的颜色、款式协调 | |

（续表）

| 序号 | 项目 | 检查标准 | 自检结果 |
|---|---|---|---|
| 8 | 鞋 | (1) 已上油擦亮<br>(2) 鞋后跟未磨损变形<br>(3) 鞋与衣服的颜色、款式协调 | |
| 9 | 其他 | (1) 面带微笑<br>(2) 精神饱满 | |

## 036 女士形象自检内容

女士形象自检内容具体如表4-2所示。

表4-2 女士形象自检表

| 序号 | 项目 | 检查标准 | 自检结果 |
|---|---|---|---|
| 1 | 头发 | (1) 保持干净整洁，有自然光泽，没有太多发胶<br>(2) 发型大方、高雅、得体<br>(3) 额前头发未遮住眼睛<br>(4) 头上饰品佩戴合适 | |
| 2 | 面部 | (1) 化淡妆，口红、眼影合适<br>(2) 脸部清洁滋润<br>(3) 牙齿无污垢<br>(4) 耳朵清洁干净 | |
| 3 | 手 | (1) 手掌干净、无异味<br>(2) 指甲已修剪整齐，长短合适<br>(3) 指甲油浓淡合适，无脱落现象 | |
| 4 | 饰品 | (1) 饰品不夸张<br>(2) 款式精致、材质优良<br>(3) 走动时饰品不会发出声音<br>(4) 不妨碍工作 | |
| 5 | 外套 | (1) 与工作环境相匹配<br>(2) 外套上没有脱落的头发、头皮屑，无灰尘、油渍、汗迹<br>(3) 衣袋平整，不放太多物品，无棉尘、脏物 | |
| 6 | 衬衫 | (1) 领口整洁，纽扣已扣好<br>(2) 袖口清洁，长短适宜<br>(3) 表面无明显的内衣轮廓痕迹 | |

（续表）

| 序号 | 项目 | 检查标准 | 自检结果 |
|---|---|---|---|
| 7 | 裙子 | （1）长短合适<br>（2）大小合适<br>（3）拉链拉好，裙缝位正<br>（4）无污物、无绽线散开 | |
| 8 | 长筒袜 | （1）颜色合适<br>（2）干净、整洁、无绽线 | |
| 9 | 鞋 | （1）洁净<br>（2）款式大方简洁，没有过多装饰与色彩<br>（3）鞋跟高低合适，走动时不会发出很响的声音<br>（4）鞋后跟未磨损变形<br>（5）鞋与衣服的颜色、款式协调 | |
| 10 | 其他 | （1）面带微笑<br>（2）情绪饱满 | |

采购经理可以以个人形象自检表为标准，每天在进行自检的前提下，对采购部所有员工的形象进行检查，并做出要求。无论是管理者还是员工，其个人形象都代表着整个企业的形象。

# 第二节　自我反思工作

### 037　了解自我反思内容

采购经理作为企业各项采购事务的负责人，在日常工作中，需要与部门内外各级人员如企业领导、部门员工、媒体机构等沟通交流，以完成企业采购工作。而与人交流，难免会出现沟通不畅等相应问题，所以采购经理经常进行自我反思就很有必要。例如，某采购经理与某部门主管就采购事宜沟通时，因过于急躁而发生冲突，这有可能会伤害该部门主管的自尊心；又如某采购经理在处理某客户投诉时的态度不好，导致与该客户的关系变得非常僵，以致最后失去了这位客户。

### 038　做好自我反思记录

采购经理应针对个人工作中出现的问题进行深刻反思，以便提高自己的管理水平。一般来说，采购经理应当于每周进行一次全面反思，并提出问题解决方案。"自我反思记录表"如表4-3所示。

表4-3　自我反思记录表

日期：

| 时间 | 个人问题 | 解决方案 |
|------|----------|----------|
| 周一 | | |
| 周二 | | |
| 周三 | | |
| 周四 | | |
| 周五 | | |
| 周六 | | |
| 周日 | | |

### 039　自我反思推广运用

采购经理要将自我反思的结果如实记录下来，以便吸取经验教训，更好地开展工作。

同时，采购经理还可以将自我反思工作在部门中进行推广，即要求属下员工经常进行自我反思，以促进大家共同进步。

# 第三部分

# 专业技能

# 第五章 采购模式的确定

## 导读 >>>

采购模式是采购主体获取资源或物品、工程、服务的途径、形式与方法。它决定着企业能否有效地组织、控制各种资源，以保证生产和经营正常进行。

Q先生：A经理，采购时是采用集中采购模式好还是采用分散采购模式好呢？我发现我们公司的采购模式既不是集中采购模式也不是分散采购模式。

A经理：是的，我们采用的是混合式采购模式。这是由我们公司的规模和特点决定的……

Q先生：嗯，我明白了。我同学任职的集团公司现在主要通过网络进行采购，并建立了自己的采购网站。

A经理：集团公司如果规模大、采购量大，通常会采用集中采购模式。其实，不管是集中采购还是分散采购，或者混合采购，在当前供应链管理模式快速变革的背景下，都要应时而变。

Q先生：是的，网络采购既是电子商务的重要内容，也是采购必然的发展趋势。

A经理：我们采购人也要紧跟时代潮流！

# 第一节 传统的采购模式

传统的采购模式有集中采购模式、分散采购模式与混合采购模式。

## 040 集中采购模式

集中采购模式是指整个企业所有的或几乎所有的采购活动集中在某一处处理。集中采购模式有许多分散化采购模式无法比拟的优点，因此除了一些很小的企业，大部分企业都采用集中采购模式。在集中采购模式中，某个个人或部门会被授权去从事所有的采购活动（特殊情况除外，如为企业采购一套价值昂贵的成套设备）。

1．实施集中采购的情况

（1）集体实施的采购。

（2）跨国公司的采购。

（3）连锁经营或特许经营企业的采购。

2．集中采购的对象

（1）大宗货物或批量物品，价值大或总价高的物品。

（2）关键零部件、原材料或其他战略资源，保密程度高、产权约束多的物品。

（3）容易出问题或已出问题的物品。

（4）定期采购的物品。

3．集中采购的实施步骤

集中采购的实施步骤如图5-1所示。

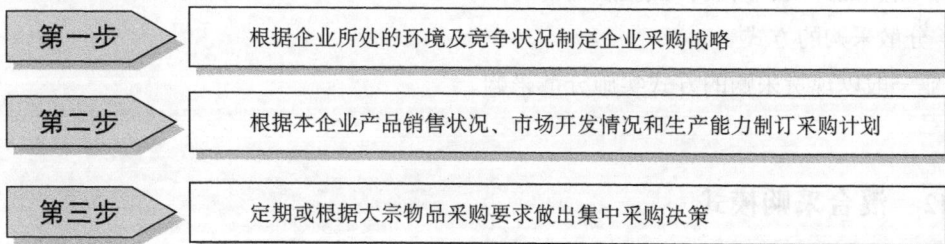

| 第一步 | 根据企业所处的环境及竞争状况制定企业采购战略 |
| --- | --- |
| 第二步 | 根据本企业产品销售状况、市场开发情况和生产能力制订采购计划 |
| 第三步 | 定期或根据大宗物品采购要求做出集中采购决策 |

| 第四步 | 采购经理做出决策后，实施信息分析、市场调查及询价，并根据库存情况进行战略安排 |

| 第五步 | 根据货源供给状况、自身采购规模和采购进度安排选择最有利的采购模式，并办理检验送货手续，保障生产所需 |

| 第六步 | 对于符合适时、适量、适质、适价、适地的物品，经检验合格后要及时办理资金转账手续，以保证信誉，争取下次合作 |

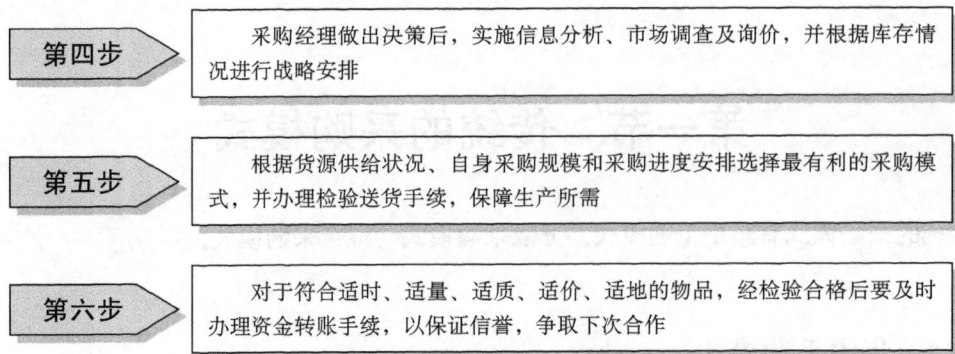

图5-1 集中采购的实施步骤

## 041 分散采购模式

分散采购模式是指将采购工作分散给各部门分别实施。这一模式通常适用于规模较大、工厂分散在较广区域的企业。这类企业若采用集中采购模式，则容易产生采购延迟，不易应对紧急需要；而且与购用部门的联系也相当困难，采购作业与单据流程显得漫长复杂。

1．实施分散采购的情况

（1）二级法人单位、子公司、分厂、车间所进行的采购。

（2）离主厂区或集团供应地较远，其供应成本低于集中采购成本的采购。

（3）异国、异地供应的情况。

2．分散采购的对象

（1）小批量、价值小、总支出在经营费用中所占比例小的物品。

（2）分散采购优于集中采购的物品。

（3）市场资源有保证，易于送达且物流费用较少的物品。

（4）新产品开发、研制、试验所需的物品。

3．分散采购的方式

企业一般以现货采购的方式实施分散采购。

## 042 混合采购模式

混合采购模式是指一部分物品由指定部门统一集中采购，另一部分物品则由需求单位自行采购。严格来说，混合采购模式并不是一种独立的采购模式，它同时具备集中采购模式和分散采购模式的特点。

例如，连锁餐饮企业一般采用混合采购模式，除了集中采购，也会在当地对部分物品进行分散采购，如新鲜蔬菜和面包等。

一般来说，企业采用混合采购模式的理由有两个，具体如图5-2所示。

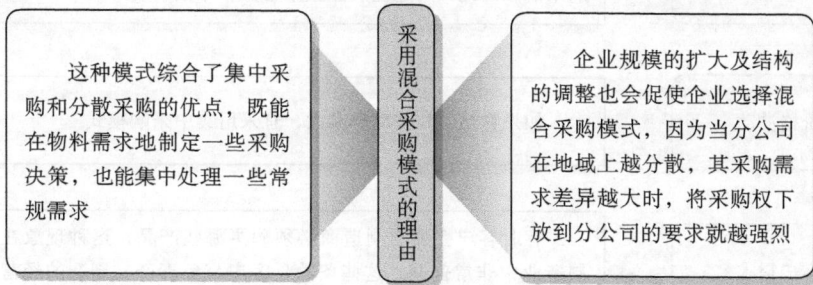

**图5-2　采用混合采购模式的理由**

### 043　选择采购模式的标准

不论是集中采购模式、分散采购模式还是混合采购模式，企业在选择采购模式时都应充分考虑图5-3所示的因素。

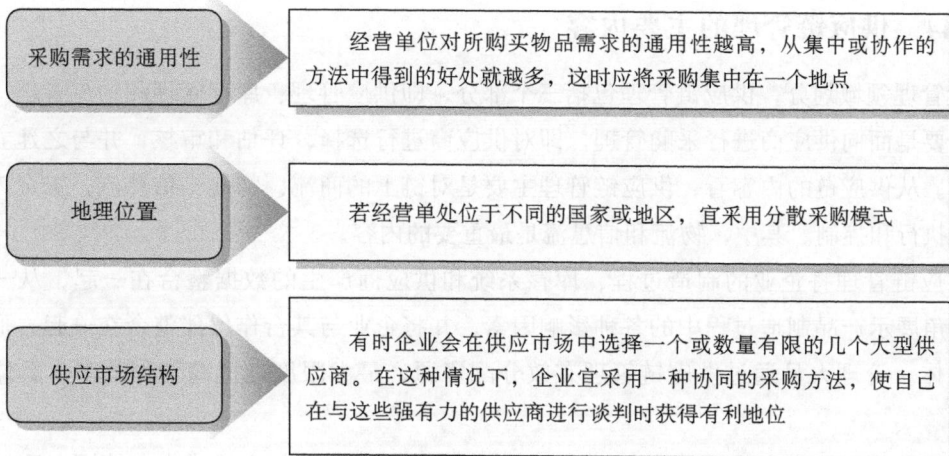

| 采购需求的通用性 | 经营单位对所购买物品需求的通用性越高，从集中或协作的方法中得到的好处就越多，这时应将采购集中在一个地点 |
| --- | --- |
| 地理位置 | 若经营单处位于不同的国家或地区，宜采用分散采购模式 |
| 供应市场结构 | 有时企业会在供应市场中选择一个或数量有限的几个大型供应商。在这种情况下，企业宜采用一种协同的采购方法，使自己在与这些强有力的供应商进行谈判时获得有利地位 |

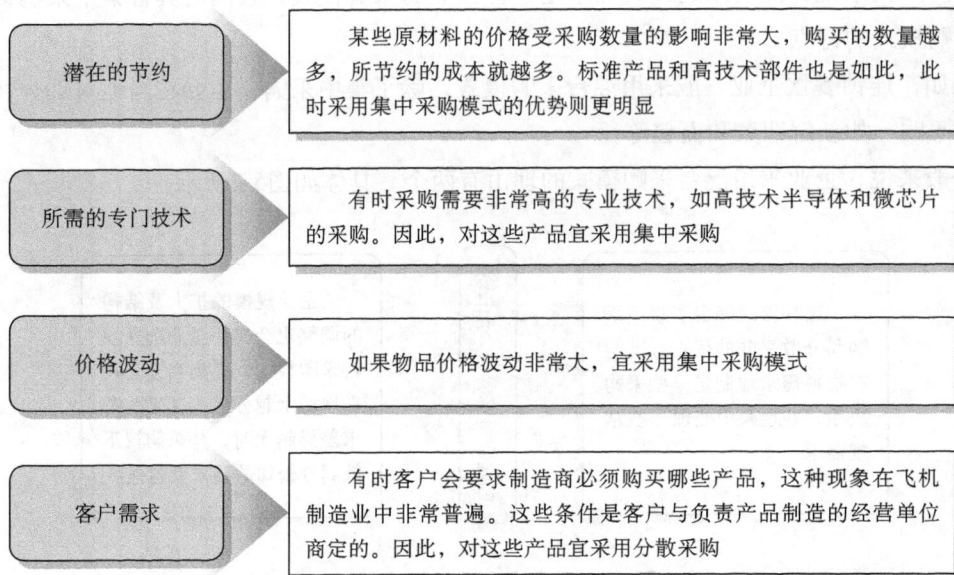

| 潜在的节约 | 某些原材料的价格受采购数量的影响非常大，购买的数量越多，所节约的成本就越多。标准产品和高技术部件也是如此，此时采用集中采购模式的优势则更明显 |
| --- | --- |
| 所需的专门技术 | 有时采购需要非常高的专业技术，如高技术半导体和微芯片的采购。因此，对这些产品宜采用集中采购 |
| 价格波动 | 如果物品价格波动非常大，宜采用集中采购模式 |
| 客户需求 | 有时客户会要求制造商必须购买哪些产品，这种现象在飞机制造业中非常普遍。这些条件是客户与负责产品制造的经营单位商定的。因此，对这些产品宜采用分散采购 |

图5-3　选择采购模式时要考虑的因素

# 第二节　供应链模式下的采购管理

### 044　供应链管理的主要内容

从管理领域划分，供应链管理包括三个部分，即供应管理、库存管理和物流管理。供应管理主要是面向供应商进行采购管理，即对供应商进行选择、评估和审核，并与之建立良好的关系。从供应链的内容看，供应链管理主要是对链上的商流、物流、信息流、资金流进行规划、执行和控制。其中，物流和信息流是最重要的内容。

供应链管理将企业的制造过程、库存系统和供应商产生的数据整合在一起，从一个统一的视角展示产品制造过程中的各种影响因素，并将企业与其合作伙伴整合在一起，形成一个有机体。管理人员通过供应链管理有效分配资源，最大限度地提高工作效率，具体表现如下。

（1）节约交易成本。通过整合，供应链将大大降低各环节的交易成本，缩短交易时间。

（2）降低库存水平。供应商可以随时了解存货信息，及时组织生产，因此企业已无必要维持较高的存货水平。

（3）降低采购成本，促进供应商管理。由于供应商能够随时了解存货和采购信息，所以负责采购管理的人员可以从这种低价值的劳动中解脱出来，从事价值更高的工作。

（4）减少循环周期。通过供应链管理，预测的精确度将大幅度提高，这不仅能使企业及时生产出需要的产品，而且能减少生产的时间，提高客户满意度。

（5）增加收入和利润。

## 045　供应链模式下的采购管理与传统的采购管理的区别

与传统的采购管理相比，供应链模式下的采购管理主要发生了三个方面的转变。

1．从为库存采购到为订单采购的转变

在传统的采购模式下，采购的目的是补充库存，即为库存而采购，但采购活动缺乏主动性，采购计划较难适应需求的变化。在供应链模式下，采购活动紧紧围绕客户需求而展开，因而其不仅可以及时满足客户需求，还可以降低采购成本。

2．从内部资源管理向外部资源管理的转变

在传统的采购模式下，采购管理注重对内部资源的管理，追求采购流程的优化、采购环节的监控和与供应商的谈判技巧，但缺乏与供应商之间的合作。在供应链模式下，采购管理开始转向对外部资源及对供应商和市场的管理，创造了企业与供应商进行信息沟通的机会，加强了企业与供应商在产品设计、产品质量控制等方面的合作，实现了超前控制，形成了供需双方合作双赢的局面。

3．从一般买卖关系向长期合作伙伴关系甚至战略协作伙伴关系的转变

在传统的采购模式下，采购商与供应商的关系是一般买卖关系，采购商频繁更换供应商，所以无法与供应商共享各种信息。在供应链模式下，采购商与供应商建立长期合作伙伴关系甚至战略协作伙伴关系，共享库存和需求信息，共同抵御市场风险，共同研究制定降低成本的策略，将合作双赢的关系提升到了全局性、战略性的高度。

## 046　采购策略

采购策略的内容包括以下几个方面。

1．供需双方达成共识

企业与供应商要达成共识，明确界定双方的利益，建立稳定的供需关系。供需双方达成的共识分为两个层次：较低的层次是以短期关系为基础、以满足客户现有需求为导向，双方需要在经济效益、满足客户需求、行为准则等方面达成共识；较高的层次是以长期关系为基础，双方将各自的企业文化与对方的企业文化协调起来，甚至将企业文化的核心——价值观融合起来，形成一致的价值观。

2．信息共享

企业与供应商要实现信息共享。传统采购过程是典型的非信息对称博弈过程。采购方尽量保留私有信息，而供应商在与其他供应商竞争的过程中也隐瞒了自己的信息，因此双方都不进行有效的信息沟通。但在供应链模式下，对于同属战略联盟的企业，只要确认开放信息传播渠道能给双方带来好处，双方就应该突破传统界限开展合作。

3．供应商的早期参与

企业与供应商要相互支持、相互信任，以求共同发展。供应商应积极参与采购商的产品设计和质量控制过程，协助企业改进业务流程，维护双方的共同利益。

4．有效的激励机制

企业要本着公平、一致的原则建立有效的激励机制，通过签订柔性合同、赠送股权等方式使供应商与自己深入合作。鉴于上述策略，企业不能选用太多的供应商，可以采用单源供应。因此，供应商的选择显得至关重要，企业不能简单沿用竞标等传统手段，而要综合考虑供应商的现状和发展前景，以期达成长期合作。

# 第三节　互联网模式下的采购管理

## 047　互联网模式下的采购的层次

互联网模式下的采购分为两个层次：较低层次的采购，如电子商情、电子贸易、电子合同等；较高层次的采购，即企业利用互联网进行物资采购管理活动，在网上实现采购所需的信息流、商流、资金流和部分的物流。也就是说，企业从寻找供应商开始，一直到洽谈、订货、在线付款、开据发票、电子报关、电子纳税、物流配送、库存盘点、统计核算等过程全都可以通过互联网来完成。

### 048　互联网模式下的采购的优点

互联网模式下的采购的优点体现在如下几个方面。

1．降低采购成本，减少采购环节，提高采购效率

首先，企业可以突破传统采购模式的局限，货比多家，找到合适的供应商，大幅度降低采购成本。其次，企业可以更加有效地组织内部资源，进行集中采购，减少采购环节。最后，采购人员利用互联网平台开展供应商选择、产品询价、定货等活动，可以大大降低采购成本。网站信息的共享可以促进企业实现无纸化办公，大大提高采购效率。

2．采购信息准确、全面，方便管理者决策

通过互联网开展采购工作，不仅可以让管理者更方便地了解每一种产品的价格、数量、库存情况、订单的执行情况、资金的使用情况及供应商情况等各种信息，还能让管理者对采购过程中出现的问题做出快速反应。计算机强大的分析、统计能力也大大降低了采购人员的工作强度，提高了采购效率。

3．采购过程公开、公平、公正，提高了采购的透明度

公开采购信息和采购流程可以避免交易双方有关人员私下接触。在基于电子商务的采购平台上，计算机根据设定的采购流程自动确认价格、交货期、服务等信息，并完成供应商的选择工作。整个采购活动都公布于网络之上，不仅便于监督，而且能避免暗箱操作，使采购过程更透明、更规范。

4．实现采购业务流程的标准化

互联网模式下的采购是在对业务流程进行优化的基础上实现的，在此之前，企业要对传统的采购流程进行重组，以最大限度地发挥采购过程中各个环节的作用。按照设定好的标准化流程进行采购可以规范采购行为。

5．缩短采购周期，降低库存，提高物流速度和库存周转率

在互联网模式下进行采购，企业与供应商之间的信息沟通更加方便、准确、及时。交易双方可以随时了解对方的需求，也可以在第一时间与对方分享采购信息。因此，供应商能快速响应企业需求，企业则可以实现准时化采购，并实现从"为库存而采购"到"为订单而采购"的转变。

6．实现从采购管理向供应链管理的转变

现代企业之间的竞争不再是单个企业之间的竞争，而是供应链与供应链之间的竞争，因此供需双方应建立起长期的、互利的合作关系，而互联网模式下的采购可以使参与采购双方进入供应链，从以往的"输赢关系"变为"双赢关系"。企业可以及时将数量、质量、服

务、交货期等信息通过电子商务网站或电子数据交换（EDI）等方式传送给供应商，并根据生产需求及时调整采购计划，使供应商严格按要求提供产品与服务，以此实现准时化采购和生产，降低整个供应链的总成本。

## 049 卖方模式

卖方模式是指供应商在互联网上发布产品目录，企业据此获得需要的产品信息，然后做出采购决策。卖方模式也称卖方一对多模式，其模型如图5-4所示。

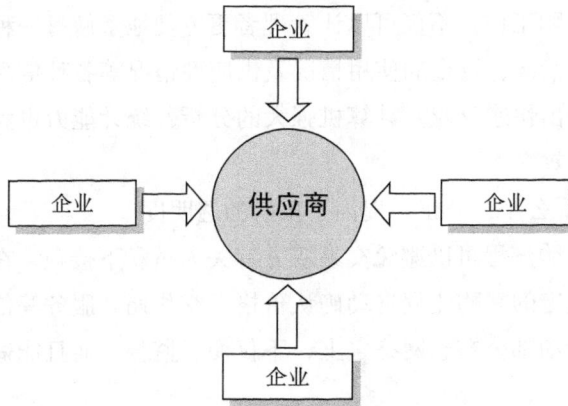

图5-4 卖方模式的模型

在该模式下，企业登录供应商建立的网站通常是免费的，企业通过浏览该网站获取所需采购的产品的信息，但由于产品的多样性以及供应商数量众多，企业须进行比较，以便选择出性价比最高的供应商。这样一来，无形中加大了企业在资金和人员上的投入。

## 050 买方模式

买方模式是指企业在互联网上发布所需采购的产品的信息，供应商进行投标，然后企业进行评估，并通过进一步的信息沟通和确认来完成采购业务。买方模式也称买方一对多模式，其模型如图5-5所示。

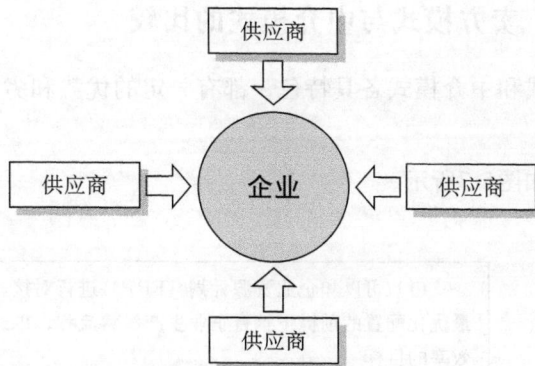

图5-5　买方模式的模型

在买方模式中，网站的开发与维护、产品信息的上传和更新工作由企业负责，供应商只需登录该平台投标即可。这虽然加大了企业的资金投入，但企业可以更加严格地控制整个信息流和采购流程。

## 051　中介模式

中介模式是指供应商和采购商通过第三方设立的专业采购网站进行采购。中介模式的模型如图5-6所示。

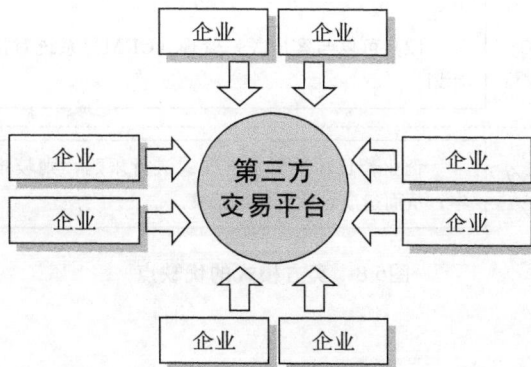

图5-6　中介模式的模型

在中介模式中，无论是供应商还是企业都必须先注册第三方交易平台，然后才能在平台上发布供应或需求信息，平台负责整合、发布、更新和维护这些信息，从而促成交易，使供应商和企业获益。

## 052　买方模式、卖方模式与中介模式的比较

买方模式、卖方模式和中介模式各具特色，都有一定的优势和劣势。

1．买方模式

买方模式的优缺点如图5-7所示。

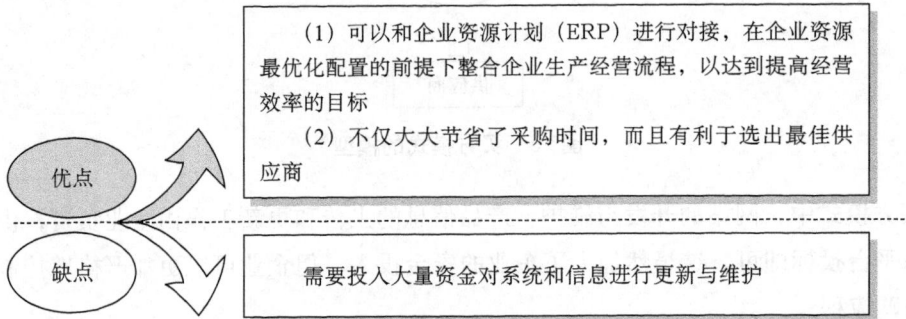

优点
（1）可以和企业资源计划（ERP）进行对接，在企业资源最优化配置的前提下整合企业生产经营流程，以达到提高经营效率的目标
（2）不仅大大节省了采购时间，而且有利于选出最佳供应商

缺点
需要投入大量资金对系统和信息进行更新与维护

**图5-7　买方模式的优缺点**

2．卖方模式

卖方模式的优缺点如图5-8所示。

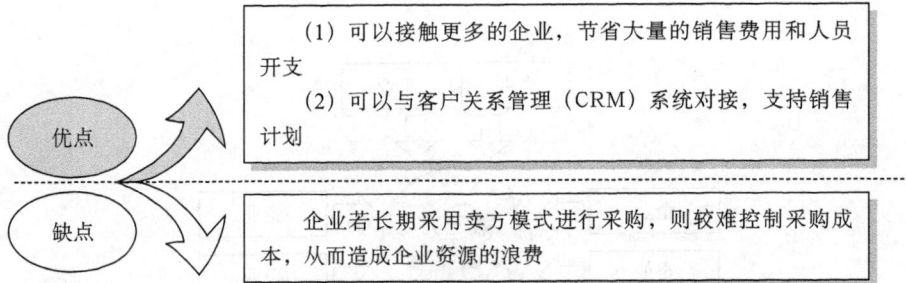

优点
（1）可以接触更多的企业，节省大量的销售费用和人员开支
（2）可以与客户关系管理（CRM）系统对接，支持销售计划

缺点
企业若长期采用卖方模式进行采购，则较难控制采购成本，从而造成企业资源的浪费

**图5-8　卖方模式的优缺点**

3．中介模式

中介模式综合了买方模式的优点和卖方模式的优点，是目前最简单、最快捷的采购方式，帮助企业节省了开发、维护系统的费用及人员成本。但是有些专业性较强的交易平台需要支付一定的费用才可以使用，这就提高了某些小企业进入平台的门槛。

买方模式、卖方模式和中介模式的优缺点如表5-1所示。

表5-1 各采购模式的对比分析

| 比较项目 | 买方模式 | 卖方模式 | 中介模式 |
|---|---|---|---|
| 主导方 | 供应商 | 采购商 | 供需双方 |
| 产品价格 | 接近垄断价格 | 接近市场价格 | 价格灵活 |
| 具体形式 | 自建网站、行业联盟 | 自建网站、行业联盟 | 采购代理、中介市场 |
| 信息更新频率 | 很低 | 很低 | 很高 |
| 系统实施成本 | 很高 | 很高 | 很低 |
| 入网边际成本 | 较低 | 较低 | 边际递增 |
| 价值创造领域 | 节约销售成本，优化销售流程 | 节约采购成本，优化采购流程 | 优化流程采购，汇集市场分析报告 |

买方模式和卖方模式均采用自建网站和行业联盟实施采购，信息更新频率相对较低，实施成本相对较高，这造成了企业资源的浪费，不利于企业的长远发展。由于二者的实施成本普遍较高，所以二者仅适用于实力雄厚的大企业。相比于买方模式和卖方模式，中介模式十分灵活，而且实施成本低，适用于大中小型企业。

## 053 采购模式的选择

企业选择何种采购模式主要取决于下列两个因素。

1. 企业规模的大小

大型企业通常拥有较成熟的ERP系统或制造资源计划（MRPII）系统，所以有实力进行更深、更广的信息系统开发。中小企业一般不具备完善的ERP或MRPII系统，所以无法进行深入的信息系统开发。

2. 企业采购物料的种类和数量

采购物料主要分为直接物料和MRO（Maintenance，Repair and Operations的缩写，维护、维修和运行）物料。直接物料是指与生产直接相关的物料，如原材料、生产设备等，其特点是数量多、价值高，采购需求有一定的周期性和可预测性。采购这类物料时要分析较多的技术参数，选择供应商的过程较复杂，一般不轻易更换供应商。MRO物料是指与维护、修理、运作有关的物料，如办公用品、生产设备的零部件等，其特点是数量少、种类繁多、单位价值低、使用频率高、供应商多。因此，尽管每次采购的价值不高，但固定成本却相对很高。

（1）大型企业的直接物料采购。一般来讲，大型企业在供应链上占有优势地位，有比较稳定的供应商，双方的合作关系也十分密切。同时，大型企业也有能力承担建立、维护和更新产品目录的工作。因此，建立买方模式的电子采购系统对直接物料进行集中采购比较合适。

（2）大型企业的MRO物料采购。中介模式是采购MRO物料的最佳模式，该模式不仅能够满足大型企业对系统集成性的要求，省去非常复杂的产品目录工作，而且能提供完整的供应商目录，以便进行多品种、小批量的MRO物料采购。因此，对于企业内部通用的MRO物料可实行集中采购，而其他MRO物料可由下属单位根据情况实行分散采购。

（3）中小企业的直接物料采购。由于中小企业不具备完整的企业往往信息系统，所以是否具有很高的系统集成性并不是决定直接物料采购模式的关键因素。此时，采购商与供应商之间的实力和关系成了关键。如果供应商是一家大型企业，企业的采购量只是供应商销售量的一小部分，则企业最好采用卖方模式；如果供应商也是一家中小企业，企业可采用卖方模式或买方模式，具体视双方信息化的程度而定。

（4）中小企业的MRO物料采购。对众多中小企业来说，中介模式是采购MRO物料的唯一理想模式。

# 第六章 采购管理的基础建设

**导读** >>>

采购是企业供应链管理中的一个重要环节。企业能否做好采购管理工作对整个企业的经营活动能否顺利进行起着决定性的作用。

Q先生：A经理，我如何才能做好采购管理工作呢？

A经理：你首先要理解什么是采购管理，其次要知道采购管理与采购是不一样的。

Q先生：采购管理是指从计划下达、采购单生成、采购单执行、到货接收、检验入库、发票收集到采购结算，对采购全过程中的各个环节进行严密的跟踪、监督，实现对企业采购活动执行过程的科学化管理。

A经理：不错，你对采购管理的理解很到位。要想做好企业的采购管理，必须把基础夯实：要建立采购部门，明确各岗位职责；要制定与采购业务有关的制度；要梳理采购业务流程；要建立电子采购系统……

Q先生：是的，这些工作对采购业务的规范和有序开展非常重要。

# 第一节　建立采购部门

## 054　采购部门的职责

采购部门的职责如下。

（1）分析原材料市场品质、价格等行情。

（2）寻找物料供应来源，调查并掌握每项物料的供货渠道。

（3）与供应商洽谈并安排供应商到工厂参观，建立供应商资料库。

（4）要求供应商报价并进行议价，有能力的话可进行估价并做出比较。

（5）采购物料。

（6）查证进厂物料的数量与品质。

（7）对供应商的价格、品质、交货期、交货量等做出评估。

（8）掌握企业主要物料的市场价格，了解市场走势，并加以分析，以控制成本。

（9）按采购合约或协议控制、协调交货期。

（10）预防与处理呆料与废料。

## 055　采购部门的组织设计

一般来说，采购部门负责整个企业的原材料和设备的采购。企业组织结构不同，采购部门的隶属关系及其主要职责和工作重点也不相同。

1．隶属于生产部

采购部门隶属于生产部时，其主要职责是协助生产工作顺利进行。采购部门的工作重点是提供足够数量的物料以满足生产需求，议价功能则居于次要地位，生产控制、仓储等工作划归其他部门负责，并不属于采购部门的职能。隶属于生产部的采购部门适用于生产导向型的企业。

采购部门与生产部的隶属关系如图6-1所示。

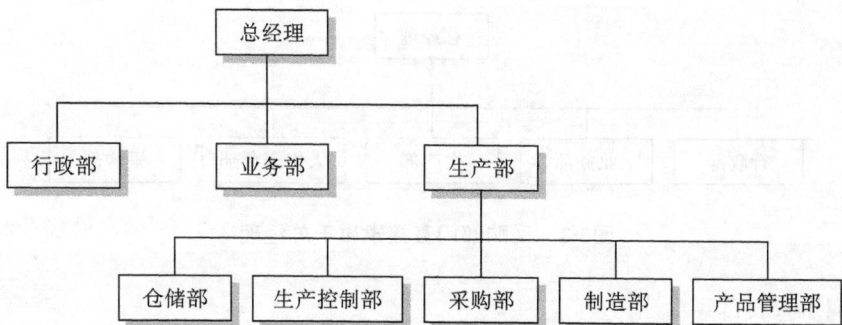

**图6-1　采购部门与生产部的隶属关系**

## 2．隶属于行政部

采购部门隶属于行政部时，其主要职责是获得较佳的价格与付款条件。有时采购部门为了取得较好的交易条件，难免延误生产部的用料时机，或购入品质不理想的物料。采购部门独立于生产部之外，因此能发挥议价的功能。该类型的采购部门比较适合生产规模庞大、物料种类繁多、产品价格经常调整、采购工作必须兼顾产销利益的企业。采购部门与行政部的隶属关系如图6-2所示。

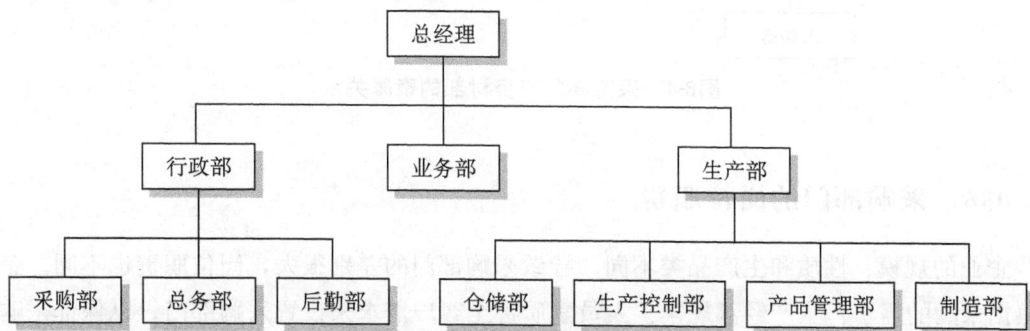

**图6-2　采购部门与行政部的隶属关系**

## 3．直接隶属于总经理

采购部门直接隶属于总经理时，提升了采购部门的地位与执行能力。此时，采购部门的主要职责在于降低成本。该类型的采购部门比较适合生产规模不大，但物料或产品在制造成本或销售成本中所占比例较高的企业。采购部门与总经理的隶属关系如图6-3所示。

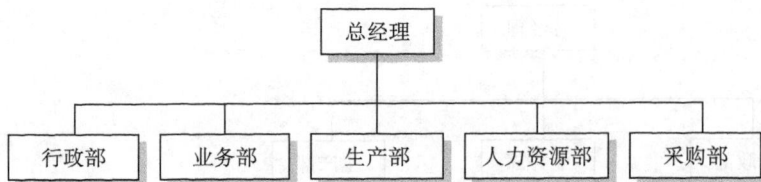

图6-3　采购部门直接隶属于总经理

### 4.隶属于资材部

采购部门隶属于资材部（或资料管理部）时，其主要职责是配合制造与仓储部门达到物料整体的控制作业。采购部门无特别的角色与职责，有时甚至被降至附属地位。

该类型的采购部门比较适合物料需求管制不易、需要采购部门经常与其他相关单位沟通的企业。采购部门与资材部的隶属关系如图6-4所示。

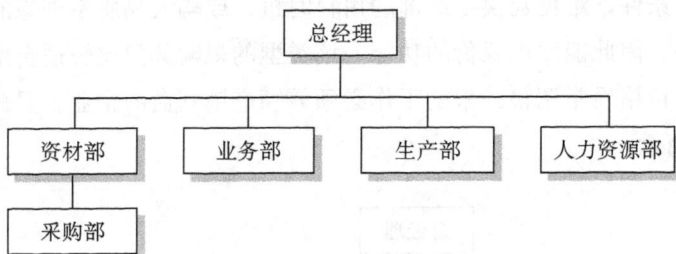

图6-4　采购部门与资材部的隶属关系

## 056　采购部门的岗位职责

企业的规模、性质和生产品类不同，导致采购部门的差别很大，岗位职责也不同。企业可根据采购的需求、生产经营规模、人员素质甚至客户需求来设置采购部门，以保证采购的高效性和灵活性。

一般来说，采购部门各岗位的职责如表6-1所示。

表6-1　采购部门各岗位的职责

| 序号 | 管理阶层 | 具体职责 |
|---|---|---|
| 1 | 采购经理 | (1) 确定采购部门的工作方针与目标<br>(2) 负责主要原料或物料的采购工作<br>(3) 编制年度采购计划与预算 |

| 序号 | 管理阶层 | 具体职责 |
|------|----------|----------|
| 1 | 采购经理 | （4）签核订购单与合约<br>（5）建立与完善采购制度<br>（6）撰写部门周报或月报<br>（7）主持采购人员的教育培训工作<br>（8）与供应商建立良好关系<br>（9）督导采购部门开展业务活动，进行人员考核<br>（10）主持或参与采购相关业务会议，并做好部门之间的协调工作 |
| 2 | 采购主管 | （1）负责为采购员及采购助理分派日常工作<br>（2）负责次要原料或物料的采购工作<br>（3）协助采购员与供应商明确价格、付款方式、交货日期等<br>（4）负责采购进度的追踪工作<br>（5）负责保险、公证、索赔的督导工作<br>（6）审核一般物料采购单<br>（7）进行市场调查<br>（8）负责对供应商进行考核 |
| 3 | 采购员 | （1）负责一般物料的采购工作<br>（2）查访厂商<br>（3）与供应商明确价格、付款方式、交货日期等<br>（4）负责一般索赔案件的处理工作<br>（5）处理退货<br>（6）收集同类产品的价格信息及替代品资料 |
| 4 | 采购助理 | （1）负责请购单、验收单的登记工作<br>（2）负责订购单与合约的登记工作<br>（3）负责交货记录及稽核工作<br>（4）接待访客<br>（5）申请与报支采购费用<br>（6）负责进出口文件和手续的申请及办理工作<br>（7）负责计算机操作与档案管理工作<br>（8）承办保险、公证事宜 |

## 057 采购部门的协调关系

采购业务涉及的范围非常广泛，要想做好采购管理工作，除了采购部门要付出努力，还需要企业内部其他有关部门的密切配合。

1．与管理部门的协调关系

采购经理应重视采购部门与其他部门的横向联系，加强采购人员的专业培训，制定采购人员的行为规范等。采购部门应将自己获得的市场信息提供给管理部门作为决策依据。而管理部门则应将市场预测、汇率趋势等信息提供给采购部门参考。

2．与销售部门的协调关系

采购部门应加强与销售部门的协调。

（1）销售部门应向采购部门提供正确的销售预测和销售目标等资料，以确保采购计划的准确性和可行性。

（2）销售部门确定产品的价格时，必须事先估计制造成本，尤其是占主要部分的材料成本。在预估材料成本方面，采购部门应提供相关的信息支持。

（3）销售部门在与客户谈判特别订单和无库存的产品时，必须考虑物料的购运时间，及时与采购部门协调，以免造成无法如期交货的问题。

（4）采购部门应将自己获得的有关竞争对手的用料需求信息及其产品的销售数量、品质、价格等信息提供给销售部门，供其拟定竞争策略。

（5）为了实现互惠共赢，企业通常会要求供应商购买本企业的产品。而在这一政策的执行上，销售部门与采购部门应密切配合。

3．与生产部门的协调关系

为了确保原材料供应的稳定性，采购部门和生产部门需要经常沟通与交换信息。

（1）生产部门应尽早通知采购部门有关产品的生产计划与物料需求计划，以便采购部门有充裕的时间去寻求货源。

（2）采购部门必须向生产部门说明采购所需要的购运时间及订购后可能发生的变化。

（3）如果生产计划或采购计划中的数量或时程有变化，双方都应及时通知对方，以便对方进行适当的调整与配合。

4．与品管部门的协调关系

采购人员必须熟悉与采购物品有关的品质标准，以便从供应商处购买到合乎用途的物品。采购人员与供应商直接接触，所以他们会根据供应商的实际情况帮助品管部门建立一套检验标准；而品管部门也应将进料的检验结果告知采购人员，以此决定是否与供应商建立长期合作关系。

总的来说，采购部门与品管部门之间的协调关系如图6-5所示。

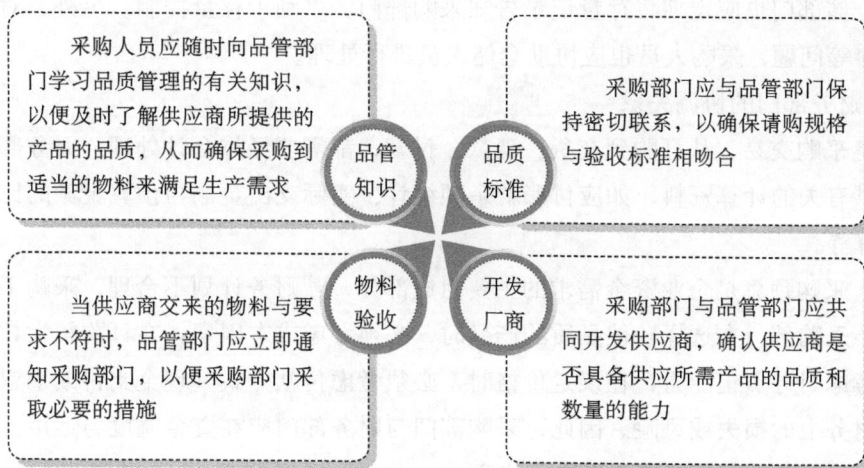

采购人员应随时向品管部门学习品质管理的有关知识，以便及时了解供应商所提供的产品的品质，从而确保采购到适当的物料来满足生产需求

**品管知识**

**品质标准**

采购部门应与品管部门保持密切联系，以确保请购规格与验收标准相吻合

当供应商交来的物料与要求不符时，品管部门应立即通知采购部门，以便采购部门采取必要的措施

**物料验收**

**开发厂商**

采购部门与品管部门应共同开发供应商，确认供应商是否具备供应所需产品的品质和数量的能力

图6-5　采购部门与品管部门的协调关系

5．与制造部门的协调关系

采购部门向制造部门提供物料，双方关系密切，但又有着不同的立场。通常来说，制造部门希望物料得到及时供应，以免发生断料停工的状况；而采购部门则希望有充足的时间进行议价，以降低成本。因此，在物料的购运时间方面，双方必须互相尊重、充分协调。

另外，对于自制和外包的选择，制造部门与采购部门的立场和见解也可能不同。这时，双方应充分考虑成本分析的结果及策略。

6．与技术部门的协调关系

技术部门在设计物料规格时，不应过分追求品质而忽略价格和市场因素，采购部门也不应过分强调价格而忽略品质要求。因此，技术部门应征询采购部门的意见，而采购部门也应根据市场信息向技术部门提出适当的规格标准建议。总之，双方必须密切联系，以保证采购工作顺利进行。

在新产品设计方面，采购部门应随时提供有关物料规格、性能、价格的最新信息，供技术部门参考。

7．与仓储部门的协调关系

大量采购可以降低物料的单位成本，但存量的增加会提高仓储成本。因此，为了降低采购的整体成本，采购部门与仓储部门必须进行沟通与协调，以确定适当的最低存量和订购点。

采购部门应在订购作业完成时，将交货期与数量等告知仓储部门，以便仓储部门事先做好准备；仓储部门也应定期将存量记录告知采购部门，以利于存量控制。另外，对于退货、呆料、缺料等问题，采购人员也应协助仓储人员进行处理。

8．与财务部门的协调关系

每一笔采购交易，从订购到交货、请款、付款，都需要经过会计处理。财务部门需向采购部门提供有关的计算资料，如应付账款余额统计、实际支出金额与预算金额的比较、材料成本的计算等。

另外，采购预算是企业资金需求的主要组成部分，若财务计划不合理，采购工作将无法顺利进行。采购部门在选择较佳品质的产品时，必须考虑成本因素；在订购较大数量的产品时，必须考虑财务负担能力；在议定价格时，必须考虑付款方式（现金支付或期票支付），以免造成财务上的损失或风险。因此，采购部门与财务部门应在资金调度与运用、汇率与利率的价差、付款条件与额度等方面进行协商。

# 第二节　制定采购政策

采购政策为采购人员从事采购活动提供了全面、长期的决策参考依据。有些企业会制定明确、单独的采购政策声明书，有些企业则将有关政策融入各项采购作业规范当中。

## 058　采购政策的作用

政策具有声明的性质，用来描述某种行动的企图与方针。制定政策的目的是引导组织的行为，以达到企业的整体目标。制定采购政策可起到以下作用。

（1）将采购的功能与角色用条文表示出来。

（2）明确采购管理部门及其责任与采购程序。

（3）确定并改善采购部门与其他部门之间的关系。

（4）弥补流程上的缺失。

（5）将采购政策标准化并及时发布、传达。

（6）为培训新员工及指导其他人员提供参考依据。

（7）促进与供应商之间的了解及合作。

（8）落实管理制度，使之符合政策、法规的要求。

（9）为绩效评估提供参考依据。

（10）提高采购部门的专业能力。

## 059 采购政策的内容

一家企业的采购政策主要包括以下内容。

（1）物料采购是采用集中还是分散的方式实施。

（2）物料采购计划应根据物料需求计划拟订。

（3）明确存量管制物料和非存量管制物料分别采用何种方式进行管理。

（4）公开招标、比价、议价方式的决定原则。

（5）国外或国内采购的确定原则及办理方式。

（6）确定直接向制造商采购还是通过经销商、代理商进行采购。

（7）达到一定采购金额以上，询价或报价厂商数的规定。

（8）签订长期采购合约或短期采购合约的原则。

（9）品质、时效与价格哪一个优先。

（10）采购人员不可下订单给不合格的供应商。

（11）采购人员应秉持客观公正的态度，并秉持价值分析观念开展工作。

## 060 采购政策的制定步骤

采购政策的制定步骤并没有一定的先后次序，有些步骤可以同时进行。政策的筹划、撰写和核准是一个循环的流程，在其真正落实以前，必须经过多次讨论。这些步骤的具体内容如图6-6所示。

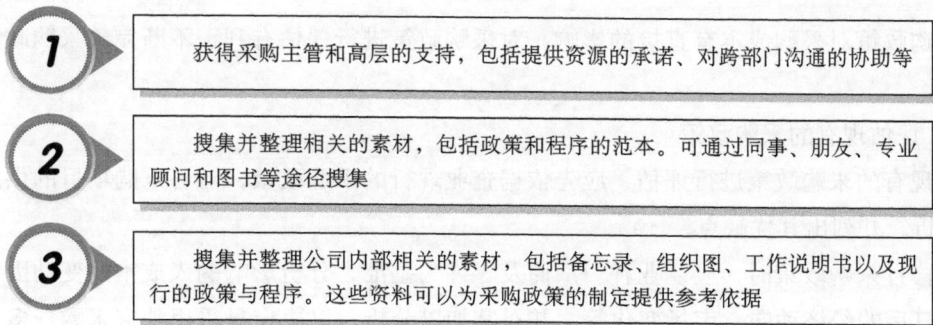

**1** 获得采购主管和高层的支持，包括提供资源的承诺、对跨部门沟通的协助等

**2** 搜集并整理相关的素材，包括政策和程序的范本。可通过同事、朋友、专业顾问和图书等途径搜集

**3** 搜集并整理公司内部相关的素材，包括备忘录、组织图、工作说明书以及现行的政策与程序。这些资料可以为采购政策的制定提供参考依据

**4** 拟出一份暂时性的政策

**5** 考证目前的采购政策，相关资料可以通过从个人的观察与经验得到，也可以通过向部门内管理者或其他部门具有丰富经验与知识的个人请教得到

**6** 对现行的采购政策进行分析，判断目前的政策是否专业化，是否与企业的政策相符，是否符合其他部门的需求以及适用性如何

**7** 草拟采购政策。采购部门管理者与其他部门的主要领导对政策草案进行审核，也可以邀请重要的供应商一起参与政策的研拟。必须对政策的基本架构进行反复的修改和完善，直到各方面都达成共识，这样推行政策时才会比较顺利

**8** 整理达成共识的草案，制定正式的政策

**9** 提出正式的采购政策，并获得高层的认同与支持

**10** 通过高层的协助，让相关人员熟知该政策，并了解各自的权利和义务

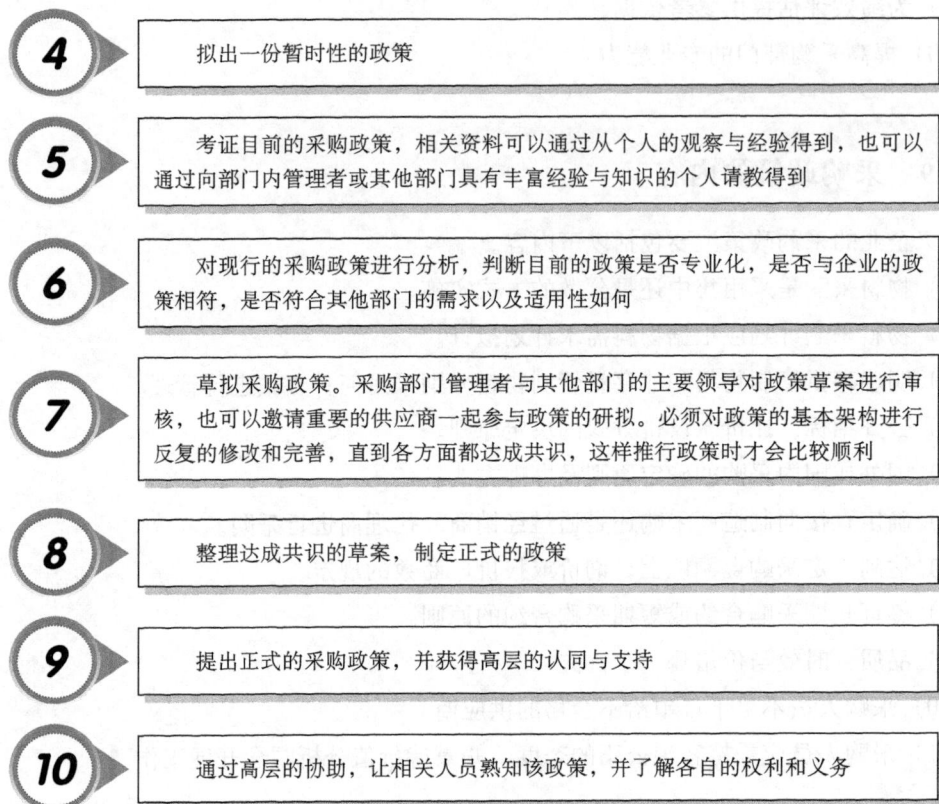

图6-6  采购政策的制定步骤

当出现新的需求或技术发生变更时，企业必须对政策、程序加以适当的修订。

## 061  采购政策的修订

采购政策对采购成本有直接的影响。对采购政策进行评估有利于不断完善采购政策，降低成本。

1. 评估现有的采购政策

对现有的采购政策进行评估，应先依据企业现行的采购政策，对各采购项目的供应来源进行分析，并列出其优缺点。

在修订采购政策时，应以业种、厂商及零件为基准，分析影响购入成本的变动因素，如目前及日后的经济动向、市场变化等，并对其加以分析，以决定是采用独家采购、多家分散

采购还是一般性订购，从而使采购政策具有较强的灵活性。

在评估现有采购政策时，可根据表6-2所示的内容进行检核。

表6-2 采购政策检核表

| 序号 | 检核项目 | 检核结果 |
|---|---|---|
| 1 | 采购政策是否具备可配合市场、经济动向及交易内容变化的灵活性 | |
| 2 | 中长期或年度的采购实施方式是否明确 | |
| 3 | 在订货前，是否已分析集中和分散采购等方式的优缺点 | |
| 4 | 能否恰当地运用交易方式，以降低采购成本 | |
| 5 | 改变订货量对采购成本是否有影响 | |
| 6 | 是否对供应商进行评估 | |
| 7 | 是否根据供应商评估结果进行订货 | |
| 8 | 是否积极地指导供应商 | |
| 9 | 对供应商的指导成果能否反映在采购成本上 | |

2．分析和完善现有采购政策

企业应对每一个项目的采购政策进行分析和完善，进而改正现有的采购政策的缺点。

# 第三节 制定采购管理制度

## 062 采购作业制度

完善的采购作业制度可以规范采购人员的行为和采购作业流程，从而起到规范采购活动的作用。不同的企业对这一制度的称呼不同，但一般包括表6-3所示的几种。

表6-3 采购作业制度的种类与内容要点

| 序号 | 制度类别 | 内容要点 |
|---|---|---|
| 1 | 采购控制程序 | 制定采购控制程序的目的是使采购工作有据可依，并遵从五适（即适价、适时、适地、适量、适合）采购原则。其内容包括各部门和有关人员的职责、采购程序要点、采购流程图以及采购的相关文件、表格等 |
| 2 | 采购物料规格 | 将所采购的物料的规格详细地记录下来，具体包括商标或商号名称、蓝图或规格表、化学分析或物理特性、材料明细表及制造方法、用途及使用说明、标准规格及样品等 |
| 3 | 采购管理办法 | 对企业采购流程的每一个作业步骤进行详细说明 |
| 4 | 采购作业规定 | 采购作业的信息收集、询价采购、比价采购或议价采购、供应商评估、样品索取、选择供应商、签订采购合同、请购、订购、与供应商的协调沟通、催交、进货验收、整理付款等的相关规定 |
| 5 | 采购作业指导书 | 对各项采购作业进行指导的文件 |
| 6 | 外协加工管理办法 | 对外协工厂的管理规定，包括外协加工的目的、范围、类别、厂商调查和选定方法及基准、试用、询价、签订合同、申请、外协、质量控制、付款、模具管理、外协厂商辅导，以及详细的考核规定 |
| 7 | 物料与采购管理系统 | 包括材料分类编号、存量控制、请购作业、采购作业、验收作业、仓储作业、领料发料作业、成品仓储管理、滞料废料处理等的有关规定 |
| 8 | 进料验收管理办法 | 明确进料验收的标准、要求和作业程序。制定该办法的目的是使物料的验收以及入库作业有据可依 |
| 9 | 采购争端解决的规定 | 规定解决采购争端的要求和常见方法等 |

## 063  请示汇报制度

在采购活动中，如果出现超越权限范围的情况，要及时请示采购主管或采购副总经理。特别是在一些关键环节中，如签订合同、改变作业程序或指标等，一定要及时请示汇报。

## 064  资金使用制度

对采购资金的使用，要建立严格的规章制度，并对资金使用的各环节加以监控。特别是货款的支付，必须慎重从事，充分考虑供应商的信用情况，从而降低采购风险。

## 065　降低进货风险

要想降低进货风险，在签订采购合同时就应明确相关人员的责任及理赔的办法。因此，要为一些贵重货物办理保险，以降低进货风险。

## 066　采购评价制度

采购评价包括两个部分：一是采购人员的评价；二是采购部门的评价。建立采购评价制度的目的就是要评定业绩、总结经验、改进工作，同时发挥监管与控制的作用。

1．采购人员的评价

采购人员进行自我评价时，可以通过填写自我评价表的方式进行。其内容包括实际完成情况的汇报、实际情况与计划的差别及其原因、实际完成指标的优劣程度评价等。这种方法简便易行，但易受考核者主观判断的影响，从而削弱考核的公正性。对采购人员的评价一般可以采用分值评价法，即将人员绩效评价项目指标化，并赋予每一项指标相应的分值，逐项对被考核者进行评级和评分，然后将各项指标的得分汇总，其总分就是人员绩效考核结果。此方法将定性指标与定量指标相结合，并有较系统的评价依据，有助于提高考核的效率与质量。

2．采购部门的评价

对采购部门的评价可以采用单次审核评估、月末评估和年末评估的方法进行，具体内容如表6-4所示。

表6-4　评估方法

| 序号 | 评估方法 | 要点 |
| --- | --- | --- |
| 1 | 单次审核评估 | 将采购人员自我评价表与采购计划进行对比，若有偏差就要及时查明原因，并进行监管与控制 |
| 2 | 月末评估 | 将一个月内所有的自我评价表进行汇总统计，得出整个采购部门的绩效 |
| 3 | 年末评估 | 将月末评估进行汇总，得出全年的绩效 |

## 067　采购部处罚制度

采购部门可能是企业中支出最多的部门。因此，企业有必要对采购人员的行为进行约束，以免发生受贿行为。要想做到这一点，企业必须制定相关的处罚制度，尤其要对表6-5所示的几个环节加以控制。

表6-5　可能发生受贿行为的各环节控制要点

| 序号 | 环节 | 控制要点 |
|---|---|---|
| 1 | 招待 | 明文规定采购人员可以参加供应商的礼节性招待会，但档次、次数要适当，且须伴有一次采购活动发生 |
| 2 | 礼物 | 采购人员可以接受供应商广泛赠送的具有广告性质的礼品，如印有供应商广告的衣服、笔、日历等。采购人员不得接受供应商专门制作的特殊礼物，包括任何试图或可能产生不正当关系的金钱赠予、特殊优惠、股份赠送等 |
| 3 | 活动 | 采购人员和供应商一起组织活动是增进公司与供应商沟通的良好途径，但费用必须双方均摊；禁止参加任何不健康的活动 |
| 4 | 拒绝 | 明确规定必须拒绝任何可能损害采购利益的行为。当供应商出现下列行为时，必须及时处理：<br>（1）试图利用以往的关系走捷径<br>（2）不遵守企业的管理流程<br>（3）利用企业的管理漏洞为自己谋取利益 |

## 068　采购内部审查制度

采购内部审查是指要完成一项采购作业，必须由数人或数个部门参与，通过互相监督、互相制约来纠正错误，防止发生舞弊行为。

采购内部审查制度最初是用来规范现金收支行为的。现金的实际收支与记账工作不能由同一人负责，以免发生假造或篡改账目的行为，这就是人们常说的"管账不管钱，管钱不管账"。采购工作非常重要，它是企业盈利的第一步。采购不当会造成如下后果：采购的物料价格昂贵，品质低下；过量购置使产品成本提高甚至滞销；物料大量积压，占据资金，导致流动资金减少。

1．内部审查制度的分类

内部审查制度通常分为图6-7所示的两种。

纵向制约

即每一事项的处理程序，必须自经办人员开始，由下而上经过各级负责人直至最后核准人，才算完成

横向制约

即每一事项的处理程序，必须经有关部门同意后再行办理

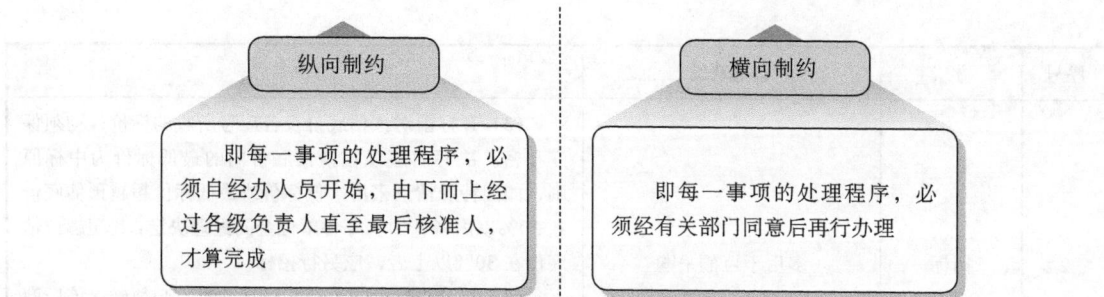

**图6-7 内部审查制度的分类**

2．采购内部审查的主要内容

采购内部审查就是检查采购业务的各项程序是否符合要求。

（1）申购程序。为防止采购数量过多或不必要的采购，企业要事先规定仓库的最高及最低存储量。当存货低于最低存储量时，仓库管理人员就需要填写申购单，经主管人员审查后，交由采购部门进行采购。申购单一式两联，正联填送采购部门，作为订货依据；副联要编号备存。

（2）订购程序。采购部门收到核准的申购单后，即着手选定供应商。而供应商的选定以质量、价格及运输的便利性为标准。除了独家制造或专利产品，企业大都采用比价及招标两种方式，具体内容如表6-6所示。

**表6-6 订购程序控制要点**

| 序号 | 方式 | 适用范围 | 控制要点 |
|------|------|----------|----------|
| 1 | 比价 | 多用于数量较少的采购 | （1）采购部门根据所需货品数量及品质向相关供应商询价<br>（2）供应商根据数量、品质及交货期开具物料估价单<br>（3）采购部门将供应商的估价单进行汇总、分析，选定条件优惠、价格低的供应商，签订采购合同，并正式填具订购单 |
| 2 | 招标 | 多用于巨额采购 | （1）主办单位必须将招标说明事项公告五日，并经三家以上的厂商投标，才能开标<br>（2）投标厂商在登记时，必须出示营业执照及具有制造能力的证件，并将押标金交予承办单位保管。决标后，如未中标，押标金如数退还 |

(续表)

| 序号 | 方式 | 适用范围 | 控制要点 |
|---|---|---|---|
| 2 | 招标 | 多用于巨额采购 | （3）开标前对预估底价及各厂号所收的标价，均须保守秘密。决标时应以在预估底价内的最低标价为中标原则，如因特殊情形采用次低标价或最低标价超越预估底价在30%以内者，由承办各单位会同经理决定；其超越预估底价在30%以上者，应另行招标<br>（4）与经决标后的承办厂商订约时，必须确保该厂商有殷实商家做担保，然后才能正式填具订购单。订购单一式三份，一份交厂商收存，一份送验收部，一份归档存查 |

（3）验收程序。质检部门负责货物的验收，验收的方式有图6-8所示的两种。

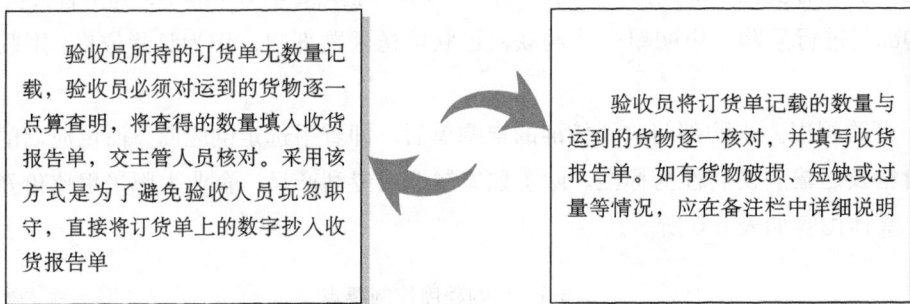

图6-8　验收的方式

收货报告单一般一式三联：一联送采购部门；一联送财务部门，查验无误后在发货单上加盖验讫图记再送仓库保管；一联存根备查。

（4）保管程序。保管程序的控制要点如下。

①如果货物已经验收，就应该将货物连同收货报告单送交仓储部保管。

②仓库管理员根据收货报告单将相关内容填入存货分类账的收入栏。

③将货物编号并分类摆放，以达到存取快捷、盘点便利的效果。

④确保仓库设备完好，防止存货腐烂损毁、偷盗和火灾等事件发生。

3．内部审查制度执行的要点

执行内部审查制度时，要注意两个方面的问题：一是秉公办事、防止舞弊；二是发现并纠正错误。

## 069　采购跟单制度

企业不能坐等供应商依订单或合同交货，必须做好采购跟单工作。

企业可按不同的方式对跟单进行分类，具体如表6-7所示。

表6-7　跟单分类

| 序号 | 分类方式 | 方法 |
| --- | --- | --- |
| 1 | 按业务性质划分 | (1) 采购业务跟单<br>(2) 采购文书跟单 |
| 2 | 按业务目的划分 | (1) 采购作业进度跟单<br>(2) 交货跟单<br>(3) 主要项目时效跟单<br>(4) 特殊项目跟单 |
| 3 | 按业务职责划分 | (1) 作业单位自动跟单<br>(2) 监管单位总跟单 |
| 4 | 按管理方式划分 | (1) 采取分段作业方式跟单<br>(2) 采取重点方式跟单 |
| 5 | 按跟单方式划分 | (1) 以函件表单方式跟单<br>(2) 以口头或电话方式跟单<br>(3) 实地访问或检查跟单，即到供应商生产现场实地检查其作业实况 |

对于大规模采购，企业必须重视跟单方法。因为大规模采购的程序极为复杂，所以无法设计一种表卡作为控制全盘进度的依据。另外，也有可能出现集中登记困难、重复登记的情况。

因此，企业有必要制定采购跟单制度，以完善采购管理。

1. 采购跟单制度的设计原则

在制定采购跟单制度时，企业必须遵循以下准则。

(1) 制定采购作业统一标准规范。

(2) 确定追查目标，把握追查重点。

(3) 追查办法力求简单、实用、省时、省力。

(4) 权责分明。

(5) 快速得出追查成果且确保有效。

（6）避免重复记录。

2．采购文书的控制

采购作业跟单范围较广，通常企业只注重交货跟单。采购作业的记录控制也十分重要，具体包括表6-8所示的两个方面的内容。

表6-8　采购文书的控制要点

| 序号 | 分类 | 控制要点 |
|---|---|---|
| 1 | 采购业务的档案管理 | （1）为了保守商业秘密，调查案卷一般不外借<br>（2）保存调查案卷时须填具规定格式的表格<br>（3）案卷不得辗转相借<br>（4）外调案卷时要加强保密管理<br>（5）调卷人不得擅自抽拆案卷<br>（6）收回案卷时应逐页检查，如发现破损抽拆等情况，应予查究 |
| 2 | 采购文书的追查方法 | （1）全盘催查<br>（2）单位自动催查<br>（3）特定重要条件的催查<br>（4）查询办理时限<br>（5）实施定期总清查 |

## 070　采购时效制度

采购管理的目标是以最低的成本获得所需的物料。因此，企业要加强对采购作业时效的控制，因为其涉及买卖双方的利益。时效控制的好坏，不仅直接影响工作效率，还会影响企业的权益。对此，企业有必要建立采购作业时效控制制度。

采购作业的时效分为三类，分别是明定时效、协调时效、特定时效，具体内容如表6-9所示。

表6-9　采购作业的时效

| 类别 | 定义 | 详细说明 | 采购实务的重要时效 |
|---|---|---|---|
| 明定时效 | 即采购部门可以自行决定的时效，也被称为硬性时效，包括报价时效、签约时效、交货时效等 | 采购商可以事先确定报价时效、签约时效、交货时效等，并在标单及合同条款中详细载明，买卖双方必须遵守，不得随意变更 | （1）采购进度时效<br>（2）紧急采购时效<br>（3）公告时效<br>（4）押标金时效 |

（续表）

| 类别 | 定义 | 详细说明 | 采购实务的重要时效 |
|---|---|---|---|
| 协调时效 | 即采购部门必须与其他部门协商并达成一致才可以决定的时效，也被称为弹性时效 | 例如，申请签证结汇文件必须等外汇主管单位同意后才能决定，无法由采购商或供应商单独决定 | （5）报价时效<br>（6）决标通知时效<br>（7）履约保证金时效<br>（8）签订合同日期<br>（9）付款时效<br>（10）交货时效<br>（11）延迟交货日期<br>（12）公证检验时效<br>（13）罚款时效<br>（14）运输时效<br>（15）保险时效<br>（16）到货提货时效<br>（17）索赔时效 |
| 特定时效 | 即不能硬性规定的时效 | 例如，某类工作必须视国际贸易的变化情况随时确定和调整其时效 | |

开展采购作业时，企业不仅要注重时效、争取时效，而且还要管理时效、控制时效，只有这样才能保障采购的利益。采购作业程序复杂，在时效控制上稍有忽略就可能影响整个采购进度。

在实务操作中，企业可通过编制"主要业务处理时限表"（见表6-10）来确保采购时效制度的有效执行。

表6-10　主要业务处理时限表

| 类别 | 主要业务 | 进行次序 | 工作细目 | 主办部门 | 协办部门 | 工作时限 | | 备注 |
|---|---|---|---|---|---|---|---|---|
| | | | | | | 天数 | 总计 | |
| | | | | | | | | |
| | | | | | | | | |
| | | | | | | | | |
| | | | | | | | | |
| | | | | | | | | |
| | | | | | | | | |
| | | | | | | | | |

# 第四节 规范采购作业流程

## 071 采购作业流程

一项完整的采购作业大体上都要经历图6-9所示的流程。关于各流程的说明详见表6-11。

| 接受采购任务 | → | 制订采购计划 | → | 提出采购需求 |
|---|---|---|---|---|
| 订购和发出订单 | ← | 谈判与签订合同 | ← | 选择供应商 |
| 货物运输及运输控制 | → | 验收入库 | → | 付款 |

图6-9 采购作业流程

表6-11 采购作业各流程的具体说明

| 流程名称 | 详细说明 |
|---|---|
| 接受采购任务 | 各个部门将采购需求报到采购部门,采购部门负责汇总需要采购的物资并指派专人进行采购。有时,采购部门也可根据企业的实际情况,主动安排各种物资的采购 |
| 制订采购计划 | 采购部门接到采购任务单后,要先制订具体的工作计划,然后进行资源市场调查,包括对产品、价格、供应商进行调查分析,最后选定供应商,确定采购方法、采购日程计划及运输方法、货款支付方式等 |
| 提出采购需求 | 采购需求主要包括以下几个方面的内容:<br>(1)规格、图样和采购文件。这些内容要能准确地反映采购产品,以便供应商准确理解<br>(2)对采购产品的需求。要准确规定产品的类别,详细制定产品的检验程序和规范<br>(3)明确主要的控制环节,即规格、图样和采购文件的编制、审批与发放<br>(4)提出完整的采购文件,主要包括采购合同、图样、标准、样品和技术协议书等 |

（续表）

| 流程名称 | 详细说明 |
|---|---|
| 选择供应商 | 对于供应链中的供应商，采购部门可以直接向其传递采购信息。对于非供应链中的供应商，采购部门可以利用网络平台将所需物资的供应商列出来，找出供货质量好、价格低、交货及时、服务周到的供应商 |
| 谈判与签订合同 | 要和供应商反复磋商谈判，讨论价格、质量、货期、服务及风险赔偿等各种条件，并将这些条件写进订货合同。订货合同经双方签字盖章后才生效 |
| 订购和发出订单 | （1）签订采购合同后，采购人员就可以发出订单。有时，采购合同就是购货订单。在常规采购中，如果对物资有长期稳定的需求，只要对合同的部分内容进行修改和讨论，将购货订单按照修改后的合同发出即可。在这种情况下，订购和发出订单是各自独立的活动<br>（2）采购人员向供应商发出购货订单时，要详细说明有关的信息。购货订单的内容包括订单编号、产品简要说明、单价、需求数量、交货时间、收货地址等，这些数据在双方建立密切合作伙伴关系的前提下可以实现 |
| 货物运输及运输控制 | 订货成交以后，就要开始运输货物。可以由供应商运输，也可以由运输公司运输或者企业自己提货。采购人员要督促、监督货物运输，以确保按时到货 |
| 验收入库 | 采购人员要配合仓储部门按有关合同规定的数量、质量、验收办法、到货时间做好货物的验收入库工作。财务部门根据入库单及时付清货款，如有违反合同的情形应予以拒付或提出索赔要求 |
| 付款 | 结清款项是供应商最关心的问题之一，如果企业找理由拖延应付的货款，必然会引起供应商的不满，严重的还会导致供应商停止供货，甚至引发法律纠纷。付款虽然是财务部门的工作，但采购部门也要加以协助 |

## 072　采购作业流程设计要点

在设计采购作业流程时，企业应注意以下要点。

1. 采购结构应与采购数量、种类、区域相匹配

过多的流程会增加流程运行的成本，降低工作效率；流程过于简单或监控点过少将对物资质量、供应、价格等产生不利影响。

2. 先后顺序及实效控制

企业应明确采购的流程和时限。例如，避免同一主管对同一采购文件做数次签核；避免同一采购文件在不同部门有不同的作业方式；避免过多部门会签一份采购文件，影响效率。

3．关键点设置

为便于控制，使各项采购作业在各阶段均能被追踪管理，企业应设置关键点的管理要领或办理时限。例如，国外采购、询价、报价、申请许可证、出具信用证、装船、报关、提货等均要有管理要领或办理时限。

4．权责或任务的划分

各项作业手续及查核责任应有明确规定。例如，请购、采购、验收、付款等权责应明确。

5．配合作业方式的改善

将手工作业方式转变为计算机作业方式后，流程与表格需做相应的调整或重新设计。

6．采购流程应反映集体决策的思想

采购流程应由计划、设计、工艺、认证、订单、质量等相关部门人员协商确定。为了适应组织的变化或作业的实际需要，必须对采购流程进行改进与完善。

7．避免作业过程中发生摩擦、重复与混乱

要注意作业过程中出现的偶发事件，例如，当遇到"紧急采购"及"外部授权"时，应按有关规定进行特别处理。

8．价值与程序相适应

程序繁简或被重视的程度应与所处理业务或采购项目的重要性或价值大小相适应。凡数量较大、价值较高或容易发生舞弊的作业，应有比较严格的处理和监督程序；反之，则可略微放宽标准，以提高工作效率。

9．处理程序应符合现实环境

早期设计的处理程序或流程实施一段时间以后，应对其进行改进和完善，以适应组织变化或作业的实际需要。

# 第五节　建设采购管理信息系统

## 073　建立采购管理信息系统的目的

建立采购管理信息系统的目的如下。

1．降低人力成本和设备费用

采购管理信息系统优化了资源配置，减少了人员参与，降低了人力成本和设备费用。

2．提高采购处理速度

与传统的人工处理方式相比，采购管理信息系统大大简化了流程，减少了人员参与，降低了错误的发生率，提高了采购处理速度。

3．降低采购成本

由于采购管理信息系统提供的数据更为客观、公正、透明，所以避免了暗箱操作所产生的额外成本，同时也优化了采购选择方案，降低了采购成本。

4．提高决策的科学性

通过采购管理信息系统中的智能分析等模块对企业各项数据进行分析，更有可能做出最优决策，规避不必要的风险，提高企业的整体收益。

5．提高人员利用率

采购管理信息系统精简了人员配置，大大提高了人员利用率。

## 074　信息化采购作业系统架构

信息化采购作业系统主要包括五个子系统，即厂商主档、请购作业、订购单作业、材料验收处理作业和采购管理作业，具体内容如表6-12所示。

表6-12　信息化采购作业系统的内容

| 序号 | 子系统名称 | 主要内容 |
| --- | --- | --- |
| 1 | 厂商主档 | 包括供应商基本资料建立、供应商目录查询以及供应商资料查询、打印等 |
| 2 | 请购作业 | 包括请购单维护、请购单打印及确认、请购单状况查询和打印以及请购转采购处理等 |
| 3 | 订购单作业 | 包括订购单开立作业、打印作业、修改及取消作业、结案作业以及采购资料查询及打印。查询及打印的内容包括订购单索引、订购单已交或未交明细以及各种采购业务的进度报告等 |
| 4 | 材料验收处理作业 | 包括交货验收、进料检验、材料退货处理以及收退料记录查询及打印等。这一子系统针对供应商的交货状况可提供详细的报告 |
| 5 | 采购管理作业 | 包括长期未交易厂商状况、厂商采购绩效分析、厂商采购统计排行表、料品采购统计排行表、料品采购单价变动表以及批号用料请购与领料比较表等 |

　　许多企业已经引入信息化采购作业系统，要想充分发挥其管理效能，就要让采购人员灵活运用各种报表，采取适当的对策与措施。例如，对于数量管理，若近期内有可能发生缺料，应将缺料报告依厂商类别打印出来，以便采购人员开展稽催工作；反之，若有提前交货或超量交货的情况，也应及时纠正供应商的错误，以保障企业的利益。对于价格管理，应利用计算机逐一查核订购价格与发票价格有无差异，也可将打印出的采购价格差异报告提交给采购主管和相关人员，供他们了解采购对成本降低目标的贡献程度。对于品质管理，可打印供应商品质绩效报告，将其作为评估供应商是否能继续交货的主要条件。

## 075　利用系统进行采购作业

　　采购作业可分为三个阶段，即采购前的准备作业、订购单执行作业、订购单完成后的作业。

　　1．采购前的准备作业

　　采购前的准备作业包括以下内容：

　　（1）收集并建立采购项目的基本资料；

　　（2）收集、过滤并建立供应商资料；

　　（3）检查及核准请购单的内容；

　　（4）接洽合格的供应商；

　　（5）询价、比价、议价；

　　（6）核准订购单；

　　（7）发出订购单。

　　通过计算机处理上述工作时，首先要建立三个档案，即物料主档、供应商主档及订购单主档，具体内容如表6-13所示。

表6-13　各档案所存的资料

| 物料主档 | 供应商主档 | 订购单主档 |
|---|---|---|
| （1）料号<br>（2）名称、计量单位<br>（3）工程规格<br>（4）蓝图号码<br>（5）合格的厂家或厂牌 | （1）供应商的名称、地址、电话、传真、网站、电子邮箱<br>（2）业务联络人的姓名<br>（3）已核准供应的物料名称<br>（4）供应商的产能及规模<br>（5）过去采购的价格 | （1）未完成交货的订单号码<br>（2）供应商的名称<br>（3）订购数量、已交货数量、订单余额<br>（4）订购的料号、品名、计量单位 |

（续表）

| 物料主档 | 供应商主档 | 订购单主档 |
|---|---|---|
|  | （6）过去采购所需的交期<br>（7）过去交货品质的记录<br>（8）过去交货绩效的评估 | （5）订购价格<br>（6）预计交货日期 |

建立了上述档案之后，如果采购人员收到由ERP或MRP系统导出的请购单，就能迅速做出判断。

2．订购单执行作业

订购单执行作业始于发出订购单，终于供应商依照订单规定的交货时间将货品送达工厂或指定地点。订购单执行作业包括以下内容：

（1）发出订购单；

（2）供应商确认订购单的内容及条件；

（3）跟催；

（4）变更订购单内容；

（5）供应商交货；

（6）进货查验发票、交货单据及数量；

（7）检验进货品质；

（8）订购单结案；

（9）更新库存记录。

这项作业花费的时间最长。由于内部或外部环境的变化，企业或供应商可能会出现一些状况，具体如表6-14所示。

表6-14　企业与供应商可能出现的状况

| 若主生产计划（Master Production Schedule，MPS）因遇到客户要求变更订单、市场预测不准等情况而改变，则会影响MRP，企业会出现以下几种情况：<br>（1）增加或减少订购量<br>（2）取消订购单<br>（3）交货期提前或延后<br>（4）跟催到期未交货的订单 | 供应商会出现如下几种情况：<br>（1）无法如期交货<br>（2）要求提高售价<br>（3）交货品质不符合企业要求或品名不对，被企业退货 |
|---|---|

与供应商协商后，企业可将变化的部分输入计算机，打印出"订购单变更通知"，并发给供应商确认，同时更新订购单主档。

发生订购单后，采购部门可定期（每周或每月）打印出未交货的订单状况报告，追踪跟催已发出但尚未完成交货的订购单。采购部门可依照供应商、采购员、料号、订购单号码或订购单到期日等不同类别打印报告，以满足各种不同的用途。此外，采购部门也可依照订购单的金额和到期日来预测未来采购原料所需资金。

当供应商将订购的货品如期送达指定的交货地点时，就完成了初步的交货手续，此项异动资料即可输入计算机。采购员只需借助计算机，就可了解并掌握实际交货情况。如果发现货品短缺或品质不符规格，应尽快通知供应商立即补送、换货或前来处理；如果供应商送达的货品经验收无误且符合订购单的条件，则此订购单可结案，但要注意对订购单主档和库存数据及时进行更新。

3．订购单完成后的作业

订购单完成后的作业主要包括下列几项：

（1）应付账款作业；

（2）出具购料价格差异分析报告；

（3）供应商绩效评估等。

财务部门可通过核查各项采购资料来办理付款业务。例如，核查收货单与订购单的数量是否相符，核对供应商的发票金额与订单金额是否相符。若一切无误，则可办理报支，送请主管核准后，依照订购单的条件给供应商付款，同时编制应付账款的汇总报告。货款一旦支付，就可根据实际的采购价格及实际发生的费用与标准成本的对比，了解采购成本的变动趋势。

供应商绩效评估是指企业根据供应商的交货品质、交货时间、货品数量和价格等对供应商的绩效进行评估，供未来采购时参考。

## 076　建立采购管理信息系统

建立采购管理信息系统的步骤和采购管理信息系统的评估内容如下。

1．建立采购管理信息系统的步骤

在建立采购管理信息系统或完善其功能时，必须先明确采购的目标、规划等。建立采购管理信息系统的步骤如图6-10所示。

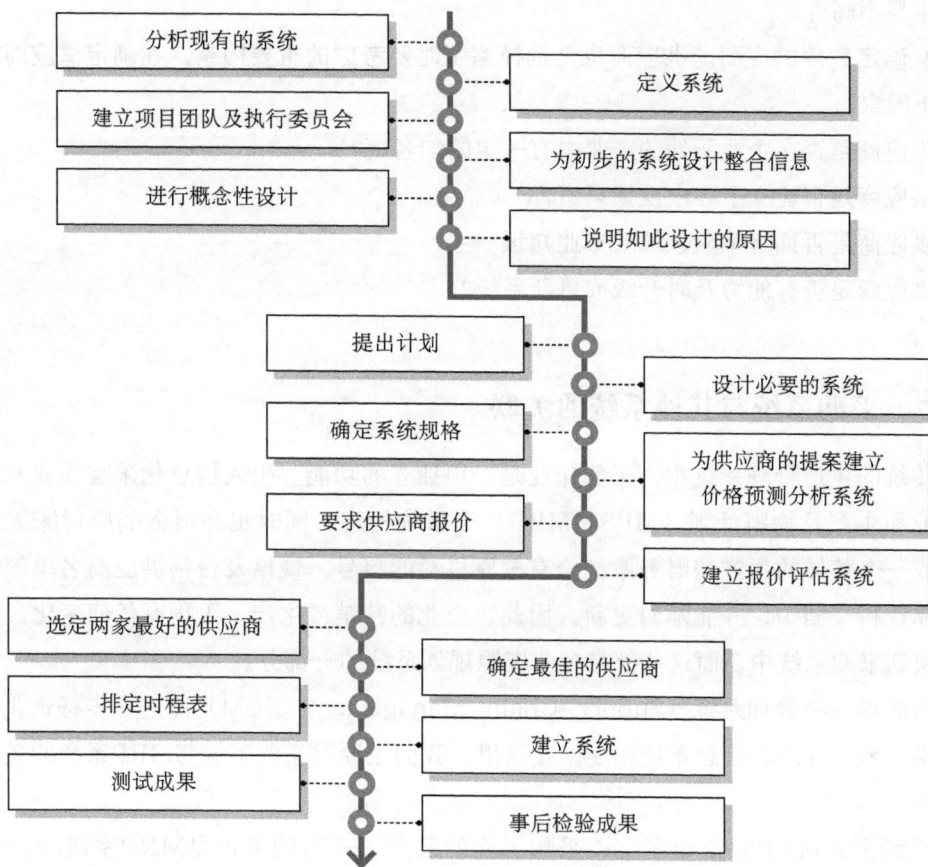

**图6-10　建立采购管理信息系统的步骤**

2．采购管理信息系统的评估

采购管理信息系统的评估包括以下三个方面的内容。

（1）考虑系统特性。在选择系统时一定要评估系统的效能，具体评估内容如下。

①该系统是否给采购部门的工作带来很大的帮助？

②是否与其他现有系统（如会计、发票、收款等系统）相容？是否易于与其资料库整合？

③此系统是否易于使用和学习？

④若采购部门的业务发生变动，该系统能否随之增加相应的功能？

⑤能否提供控制功能及例外性报告供管理者使用？

（2）分析系统成本。在分析系统成本时，还应考虑系统的取得和维护成本。另外，还要考虑系统的维护成本高不高，由谁执行维护工作，维护的工作是否规律且持续，系统升级或更新成本高不高等。

（3）确定软件供应商。供应商也是选择系统时要考虑的重要因素。在确定供应商时，应考虑以下因素。

①供应商是否在企业所处的产业中有一定的知名度？

②供应商是否建立了客户反馈渠道？

③供应商是否拥有采购领域的专业知识？

④供应商是否有能力及时升级或更新系统？

## 077 采购系统与其他系统的关联

在传统的生产管理系统中，采购作业是一项独立的功能。引入信息化采购作业系统后，采购作业和生产及物料计划（MPS和MRP）等系统相连，同时也和财务的应付账款系统相连，形成一个整体的生产和财务系统。有关原材料的料号、规格及合格供应商名单等都被储存在产品资料文档中，并能随时更新。因此，企业的营销、生产、工程有任何变化，都会被迅速反映到采购系统中，而这些都是企业资源规划系统的一部分。

先进的供应链管理系统（Supply Chain Management，SCM）能进一步将企业本身的ERP与供应商、客户的信息系统相连。在这里，我们主要对采购系统与MRP系统的关联进行详细说明。

对已经引入MRP的企业而言，采购工作的起点——请购单正是MRP系统的产出或结果。也就是说，请购单是源于物料的需求计划。

1．MRP系统的架构

MRP系统包括表6-15所示的四个主要部分。

表6-15 MRP的四个主要部分

| 序号 | 主要部分 | 主要作用 |
| --- | --- | --- |
| 1 | 主生产计划（MPS） | 主生产计划的作用有两点：一是计划生产什么产品（以料号及型号来表示），二是计划何时生产（以周别或月份表示）。<br>当然，MPS不能无中生有。一般来说，短期生产是由实际的客户订单、机器产能与材料库存状况来决定的，长期生产则由销售预测数据决定 |
| 2 | 产品结构表（Bill of Material，BOM） | BOM提供产品结构资料，表示一项产品各层次的结构。由BOM可以得知制造一个产品所需要的各种材料及其数量 |

（续表）

| 序号 | 主要部分 | 主要作用 |
|---|---|---|
| 3 | 物料主档<br>（Item Master） | 物料主档储存了一切有关成品、半成品与原材料的资料，包括材料名称、规格、ABC分类、在产品结构上所属的层次、购运时间（1eadtime）及采购员或物料规划师的代号等。此外，还包括存货异动资料，存货异动资料是计算物料需求或判断是否必须开出订购单的依据 |
| 4 | 未交订购单<br>（Open PO） | 未交订购单表示每一项已采购但尚未交货的数量，以及供应商预定的交货时间 |

2．MRP系统与采购

依据MRP系统，企业可以了解下列情况：

（1）应该订购的物料；

（2）应该跟催的物料；

（3）应该取消的订单；

（4）应该缓交的物料；

（5）MPS 是否可行。

# 第七章 采购计划管理

**导读 >>>**

制订采购计划就是确定如何采购物料和服务，以便更好地满足企业生产需求的过程。采购经理在制订采购计划时要重点考虑的问题包括是否采购、采购什么、采购多少、怎样采购及何时采购。

Q先生：A经理，对一名刚刚上任的采购经理来说，开展工作的第一步就是制订采购计划，但是如何才能做好这项工作呢？

A经理：首先，你要充分了解采购计划的作用、类别、影响采购计划的因素等基本内容；其次，你要分析物料采购数量，并编制相关计划表格，只有这样才能制订出一份合理的采购计划。

Q先生：最近我总听到MRP采购计划的说法，请问什么是MRP采购计划？

A经理：MRP是指物料需求计划，这是生产企业用来制订物料需求计划、进行生产管理的一种应用软件。作为采购经理，你应当熟练使用该软件。

# 第一节　编制采购计划

## 078　采购计划的类别

一般而言，采购计划包括年度采购计划、月度采购计划、日采购计划、日常经营需求计划等，具体内容如表7-1所示。

表7-1　采购计划的类别

| 序号 | 种类 | 制订要求 |
|---|---|---|
| 1 | 年度采购计划 | 根据企业年度经营计划，在对市场信息、需求信息及往年采购数据进行充分分析的基础上制订的计划 |
| 2 | 月度采购计划 | 在对年度采购计划进行分解的基础上，依据上月实际采购情况、库存情况、下月需求预测、市场行情而制订的当月采购计划 |
| 3 | 日采购计划 | 在对月度采购计划进行分解的基础上，对各部门每日经营所需物品进行汇总与审核而制订的采购计划 |
| 4 | 日常经营需求计划 | 各部门根据每天的经营情况、物品日常消耗情况、库存情况，向采购部报送的日常采购计划 |

## 079　影响采购计划的因素

在编制采购计划前，采购经理应对各种影响采购计划的因素进行分析，具体影响因素如表7-2所示。

表7-2　影响采购计划的因素

| 序号 | 因素 | 具体内容 |
|---|---|---|
| 1 | 年度营销计划 | 除非市场出现供不应求的情况，企业年度经营计划一般以营销计划为起点。营销计划的拟订受销售预测的影响，而销售预测又受外界不可控因素的影响，如经济发展情况（GDP、失业率、物价、利率等）、技术发展情况、竞争者状况等，还受内部可控因素的影响，如财务状况、技术水准、厂房设备、原料零件供应情况、人力资源及公司声誉等 |

(续表)

| 序号 | 因素 | 具体内容 |
|---|---|---|
| 2 | 年度生产计划 | 一般而言，生产计划源于营销计划。若营销计划脱离实际，容易使产品变成存货，给企业造成负担；反之，若营销计划过度保守，企业将不能满足客户所需，并失去获取利润的机会。因此，如果营销人员对市场的需求量估算不准确，就会导致物料供需长久处于失衡状态 |
| 3 | 用料清单 | 如果产品的产量和品种经常变更，就很难对用料清单做出及时修订，以致根据产量所计算出来的物料需求数量与实际的使用量或规格不尽相符，从而造成物料采购数量过多或不够，因此企业必面依据最新的用料清单制订采购计划 |
| 4 | 存量管制卡 | 由于应购数量必须扣除库存数量，因此存量管制卡记载是否正确也会影响采购计划的准确性。存量管制卡记载的内容包括料账是否一致、物料存量是否全为良品。若账上数量与仓库架台上的数量不符，或存量中并非全数皆为规格正确的物料，仓储数量将低于实际可用数量，采购计划中的应购数量将会偏低 |
| 5 | 物料标准成本 | 在编制采购预算时，拟购物料的价格很难预测，故多以标准成本替代。如果在设定标准成本时没有参考过去的采购资料，也没有让工程人员精确地计算其原料、人工及制造费用等组合或生产的总成本，则其准确性会降低。因此，标准成本与实际购入价格的差额是评估采购预算准确与否的重要指标 |
| 6 | 生产效率 | 生产效率的高低会影响预计的物料需求量与实际的耗用量间的差距。产品的生产效率降低，会导致原物料的单位耗用量提高，从而使采购计划中的数量不能满足生产所需。当生产效率有降低趋势时，我们必须将采购计划中额外的耗用率计算进去，如此才不会发生原物料短缺的现象 |
| 7 | 价格预期 | 在编制采购预算时，要经常对物料价格涨跌幅度、市场景气情况等进行分析，甚至将其列为影响预算的因素，但由于个人主观判定与事实会存在差距，这可能会造成采购预算产生偏差 |

## 080 配合采购计划的部门

无论是正常的批量生产还是特殊的订货生产，采购计划工作都必须得到各部门的配合，唯有如此才能顺利获得物料来满足生产需求。

需要配合采购计划的部门如图7-1所示。

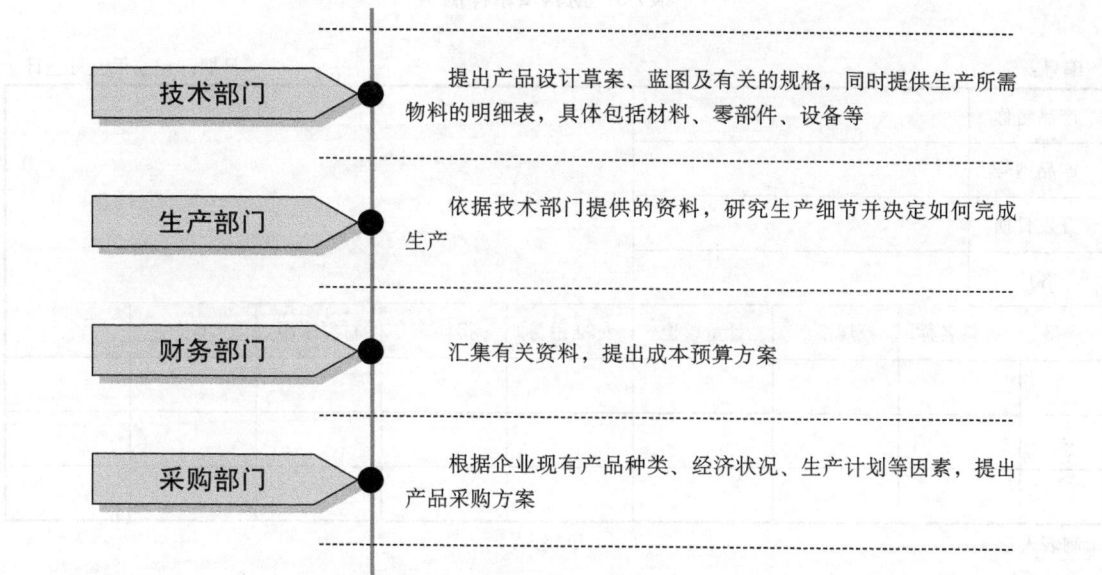

图7-1 需要配合采购计划的部门

## 081 分析采购计划所需的相关资料

对采购计划进行分析所需的相关资料如下。

1．生产计划

企业可利用销售预测和对自身实际情况的分析来拟订销售计划或目标。销售计划列出了各种产品在不同时期的预期销售数量；预期销售数量加上预期的期末存货减去期初存货就是预期生产数量，生产计划据此数量拟订。

2．用料清单

生产计划只列示产品的数量，若想了解某一产品需用哪些物料及其数量的多少，则需查看用料清单。用料清单样例详见表7-3。

用料清单是由研发部门或产品设计部门拟定的，根据该清单我们可以精确计算出制造某一产品的用料数量。用料清单所列的耗用量，即通称的标准用量，可作为用料管制的依据。

表7-3 用料清单样例

编号：                                           日期：___年__月__日

| 产品名称 | | 简图 | | | | | | |
|---|---|---|---|---|---|---|---|---|
| 产品型号 | | | | | | | | |
| 开发日期 | | | | | | | | |
| 客户 | | | | | | | | |
| 序号 | 材料名称 | 规格 | 计量单位 | 标准用量 | 损耗率 | 材料来源 | 单价 | 备注 |
| | | | | | | | | |
| | | | | | | | | |
| | | | | | | | | |

制表人：                              审核人：

### 3．存量管制卡

若产品有存货，则生产数量不一定等于销售数量；同理，若材料有库存，则材料采购数量也不一定等于根据用料清单计算出的材料需用量。因此，在编制采购计划时，必须查阅物料的存量管制卡（详见表7-4），以了解某一物料目前的库存状况，然后再依据用料需求数量以及购料的作业时间和安全存量水准，计算出正确的采购数量。

表7-4 存量管制卡

编号：                                           日期：___年__月__日

| 品名 | | 料号 | | 请购点 | | 安全存量 | | | | | |
|---|---|---|---|---|---|---|---|---|---|---|---|
| 规格 | | 存放 | 库号：<br>架位： | 一次请购量 | | 采购前置时间 | | | | | |
| 日期 | 凭证号码 | 摘要 | 入库 | | 出库 | | 结存数量 | 请（订）购量 | | | |
| | | | 收 | 欠收 | 发 | 欠发 | | 订购量 | 订购单号 | 订购日 | 请求交货日 |
| | | | | | | | | | | | |
| | | | | | | | | | | | |
| | | | | | | | | | | | |

制表人：                              审核人：

## 082　确定物料采购数量

生产计划、用料清单（或物料需求计划）和存量管制卡是确定采购数量的主要依据。采购经理可根据以下步骤来确定采购数量：

（1）先预估计划期内生产所需物料数量；

（2）根据预估生产所需物料数量加上最低与最高存货数量，求出其总需求量；

（3）分别用上述所得数据减去上期期末存量，结果即为计划期内的最低与最高采购数量。其计算公式为：

最高采购数量=生产需要量+最高存货数量-上期期末存货

最低采购数量=生产需要量+最低存货数量-上期期末存货

## 083　编写采购计划表格

大多数企业都有一套标准化的采购计划表格，采购经理只需将相关信息填入表格就即。如果企业没有制定标准化的表格，则可根据实际情况参照表7-5、表7-6、表7-7和表7-8进行制作。

表7-5　物料年度采购计划表

编号：　　　　　　　　　　　　　　　　　　　　　　　　　日期：____年__月__日

| 物料类别 | | | | | | | | | | | |
|---|---|---|---|---|---|---|---|---|---|---|---|
| 序号 | 物料名称 | 料号 | 规格 | 单位 | 单价 | 年度用量 | 现有库存量 | 年计划采购量 | 年计划采购成本 | 计划采购日期 |
| | | | | | | | | | | |
| | | | | | | | | | | |
| | | | | | | | | | | |
| | | | | | | | | | | |
| | | | | | | | | | | |
| | | | | | | | | | | |

制表人：　　　　　　　　　　　　　　　　审核人：

表7-6 物料采购月计划

编号：                                                                                    日期：____年__月__日

| 物料名称 | 规格 | 部门 | 全年采购总量 | 单价 | 金额 | 每月采购计划 | | | | | | | |
|---|---|---|---|---|---|---|---|---|---|---|---|---|---|
| | | | | | | 1月 | | 2月 | | 3月 | | …… | |
| | | | | | | 数量 | 金额 | 数量 | 金额 | 数量 | 金额 | …… | …… |
| | | | | | | | | | | | | | |
| | | | | | | | | | | | | | |
| | | | | | | | | | | | | | |
| | | | | | | | | | | | | | |
| | | | | | | | | | | | | | |
| | | | | | | | | | | | | | |
| | | | | | | | | | | | | | |

制表人：                                                  审核人：

表7-7 订单采购计划表

编号：                                                                                    日期：____年__月__日

| 材料名称 | 品名规格 | 适用产品 | 上旬 | | 中旬 | | 下旬 | | 库存量 | 订购量 |
|---|---|---|---|---|---|---|---|---|---|---|
| | | | 生产单号 | 用量 | 生产单号 | 用量 | 生产单号 | 用量 | | |
| | | | | | | | | | | |
| | | | | | | | | | | |
| | | | | | | | | | | |
| | | | | | | | | | | |
| | | | | | | | | | | |
| | | | | | | | | | | |
| | | | | | | | | | | |

制表人：                                                  审核人：

表7-8 物料定期采购计划表

编号：                                                                                              日期：＿＿年＿月＿日

| 材料名称 | 规格 | 每月估计用量 | 订购交货日期 | 每日用量 | 每日最高用量 | 基本存量 | 最高存量 | 基本存量比率 | 每次订购数量 |
|---|---|---|---|---|---|---|---|---|---|
|  |  |  |  |  |  |  |  |  |  |
|  |  |  |  |  |  |  |  |  |  |
|  |  |  |  |  |  |  |  |  |  |
|  |  |  |  |  |  |  |  |  |  |
|  |  |  |  |  |  |  |  |  |  |

制表人：                                                   审核人：

## 084 处理采购计划变更

如果发生采购变更的情况，请购部门要及时填写"采购变更申请单"（见表7-9），并将其交采购部审批，以便做出变更安排。

表7-9 采购变更申请单

| 请购部门 |  |  | 原请购单编号 |  |  |
|---|---|---|---|---|---|
| 品名 |  | 规格 |  | 采购日期 |  |
| 变动内容 |  |  |  |  |  |
| 变动原因 |  |  |  |  |  |
| 联系电话 |  |  | 经办人 |  |  |
| 采购部意见 | 采购专员 |  | 采购经理 |  | 采购经理 |
|  | 日期：＿＿年＿月＿日 |  | 日期：＿＿年＿月＿日 |  | 日期：＿＿年＿月＿日 |

（续表）

| 财务部核准意见 | 经办人 | 负责人 |
|---|---|---|
| | 日期：＿＿年＿月＿日 | （盖章）＿＿年＿月＿日 |
| 主管副总经理 | | （盖章）＿＿年＿月＿日 |
| 总经理 | | （盖章）＿＿年＿月＿日 |
| 备注 | 1．随附资料：原请购单复印件、已采购合同复印件<br>2．本表一式四份，请购部门、采购部、财务部、总经办各一份 | |

## 085 汇总采购计划

采购经理应督促本部门人员定期汇总登记各类采购计划，具体可参考表7-10执行。

### 表7-10 采购计划登记表

编号：　　　　　　　　　　　　　　　　　　　　　　　　　　　　　　　日期：＿＿年＿月＿日

| 序号 | 名称 | 规格 | 物资采购厂家 | 单位 | 计划数 | 库存数 | 采购数 | 要求到货日期 | 备注 |
|---|---|---|---|---|---|---|---|---|---|
| | | | | | | | | | |
| | | | | | | | | | |
| | | | | | | | | | |
| | | | | | | | | | |
| | | | | | | | | | |

制表人：　　　　　　　　　　　　　审核人：

## 086 落实采购计划

采购经理应依据采购计划将采购任务分派给各个采购员，分派任务时要注意以下三点：

（1）同一个采购员不能长期与一家供应商联系；

（2）专业要对口；

（3）重要的供应商要由资深的采购人员负责联络。

以下为某公司采购任务安排计划，供读者参考。

**【实用案例】**

### ××公司采购任务安排表

日期：2018年12月19日

采购人员：王××

| 物料名称 | 物料编号 | 寻找供应商时间 | 下单时间 | 回厂时间 | 备注 |
|---|---|---|---|---|---|
| 压盖24# | YG-24 | 无 | 1月10日 | 1月20日 | 老供应商 |
| 压盖28# | YG-28 | 无 | 1月10日 | 1月20日 | 老供应商 |
| 压盖27# | YG-27 | 无 | 1月10日 | 1月20日 | 老供应商 |
| 胶圈12# | JQ-12 | 1月2日—25日 | 1月26日 | 2月1日 | 开发新供应商 |
| 胶圈18# | JQ-18 | 1月2日—25日 | 1月26日 | 2月1日 | 开发新供应商 |

采购人员：魏××

| 物料名称 | 物料编号 | 寻找供应商时间 | 下单时间 | 回厂时间 | 备注 |
|---|---|---|---|---|---|
| 水位 | SW-01 | 无 | 1月5日 | 1月10日 | 老供应商 |
| 软管180# | RG-180 | 无 | 1月12日 | 1月20日 | 确定供应商 |
| 软管240# | RG-240 | 无 | 1月12日 | 1月20日 | 确定供应商 |
| 软管360# | RG-360 | 1月2日—30日 | 下月计划 | 下月计划 | 开发新供应商 |

## 087　新产品配件采购安排

企业如果开发了一款新产品，必然会面临新产品配件的采购。一般来说，在技术开发阶段很少有供应商参与，但进入批量生产阶段，供应链便成了生产的一个环节，因此采购经理必须花大量时间去开发新产品配件供应商。

# 第二节　MRP 采购计划

### 088　MRP的基本结构

MRP的基本结构包括主生产计划、物料主档、产品结构表、未交订购单共四个部分。

1. 主生产计划

主生产计划（Mater Production Schedule，MPS）一般是指主产品的时间进度表。主产品是企业生产的用来满足市场需求的最终产品，一般是整机或具有独立使用价值的零件、部件、配件等。主产品一般是独立需求产品，以市场的订货合同、订货单或市场预测来确定其未来一段时间（一般是一年）的总需求量，包括需求数量、需求时间等。

主生产计划是MRP系统运行的主要依据。

2. 物料主档

物料主档（Item Master）是指一切有关成品、半成品与材料的必要资料，如物料名称、ABC物料分类表、产品结构阶层表、采购前置时间、物料基准存量表等，它有利于MRP的运算与运行。

3. 产品结构表

产品结构表（Bill of Material，BOM）也叫物料清单，它可以说明产品零件各阶层及结构。MRP可据此计算出产品所需的物料零件及数量。

4. 未交订购单

企业通过现有物料与物料净需求量可进一步确定是否发出新订购单、生产命令单、外协加工单，或已发的订购单、生产命令单、外协加工单是否必须提前或延后。

### 089　MRP的逻辑原理

MRP的基本原理是，通过主生产计划和主产品的层次结构逐层逐个地求出主产品所有零部件的出产时间、出产数量。

如果零部件是企业内部生产的，企业就要根据生产时间的长短来提前安排投产时间，形成零部件投产计划；如果零部件需要从企业外部采购，企业就要提前确定订货时间和采购数量，形成采购计划。

如果按照这些投产计划进行生产，按照这些采购计划进行采购，就可以实现所有零部件的出产计划，这样不仅能够保证产品的交货期，而且还能降低原材料的库存量，减少流动资金的占用。 MRP的逻辑原理如图7-2所示。

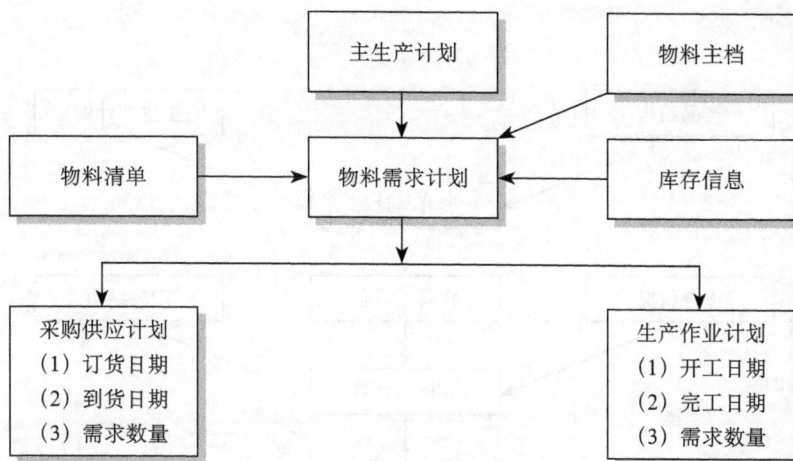

图7-2　MRP的逻辑原理

MRP的形成依据如表7-11所示。

表7-11　MRP的形成依据

| 序号 | 形成依据 | 详细说明 |
|---|---|---|
| 1 | 主产品 | 用来满足市场需求的产成品。例如，汽车制造厂家生产的汽车、电视机厂家生产的电视机都是各自的主产品 |
| 2 | 主产品的结构文件 | 主要反映主产品的层次结构、所有零部件的结构关系和数量。根据这个文件，我们可以确定主产品及其各个零部件的需求数量、需求时间和零部件之间的装配关系 |
| 3 | 主生产计划 | 主要描述主产品及由其结构文件决定的零部件的出产进度，表现为各时间段内的生产量，具体影响因素包括出产时间、出产数量或装配时间、装配数量等 |
| 4 | 库存信息 | 包括主产品及其所有零部件与库存量、已订未到货量和已分配但尚未提走的货物数量。制订MRP的目的是尽可能减少库存，仓库中有的，就不再安排生产和采购；仓库中有但数量不够的，只投产或采购不够的那一部分 |

## 090　MRP的运作流程

通过MRP，采购经理可得知物料净需求、现有库存量、供应商的交期与交付数量以及自制零件、半成品的完成时间与数量，从而使其合乎主生产计划的要求。MRP的运作流程如图7-3所示。

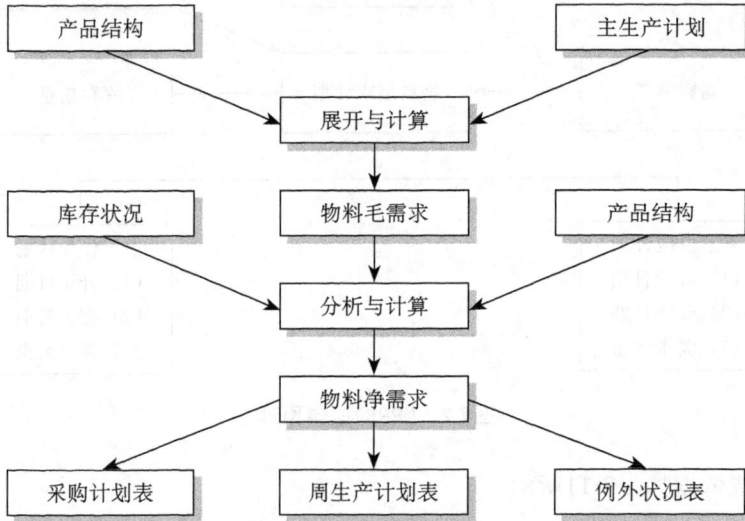

图7-3　MRP的运作流程

## 091　MRP采购计划的实施

订货计划，即非独立需求采购计划，是指通过MRP系统运行结果确定所需物料、订货量和订货时间。根据订货计划规定的时间和订货量进行订货，必须设置一个采购提前期，以使所采购的物料刚好可以满足生产需要。

由于进行了精确的计划和计算，从而使得所有需要采购的物料能够按时按量送达，因此一般不会产生超量的物料库存。但事实上，从经济性角度来考虑，对于采购品，没有必要一定追求零库存，因为这样可以大大节约订货费用和各种手续费用，从而降低生产成本。

例如，根据表7-12，经过MRP计算，物料C在第1周计划发出15件。根据这个计划，第1周就要去采购，采购量为15件。物料C的采购提前期为3周，即经过3周，也就是第4周，15件物料C就应该到货，正好满足第4周的净需求量15件。

表7-12　C物料的MRP运行结果

| 物料：C（1级）提前期：3周 | | 周次 | | | | | | | |
|---|---|---|---|---|---|---|---|---|---|
| | | 1 | 2 | 3 | 4 | 5 | 6 | 7 | 8 |
| 总需求量 | | 20 | 5 | 40 | 20 | | | | |
| 计划到货量 | | 70 | | | | | | | |
| 库存量 | 0 | 50 | 45 | 5 | −15 | −15 | −15 | −15 | −15 |
| 净需求量 | | | | | 15 | | | | |
| 计划接受订货量 | | | | | 15 | | | | |
| 计划发出订货量 | | 15 | | | | | | | |

通过MRP计算可以达到恰好满足需要、使库存量最小的目的。

但是，在实际工作中，执行非独立需求采购计划可能会有一定的困难，这主要是因为没有一个固定的订货批量，订货量时大时小，无论是包装还是运输，都不太方便，有时甚至不能实现。供应商的物料通常都是整箱或整包包装好的，一般不拆开零卖，也就是说，采购的数量受供应商包装的约束。同样，运输也受运输单元的约束。因此，物料采购数量最好是一个整数，即包装单元的整数倍，这时就要根据固定订货批量处理的MRP计算模型进行采购。

按固定订货批量处理的MRP计算模型如表7-13所示。

表7-13　按固定订货批量处理的MRP计算模型

| 项目：E（1级）订货点：60订货批量：150提前期：3周 | | 周次 | | | | | | | |
|---|---|---|---|---|---|---|---|---|---|
| | | 1 | 2 | 3 | 4 | 5 | 6 | 7 | 8 |
| 总需求量 | | 60 | 40 | 60 | 40 | 60 | 40 | 60 | 40 |
| 计划在途到货量 | | | 150 | | | | | | |
| 订货后库存量 | 100 | 40 | 150 | 90 | 50 | 140 | 100 | 40 | 150 |
| 计划接受订货量 | | | | | | 150 | | | |
| 计划发出订货量 | | | 150 | | | 150 | | | |

在表7-13中，产品E设定了固定订货批量为150，订货点为60，订货提前期为3周。第2周有一个150的在途到货，计划期前库存量为100。根据各周需求量的情况，可以计算出各周的订货后库存量。所谓订货后库存量，是指将本周计划订货量和到货量考虑进来，销售完成之后剩下的库存量，公式如下：

**本周订货后库存量＝上周订货后库存量+本周计划在途到货量+本周**
**计划接受订货量−本周需求量**

其中，本周计划接受订货量是这样确定的：判断上周的订货后库存量加上本周的计划在途到货量再减去本周需求量是否小于等于0，如果小于等于0，如表7-13中的第5周，因为第4周的订货后库存量50加上第5周的计划在途到货量0再减去第5周的需求量60等于－10，小于0，所以第5周的计划接受到货量为一个订货批量150。同理，第8周的计划接受到货量也是一个订货批量150，其余各周的计划接受到货量为0。确定了计划接受订货量之后，就可以得出计划发出订货量，而计划发出订货量由计划接受订货量提前一个订货提前期而得到。例如，第5周有一个150的计划接受订货量，将它提前一个订货期3周，即在第2周就有一个150的计划发出订货量。这意味着，应当在第2周去采购一个订货批量150，经过一个订货提前期，即到了第5周，这个150的订货批量就能运进仓库，以满足第5周的需求量。同理，对应于第8周的计划接受订货量150，在第5周有一个150的计划发出订货量。表7-13的最后一行实际上就是采购计划。

# 第八章　供应商开发和管理

**导读 >>>**

　　供应商开发和管理是整个采购体系的核心，它关系到整个采购部门的业绩。一般来说，供应商开发包括供应市场竞争分析、寻找合格供应商、潜在供应商的评估、询价和报价、合同条款的谈判、最终供应商的选择等。

　　Q先生：A经理，公司如果要扩大生产，就要采购新的物料，那么该如何开发新的物料供应商呢？

　　A经理：开发新的供应商对采购工作来说非常重要。

　　采购经理要了解供应商基本类别、行业特征以及寻找供应商的途径，同时要对不同供应商进行比较，还要做好实地考察、询价等一系列工作。

　　Q先生：上周，我公开表扬了一家供应商，因为他们的供货一直很及时，而且货品质量合格。

　　A经理：你做得非常对。采购经理要代表公司对供应商进行扶持、激励，同时一定要做好对他们的监督工作，防止其垄断行为的发生。

# 第一节　供应商开发

## 092　寻找供应商

采购经理可以通过各种公开信息和途径得到供应商的联系方式，这些途径包括查询现有资料、公开招标、同业介绍、使用搜索引擎等，具体如表8-1所示。

表8-1　寻找潜在供应商的途径

| 序号 | 方式 | 具体情形 |
| --- | --- | --- |
| 1 | 查询现有资料 | 可以从现有的供应商中甄选，分析各供应商是否符合要求，相关要求包括品质适当、交货准时、价格合理及包含必需的服务等 |
| 2 | 公开招标 | 通过招标的方式吸引供应商。这种方式比较被动，若最适合的供应商不主动来投标，那就意义不大了 |
| 3 | 同业介绍 | 与同行业人员进行沟通，相互学习借鉴，以获得较多可选的供应商 |
| 4 | 阅读专业刊物 | (1) 通过各种专业报刊寻找供应商<br>(2) 通过相关采购指南、企业名录、电话分类广告等获得供应商的基本资料 |
| 5 | 联系行业协会或专业的采购顾问公司 | (1) 可以与拟购产品的行业协会洽谈，向其索要会员名录<br>(2) 联系专业的采购顾问公司，特别是欲采购来源稀少或不易取得的物品时，如精密零件 |
| 6 | 参加产品展示会 | 参加有关行业的产品展示会，收集供应商资料，或者与供应商当面洽谈 |
| 7 | 使用搜索引擎 | (1) 通过各种搜索引擎查找供应商<br>(2) 从地理位置、公司规模、所需要的物料等多个方面来选择合适的供应商 |
| 8 | 浏览行业网站 | 每个行业都有大量的专业网站，这些网站会提供大量的采供信息，也可以通过这些网站寻找合适的供应商 |

在寻找供应商这一环节，最重要的是对供应商进行初步的筛选。采购经理可以通过供应商情况登记资料来管理供应商提供的信息，这些信息包括供应商的注册地、注册资金、主要股东结构、生产场地、设备、人员、主要产品、主要客户、生产能力等。

通过分析这些信息，采购经理可以评估供应商的工艺能力、供应的稳定性、资源的可靠性以及其综合竞争能力，以进一步确定合适的供应商。

表8-2、表8-3和表8-4是考察供应商时所用表单的范本，仅供读者参考。

**表8-2 供应商基本资料表范本**

编号：　　　　供应商：　　　　　　　　　　　　日期：＿＿＿＿年＿＿月＿＿日

| 名称 | | | 地址 | | | | | 法人 |
|---|---|---|---|---|---|---|---|---|
| | | | | | | | | |
| 联系人 | | | 电话 | | | | | |
| 传真 | | | E-mail | | | 网址 | | |

| 公司概况 | 资本额 | ＿＿万元 | 机器设备 | 名称 | 台数 | 厂牌规格 | 购入时间 | 购入成本 | 性能 |
|---|---|---|---|---|---|---|---|---|---|
| | 建厂登记日期 | | | | | | | | |
| | 营业执照 | | | | | | | | |
| | 往来银行 | | | | | | | | |
| | 开始往来时间 | | | | | | | | |
| | 停止往来时间 | | | | | | | | |
| | 所属协会团体 | | | | | | | | |
| | 协力企业数 | | | | | | | | |
| | 协力企业利用率 | | | | | | | | |
| | 平均月营业额 | ＿＿万元 | | | | | | | |

| 材料来源 | 材料名称 | 供应商 | 备注 | 员工 | 职能 | 人数 | 管理层人数 | 员工数 | 大学以上学历 | 高中以上学历 | 平均月薪 |
|---|---|---|---|---|---|---|---|---|---|---|---|
| | | | | | | | | | | | |
| | | | | | | | | | | | |

| 主要产品 | 名称 | 比例 | 名称 | 比例 | 主要客户 | 名称 | 比例 | 名称 | 比例 |
|---|---|---|---|---|---|---|---|---|---|
| | | | | | | | | | |
| | | | | | | | | | |
| | | | | | | | | | |

制表人：　　　　　　　审核人：　　　　　　　确认人：

表8-3　供应商问卷调查表范本

编号：　　　　　供应商：　　　　　　　　　　　日期：＿＿＿年＿＿月＿＿日

| 项目 | 调查项目内容 | 了解程度状况 |
|---|---|---|
| 材料零件确认 | 1．您是否了解开发部门样品确认流程 | □了解　□不了解　□请求当面沟通了解 |
| | 2．您是否了解本公司开发部门认定的材料交货依据的规格及样品 | □了解　□不了解　□请求当面沟通了解 |
| | 3．您是否保留了开发部门认可的样品，以作后续品质管理之用 | □了解　□不了解　□请求当面沟通了解 |
| 品质验收管制 | 1．您是否了解本公司品管部的检验标准与方法 | □了解　□不了解　□请求当面沟通了解 |
| | 2． | |
| | 3． | |
| 采购合同 | 1．贵公司目前的产量能满足本公司的需求吗 | □能　□不能　□需设法弥补 |
| | 2． | |
| | 3． | |
| 请款流程 | 1．您是否了解本公司的付款条件 | □了解　□不了解　□请求当面沟通了解 |
| | 2． | |
| | 3． | |
| 售后服务 | 1．您对品质有疑问时，会主动找哪一个部门或主管解决 | □品管　□开发　□采购　□总经理 |
| | 2． | |
| | 3． | |
| 建议事项 | | |

制表人：　　　　　　　　　　审核人：

表8-4 拟考察供应商名录范本

编号： 日期：____年__月__日

| 供应商名称 | 地址 | 电话 | 适用产品 | 供应商特点 |
|---|---|---|---|---|
| | | | | |
| | | | | |
| | | | | |
| | | | | |
| | | | | |
| | | | | |
| | | | | |

制表人： 审核人：

## 093 供应商条件比较

采购经理可根据各方面要求对供应商进行比较并进行初步筛选。采购经理可以参考表8-5对不同的供应商进行比较。

表8-5 供应商条件比较表

编号： 材料名称： 规格： 单位： 日期：____年__月__日

| 条件 | 供应商A | 供应商B | 供应商C |
|---|---|---|---|
| 单价 | | | |
| 交货期 | | | |
| 交货地点 | | | |
| 付款方式 | | | |
| 包装方式 | | | |
| 不良品处理 | | | |
| 品质保证能力 | | | |

| 条件 | 供应商A | 供应商B | 供应商C |
|------|---------|---------|---------|
| 工艺水平 | | | |
| 服务质量 | | | |
| 财务状况 | | | |
| 技术水平 | | | |
| 总评 | ☐采用<br>☐列入考虑范围<br>☐不予采用 | ☐采用<br>☐列入考虑范围<br>☐不予采用 | ☐采用<br>☐列入考虑范围<br>☐不予采用 |
| 备注 | | | |

制表人： 审核人：

## 094　开展实地考察工作

实地考察小组成员构成及考察的内容如下。

1．实地考察小组成员构成

在开展实地考察工作时，采购经理应邀请品质部门的相关人员和工艺工程师一起参与，因为他们不仅拥有专业知识与经验，而且共同审核的经历有助于企业内部的沟通和协调。

2．考察的主要内容

在实地考察供应商时，采购经理应着重从以下六个方面入手：

（1）管理能力；

（2）设备能力；

（3）过程能力；

（4）产品控制能力；

（5）员工技术能力；

（6）绩效记录能力。

## 095　考察供应商的管理能力

对供应商管理能力的考察主要通过表8-6所示的考察方式和判断标准来进行。

表8-6 供应商管理能力的考察

| 序号 | 问题 | 考察方式和判断标准 |
|---|---|---|
| 1 | 供应商的工作态度和能力如何？对企业的订购合同是否感兴趣 | 要想了解供应商，可以通过填写询问表的方式征求他们的意见，同时限定回复时间。那些对提议感兴趣的供应商会在短期内给予答复；而那些不感兴趣的供应商会拖延回复 |
| 2 | 公司的组织结构如何？是否存在一个质量管理实体？质量经理承担的工作及其需要向谁汇报工作？质量经理是否担任过生产部经理？质量人员会像保护他们自己的公司那样维护本企业的利益吗 | 如果有机会可以参观供应商的工作环境，以此判断供应商的工作状态 |
| 3 | 管理者的经验是否丰富？他们在签错文件时会如何处理 | 可以多和他们沟通与接触，从而做出判断 |
| 4 | 他们是否认为犯错误是不可避免的？他们是否存有"缺陷预防"的理念？他们是否赞同零缺陷的工作哲学 | 如果供应商认为履行合同应以一定数量的花费为限，保证生产出符合要求的产品，那么这家供应商是可以考虑的 |

## 096　考察供应商的设备能力

考察供应商的设备能力时要注意以下几个问题：

（1）在生产己方的产品时，供应商将会使用哪些设备；

（2）是否已具备机器或工艺程序；

（3）对湿度控制的要求；

（4）对作业环境的整洁度要求；

（5）检测设备的情况；

（6）是否需要使用起重机。

## 097　考察供应商的过程能力

确认供应商过程能力应注意以下问题：

（1）在付诸作业之前，供应商能否证明每一个过程都让品质部门满意；

（2）是否有一个持续的评审，以确保该过程不经过相似的证明不得有所改变；

（3）供应商是否具有客户要求的比较数据。

### 098　考察供应商的产品控制能力

考察供应商的产品控制能力一定要注意以下问题：

（1）在供应商的企业中，如何判断其产品是否符合要求；

（2）供应商是否知道产品的问题所在；

（3）供应商能否预测下一批产品的情况。

采购方一定要注意产品缺陷的预防。即使有时候不能预防一个缺陷的首次出现，但可以预防它再次发生。因此，采购方必须了解供应商是否设有记录检验和测试的机构，以发现不符合要求的产品。

### 099　考察供应商的员工技术能力

所谓技术工人，是指能通过某种方式证明自己具有完成某项工作能力的人。确定供应商是否拥有技术工人的最好的方法是：

（1）要求供应商指定代表人员，然后与他们进行谈话，了解他们的工作；

（2）观察他们的工作过程，以及他们对工作环境的满意度。

### 100　考察供应商的绩效记录能力

考察供应商需要投入人力，这无疑会增加产品成本。在下列情况下，企业不必对供应商进行考察，可直接与其合作。

（1）凡质量管理体系通过第三方认证的供应商，不必对其质量保证体系进行考察。

（2）凡通过国内、国际权威机构认证的供应商，不必对其进行考察。

（3）被同行业知名企业列入"合格供应商名录"的供应商，不必对其进行考察。

### 101　对供应商进行评估

在实地考察中，采购经理应该使用统一的评分表对供应商进行评估，具体样例如表8-7所示。

### 表8-7 供应商评分表样例

编号： 日期：＿＿年＿月＿日

| 供应商编号 | | | 供应商名称 | | |
|---|---|---|---|---|---|
| 调查时间 | | | 第几次调查 | | |

| 调查评核项目 | | 得分 | 评分说明 | 调查评核者 | 备注 |
|---|---|---|---|---|---|
| 价格评估 | 1．原料价格 | | | | |
| | 2．加工费用 | | | | |
| | 3．估价方法 | | | | |
| | 4．付款方式 | | | | |
| 技术评估 | 1．技术水准 | | | | |
| | 2．资料管理 | | | | |
| | 3．设备状况 | | | | |
| | 4．工艺流程 | | | | |
| | 5．作业标准 | | | | |
| 品质评估 | 1．品管组织体系 | | | | |
| | 2．品质规范标准 | | | | |
| | 3．检验方法记录 | | | | |
| | 4．纠正预防措施 | | | | |
| 生管评估 | 1．生产计划体系 | | | | |
| | 2．交期控制能力 | | | | |
| | 3．进度控制能力 | | | | |
| | 4．异常排除能力 | | | | |
| 合计 | | | | | |

制表人： 审核人：

## 102 与供应商保持沟通

对供应商的考察结束后，采购经理应及时总结供应商的优点和不足之处，并听取供应商的解释。如果供应商有改进意向，可要求供应商提供改进措施报告，并对其做进一步评估。

## 103 发出采购询价文件

采购经理应及时向合格供应商发出"采购询价单"（详见表8-8）。在询价过程中，为避免供应商发生报价上的错误，通常应检查其辅助性的文件，如工程发包的规范书、物料分期运送的数量明细表等。对于形状特殊且无标准规格的零件或物品，买方可以提供样品给供应商，供其参考。

"采购询价单"发出后，供应商应在指定的日期内完成报价。

表8-8 采购询价单

编号：                            日期：____年__月__日

| 请购单编号 | 材料编号 | 规格说明 | 单位 | 数量 | 备注 |
|---|---|---|---|---|---|
|  |  |  |  |  |  |
|  |  |  |  |  |  |

一、报价须知

1. 交货期限：□需于____年__月__日以前交清

               □订购后_____天内交清

2. 交货地点：_____

3. 付款办法：□交货验收合格后付款　□试用并检验合格后付款

4. 订购方法：□分项订购　□以总金额为准

二、报价期限

该报价单请于____年__月__日以前惠予报价，以便洽购为荷。

注：报价有效期间务请保留该询价单（从上列日期算起）十天以上。

                                          ××公司资材部　采购科

                                          地址：_____

                                          电话：_____

制表人：                                审核人：

## 104　了解供应商报价

一般而言，供应商接到采购方的询价后，会在采购方约定的期限内给出报价，报价有许多种，具体分类如下。

**1．以报价的方式来分**

从报价的方式来看，报价可分为以下两种。

（1）口头报价：由供应商通过电话或当面向采购经理说明报价内容，报价的物品以买卖双方经常交易、规格简单且不易产生错误者为宜。此种报价方式基于双方的互信，它可以节省书面报价所必需的书写或邮寄时间。

（2）书面报价：供应商在自备的报价单或采购方的投标单或报价单上，将价格、交货日期、付款方式、交货地点等必要资料填完后，寄给采购方。若采购金额较大，有些企业会规定必须以密封方式将"报价单"寄给稽核或财务部门，以便将来公开拆封比价。

**2．以报价的内容来分**

从供应商报价的内容来看，报价可分为以下两种。

（1）确定报价：在报价有效期内，一经采购方承诺，交易行为即告确立。因此，发出确定报价的各项条件，即成为日后买卖契约的主要内容。

（2）附有条件报价：供应商的价格可随时变更，无需通知采购方，或供应商报出的价格须经供应商确认后才生效；或供应商以一批货物同时向两个以上客户报价，如其中一方接受，对其他买主的原报价或任何其他附带条件的报价即失去效力。

## 105　审查供应商报价单

采购部门接到供应商报价单后，要看是否适质、适量、及时和适价，并应在报价有效期内妥善审查决定和回复，具体审查点如表8-9所示。

表8-9　采购报价单的审查点

| 序号 | 审查点 | 审核项目 |
|---|---|---|
| 1 | 是否确认报价 | 是否为有效期报价，有效期的截止日期，物资品牌、名称是否确定，是否是国际通用的，是否达到一定数量，是否为确定价格，有无浮动价格 |
| 2 | 质量 | 质量是否达到要求，所报物料规格是否明晰、周详 |

| 序号 | 审查点 | 审核项目 |
| --- | --- | --- |
| 3 | 数量 | 数量是否适当，所声明的物资数量及单位是否清晰，单位是否为国际通用单位，若附有数量增减条款，那么该条款是否合理 |
| 4 | 交货期 | 交货期是否及时，如果是从国外采购，那么所制定的立即装船、即期装船及限期装船的条款是否合理 |
| 5 | 价格 | 价格是否恰当，所报单价及总价是否准确无误 |
| 6 | 投保条件 | 应熟悉投保条件，如果是平安险、破损险和水渍险，是否符合采购方的要求或能否保障多方利益 |
| 7 | 包装 | 包装条款是否符合采购方的要求 |
| 8 | 交货责任 | 交货责任条款是否合理 |
| 9 | 付款 | 付款条款是否合理 |
| 10 | 其他 | 有无其他特别条款 |

## 106　分析供应商报价

采购经理应对供应商的报价进行分析。有时为了支持基于成本定价的谈判，要使用更加专业的成本分析技术。

当然，价格分析并不一定需要深入探究成本细节才可以判断供应商的报价是否合理。采购经理可以采用以下几种方法来判断供应商报价的合理性：

（1）与其他同类产品价格相比；

（2）与以前支付的产品价格相比；

（3）与目前采用的产品价格相比；

（4）与替代品的价格相比。

采购经理要多了解目前市场中相关产品的价格。当然，涉及建设合同这类不是每天都发生的项目时，则要与内部的工程造价预算进行比较，以此判断价格的合理性。

当收到不同供应商的报价时，采购经理会发现有些报价高于平均价格，有些报价低于平均价格，对任何低于标准的价格都应进行仔细核检，因为供应商在报价过程中可能会出于各种原因报出较低的价格。在选择供应商的过程中，一定要避免仅以低价确定供应商。

## 107 分析供应商成本

在供应商按照成本清单进行报价后，采购经理可以通过"供应商成本分析表"（详见表8-10）来分析供应商成本细目。

表8-10 供应商成本分析表

编号： 供应商名称： 日期：____年__月__日

| 产品名称 | | 零件名称 | | 零件料号 | | 估价数量 | | 备注 |
|---|---|---|---|---|---|---|---|---|
| | | | | | | | | |

| 主材料费 | 序号 | 名称 | 规格 | 厂牌 | 单价 | 用量 | 损耗率 | 材料费 |
|---|---|---|---|---|---|---|---|---|
| | | | | | | | | |
| | | | | | | | | |
| | | | | | | | | |

| 加工费 | 序号 | 工程内容 | 使用设备 | 日产量 | 设备折旧 | 模具折旧 | 单价 | 加工费 |
|---|---|---|---|---|---|---|---|---|
| | | | | | | | | |
| | | | | | | | | |
| | | | | | | | | |

| 后加工费 | 序号 | 加工名称 | 使用设备 | 日产量 | 加工单价 | 说明 | | |
|---|---|---|---|---|---|---|---|---|
| | | | | | | | | |
| | | | | | | | | |
| | | | | | | | | |

| 材料费合计 | | 加工费合计 | | 后加工费合计 | |
|---|---|---|---|---|---|
| 营销费用 | | 税金 | | 利润 | |
| 总价 | | | | | |
| 备注 | | | | | |

制表人： 审核人：

## 108  对供应商产品进行直接比价

采购经理可以通过"供应商产品直接比价表"（详见表8-11）对各供应商的报价进行比较，以确定合适的供应商。

### 表8-11  供应商产品直接比价表

编号：　　　图纸编号：　　　　产品名称：　　　　日期：＿＿年＿月＿日

| 项目 | | 供应商A | 供应商B | 供应商C | 供应商D | 供应商E | 供应商F | 供应商G | 供应商H |
|---|---|---|---|---|---|---|---|---|---|
| 报价时间 | | | | | | | | | |
| 计算原材料单价 | | | | | | | | | |
| 成品重量 | | | | | | | | | |
| 税别 | | | | | | | | | |
| 报审价格 | | | | | | | | | |
| 意见 | 采用（✓） | | | | | | | | |
| | 不采用（×） | | | | | | | | |

制表人：　　　　　审核人：　　　　　确认人：

## 109  开展价格谈判工作

在开展价格谈判工作之前，采购经理一定要做好充分的准备，要设定合理的目标价格。对小批量产品，采购经理谈判的核心是交货期，即要求供应商具有快速提供的交货能力；对流水线、连续生产的产品，价格是核心，但一定要确保供应商有合理的利润空间。

价格谈判是一个持续的过程，每位供应商都有其对应的价格曲线，在供货一段时间后，其成本会持续下降。采购经理可与表现优秀的供应商达成策略联盟，促进供应商提出改进方案，以最大限度地节约成本。

关于谈判的更多内容请参考本书第九章的相关内容。

## 110  分析比较供应商

供应商分析是指在选择供应商时，我们应对其拥有的共同因素，如价格、品质、供应商信誉、过去与该供应商的交往经验、售后服务等进行考察和评估的过程。

对供应商进行分析时，采购经理应考虑的主要因素如图8-1所示。

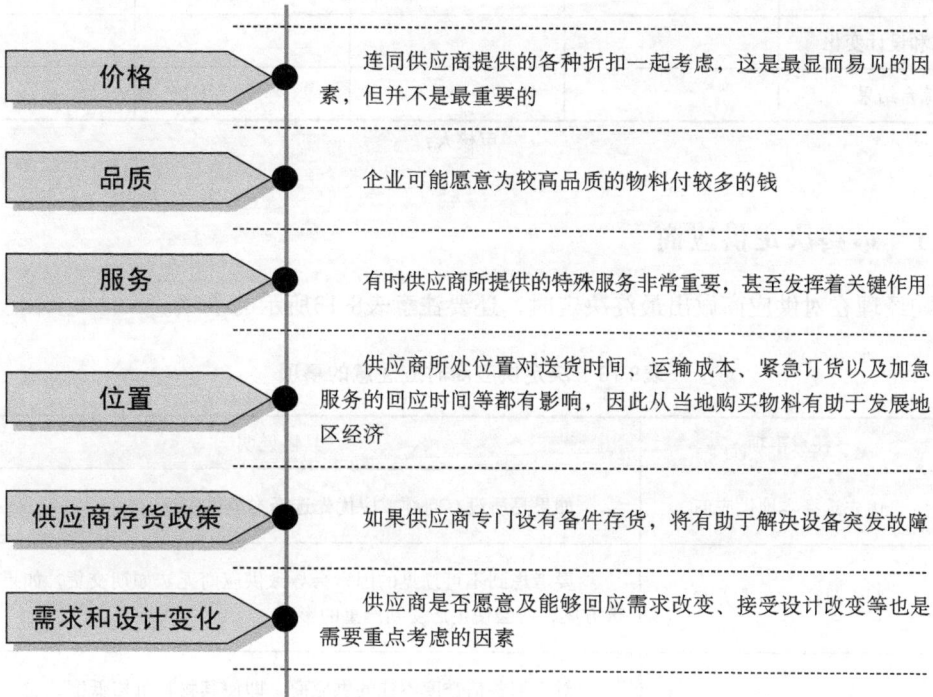

| 价格 | 连同供应商提供的各种折扣一起考虑，这是最显而易见的因素，但并不是最重要的 |
| 品质 | 企业可能愿意为较高品质的物料付较多的钱 |
| 服务 | 有时供应商所提供的特殊服务非常重要，甚至发挥着关键作用 |
| 位置 | 供应商所处位置对送货时间、运输成本、紧急订货以及加急服务的回应时间等都有影响，因此从当地购买物料有助于发展地区经济 |
| 供应商存货政策 | 如果供应商专门设有备件存货，将有助于解决设备突发故障 |
| 需求和设计变化 | 供应商是否愿意及能够回应需求改变、接受设计改变等也是需要重点考虑的因素 |

图8-1 对供应商分析所考虑的因素

对于图8-1中的因素，采购经理可以通过表8-12进行具体分析，从而便于快速确定供应商。

表8-12 供应商比较表

编号：　　　　　　　　　　　　　　　　　　　　　　　　　　　　　　日期：＿＿＿年＿＿月＿＿日

| 比较因素 | 供应商A | 供应商B | 供应商C | 供应商D |
|---|---|---|---|---|
| 价格 | | | | |
| 品质 | | | | |
| 服务 | | | | |
| 位置 | | | | |

（续表）

| 比较因素 | 供应商A | 供应商B | 供应商C | 供应商D |
|---|---|---|---|---|
| 供应商存货政策 | | | | |
| 需求和设计变化 | | | | |
| 综合结果 | | | | |

制表人：　　　　　　　　　　　　审核人：

## 111　最终决定供应商

采购经理在对供应商做出最终决定时，还要注意表8-13所示的事项。

表8-13　决定供应商时应注意的事项

| 序号 | 注意事项 | 具体说明 |
|---|---|---|
| 1 | 优先选择本地供应商 | 如果品质没有问题，应优先选择本地供应商 |
| 2 | 制定供应商备选方案 | 要考虑到不可预见的因素会导致供应商无法如期交货，如果没有备选方案，将会使生产受到严重的影响 |
| 3 | 忠诚度 | 对于那些信誉度不佳的供应商，即使其物料价格低廉，也不要选择与其合作 |
| 4 | 互惠互利 | 买卖双方要互惠互利，合作共赢 |
| 5 | 指定品牌的选择 | 设计部门一般按照供应商提供的产品样本进行设计，从而使采购成为一种限制性采购。采购部门必须对这种限制采购的合理性、标准性和通用性进行分析后再做决定 |
| 6 | 综合利益权衡 | 现代企业竞争相当激烈，如果供应商属于本企业的竞争供应商，在选择供应商时，必须事先衡量得失，综合考虑后再加以决定 |

## 112　通知供应商

采购经理决定了采用哪些供应商以后，一定要告知被选中的供应商。同时，也要通知未被选中的供应商，并告知其最终落选的原因。

## 113　控制供应商开发进度

采购经理和采购人员可以按开发供应商的步骤编制一份时间进度表（详见表8-14），这样不仅可以使开发新供应商的具体工作明确化，而且还可以减小计划日期被拖延的可能性。

表8-14　供应商开发进度表

编号：　　　　　　　　　　　　　　　　　　　　　　　　　　　　　日期：＿＿＿年＿＿月＿＿日

| 序号 | 开发步骤 | 进度日期 | | | | | | | | | | | |
|---|---|---|---|---|---|---|---|---|---|---|---|---|---|
| | | 第1周 | 第2周 | 第3周 | 第4周 | 第5周 | 第6周 | 第7周 | 第8周 | 第9周 | 第10周 | 第11周 | 第12周 |
| 1 | | | | | | | | | | | | | |
| 2 | | | | | | | | | | | | | |
| 3 | | | | | | | | | | | | | |
| 4 | | | | | | | | | | | | | |
| 5 | | | | | | | | | | | | | |

制表人：　　　　　　　　　　　　　　　　审核人：

## 114　建立合格供应商台账

采购经理应将供应商的资料存档，并制作合格供应商台账，以便于后续订单的管理。合格供应商台账范本如表8-15所示。

表8-15　合格供应商台账范本

编号：　　　　　　　　　　　　　　　　　　　　　　　　　　　　　日期：＿＿＿年＿＿月＿＿日

| 序号 | 供应商编号 | 名称 | 联系方式 | 供应材料 | 最后复查时间 | 备注 |
|---|---|---|---|---|---|---|
| 1 | | | | | | |
| 2 | | | | | | |
| 3 | | | | | | |
| 4 | | | | | | |
| 5 | | | | | | |

制表人：　　　　　　　　　　　　　　　　审核人：

# 第二节　供应商管理

### 115　供应商扶持

供应商扶持时机和程序如下。

1．供应商扶持时机

对采购经理来说，通常可以在以下几种状况下启动供应商扶持计划：

（1）为使本企业产品更高端化，计划在品质上有较大的提升时；

（2）企业处在策略性转移点时；

（3）企业已有一批低价、低品质的供应商，并且这些供应商都有长期合作的强烈愿望和基本条件；

（4）一批长期配合且配合较好的供应商在近一段时期内所提供的物料品质大幅度下降时。

此时由于供应商的管理体系出现了问题，而抱怨通常是不能解决根本问题的，如果通过扶持去改善管理体系，将会产生积极的作用。

2．被扶持供应商应满足的条件

在扶持计划中，供应商必须同时满足以下条件：

（1）供应商与企业长期合作，且能为企业提供大量的物料；

（2）供应商所提供的物料的品质不够好；

（3）供应商的价格水平等级较低，企业通常选用价格为中下等级的供应商较为合适，如若要选价格为最低等级的供应商，最好让具有该供应商产品知识的专业人员进行初步的判断；

（4）供应商与本企业的合作意愿强烈；

（5）供应商不能为家庭作坊形式，也不能是贸易商；

（6）今后的价格可以维持在一个相对较低的水平上。

3．供应商扶持程序

一般来说，对供应商扶持需要经过一定的程序，具体如表8-16所示。

表8-16　供应商扶持程序

| 序号 | 步骤 | 工作事务 | 责任人员 |
|---|---|---|---|
| 1 | 查询供应商资料 | 从所有供应商中选出一些可以长期供货但物料品质较差又一直供货的供应商 | 采购人员 |
| 2 | 做出初步选择 | 从供应商清单及资料中选择 | 采购经理 |
| 3 | 制定可行性方案 | 制定"供应商扶持可行性方案"，内容包括原材料使用情况、对应各供应商的物料品质和配合状况、所选供应商的潜力、扶持可带来的直接影响、需要的资源等 | 采购经理或品管工程师 |
| 4 | 高层主管审核 | 对供应商成本潜力和本企业成本潜力进行分析，以判定是否需要做供应商扶持 | 高层主管 |
| 5 | 成立供应商扶持计划小组 | 该小组成员由品管部和工程部的工程师、采购或资材部等相关人员组成，通常由品管部主管或特定专员任小组组长 | 高层主管核准 |
| 6 | 小组会同其他品管和采购人员开会 | 探讨初步选定的供应商背景及状况，以使所选定的供应商更具可扶持性，判断该供应商是否具有品质提升的潜力等 | 小组成员同部分品管和采购人员 |
| 7 | 筛选供应商 | 确定最终需要扶持的供应商 | 小组成员同部分品管和采购人员 |
| 8 | 制订具体扶持初步目标与计划 | 目标通常指对供应商评分中的各个项目所确定的提升与改善幅度，其内容通常包括批次交货品质、品质管理体系、成本、效率、品质投诉或抱怨处理、品质回馈处理等，甚至还可能包括供应商交货价格的降低。计划通常包括时期与目标达成效果、采用的方式方法及工具、各供应商具体负责人，还包括制定奖罚机制 | 扶持小组 |
| 9 | 邀请相应供应商参会 | 通过采购部联系供应商，要求他们参会讨论，并向他们说明目标与要求，以使供应商积极配合 | 扶持小组组长主导，高层主管出席 |
| 10 | 到供应商工作地点了解情况 | 深入供应商现场了解相关情况 | 扶持小组主要成员 |
| 11 | 制定具体扶持方案 | 形成一份完整的供应商扶持方案 | 小组成员共同制定，高层核准 |
| 12 | 执行扶持计划 | 落实和执行供应商的扶持方案。在执行过程中，针对各阶段进展状况分别召开扶持小组会议 | 品管部人员 |

### 116 建立供应商会见制

为了规范采购工作、提高采购质量，采购经理与供应商建立合作关系后，应及时建立严格的供应商会见制。供应商会见制包括以下三个方面的要求。

1．会见时间要求

为了保证采购人员有足够的时间进行市场调研并制订采购计划，企业可设定专门的供应商接待日，最好选择在采购小组召开例会的前一天，给供应商一个是否进一步谈判的答复，以便新物料采购的审核工作能及时进行。

2．会见地点要求

为了规范采购人员和供应商的行为，对于双方会见地点的选择，企业一般设在采购部供应商接待室内。

3．洽谈内容要求

企业要按采购的物料类别设置专职洽谈人员，负责接洽相关类别的供应商。洽谈内容要围绕采购计划、促销计划和供应商文件进行，不能超越权限随意增加商品谈判内容。

### 117 建立供应商激励标准

激励标准是对供应商实施激励的依据。采购经理在建立供应商激励标准时需要考虑以下因素：

（1）企业采购物资的种类、数量、采购频率、采购政策、货款的结算政策等；

（2）供应商的供货能力，以及可以提供的物品种类、数量；

（3）供应商所属行业的进入壁垒；

（4）现阶段供应商最迫切的需求；

（5）竞争对手的采购政策、采购规模；

（6）是否有替代品。

考虑上述因素的主要目的是企业可以针对不同的供应商提供量身定制的激励方案，以达到良好的激励效果。

### 118 明确符合激励的供应商

在对供应商进行绩效考核的基础上，采购经理可以按照得分多少对供应商进行分级。对于同类供应商，按照数量的多少，对排名第一至第三的进行正激励，对排名倒数第一至倒数第三的进行负激励（一般被激励的供应商不超过同类供应商总数的30%）。不同的激励方式适用于不同的供应商。

1．正激励

对供应商进行正激励的方式主要有以下几种。

（1）延长合作期限：适用于合作期限较短的供应商。

（2）增加合作份额：适用于具备更大数量的物品供应能力、急于扩大营业额的供应商。

（3）增加物品类别：适用于能够提供更多物品种类，且物品质量符合企业标准，增加物品类别有助于降低其成本的供应商。

（4）供应商级别提升：适用于尚未达到战略合作伙伴级别的供应商（但供应商级别的提升要逐步进行，不可越级提升）。

（5）书面表扬：可以是对供应商个人的表扬，也可以是对供应商单位的表扬；可以直接将书面表扬发至供应商单位，也可以通过当地媒体向社会公开表扬。

（6）颁发证书或锦旗：适用于对荣誉较为看重的供应商，可每年进行一次，最好由企业专程送达。

（7）现金或实物奖励：适用于对企业做出重大贡献或特殊贡献的供应商，一般由企业副总经理以上的领导提出。

若对供应商非常满意，向其实施正激励时，采购经理可以发出"需方非常满意通知单"。"需方非常满足通知单"范本如下，仅供读者参考。

**【经典范本01】需方非常满意通知单**

需方非常满意通知单

对于公司生产的产品，我们非常满意，拟采取以下方式（画"√"的项目）予以激励。

☐ 供应商升级。

☐ 增加订货比例。

☐ 比其他供应商优先付款。

☐ 优先安排新产品。

☐ 一次性奖励_____万元。

××股份有限公司<br>____年__月__日

说明：1．附评价记录。

　　　2．此单一式四份，供方、需方和公司财务部、生产经营部各执一份。

### 2．负激励

由于负激励是一种惩罚性激励手段，因此一般用于业绩不佳的供应商。企业实施负激励的目的在于提高供应商的积极性，改进合作效果，维护企业利益。

## 119 选定激励时机

企业一般要在对供应商绩效进行一次或多次考核之后，以考核结论为依据对供应商实施激励。当然，在遇到下列情况时，企业也可以实施激励：

（1）市场上同类供应商的竞争较为激烈，而现有供应商的绩效不佳时；

（2）供应商之间缺乏竞争，物品供应相对稳定时；

（3）供应商缺乏危机感时；

（4）供应商对采购方利益缺乏高度关注时；

（5）供应商业绩有明显提高，对采购方效益增长贡献显著时；

（6）供应商的行为对采购方利益有损害时；

（7）按照合同规定，采购方利益受到影响时；

（8）出现经济纠纷时；

（9）需要提升供应商级别时；

（10）其他需要对供应商实施激励的情况。

需要特别注意的是，在对供应商实施负激励之前，企业要查看该供应商是否有款项尚未结清，是否存在法律上的风险，是否会对本企业的生产经营造成重大影响，避免因激励而给企业带来麻烦。

## 120 实施激励

激励由采购部根据供应商绩效考核结果提出，由采购经理审核，报分管副总经理批准（涉及法律程序和现金及实物奖罚、证书和锦旗的激励报企业总经理审批）后实施。

在对供应商实施激励后，采购经理要高度关注供应商的行为，尤其是受到负激励的供应商，观察他们实施激励前后的变化，以此作为评价和改进供应商激励方案的依据，以防出现各种对企业不利的问题。

对于供应商激励方面的事务处理，企业应制定相应的制度来规范管理。

## 121　与供应商建立沟通渠道

要进行双向沟通，首先必须有沟通渠道。企业通常会提供相应的沟通渠道，采购经理应好好利用这些渠道，具体沟通渠道包括：

（1）负责沟通的部门及人员；

（2）供应商接受沟通的部门及人员；

（3）沟通的方式，如电话、互联网、信件、联席会议、走访等；

（4）沟通包括定期沟通和不定期沟通，定期沟通如联席会议、走访等，不定期沟通如因临时出现问题而采取的沟通。

## 122　了解供应商的情况

发现问题要及时通知供应商，并要求其迅速解决。因此，采购经理必须了解供应商的一些基本情况，具体如下：

（1）供应商的名称；

（2）供应商的地址；

（3）供应商的负责人；

（4）供应商负责沟通的部门及人员；

（5）供应商的联系电话、传真、网址；

（6）供应商提供的"采购产品目录"；

（7）供应商在"合格供应商名录"中的等级（供应商的供货能力）；

（8）供应商的历史表现情况；

（9）供应商处理问题的态度和能力；

（10）供应商对沟通的反应能力（包括反应是否及时、处理是否及时等）；

（11）其他有关供应商的情况。

## 123　明确沟通的程序

明确沟通程序时应注意以下问题。

（1）为了使双向沟通更有效，企业和供应商都应明确相应的沟通程序。该程序应当规定定期沟通和不定期沟通的时间、条件、内容、沟通方式等，必要时还应有专门的沟通记录，如"厂际质量信息卡"等。

（2）将沟通的状况纳入对供应商的监督与考核之中，作为评定其等级的条件。

（3）对拒绝沟通或沟通不及时的供应商，要求其限期改进；如果供应商不做改进，应考虑将其从"合格供应商名录"中剔除。

## 124　监督供应商交货状况

所谓监督，就是及时了解并准确把握外包产品的交货、验证、使用等情况，发现异常可以及时与供应商沟通，从而解决存在的问题。

采购经理应当在供应商的发货部门（包括发货前的检验部门）和企业的收货部门（包括收货后的检验部门）建立信息点，其中后者是最重要的信息点。

要通过定期的收货及收货后检验情况报表和不定期的异常情况报告两种方式，对供应商的供货状况进行监督，其中异常情况报告特别重要。对异常情况可以分级分类处理，其中如果涉及关键特性的质量问题、可能影响企业生产正常进行的问题应立即报告，不得延误。

采购经理只有掌握了这些情况，才能对供应商进行有效监督，以促使其采取纠正措施和预防措施，从而使供货状况向更高的水平发展。

在这一过程中，采购经理可以通过表8-17和表8-18加强对供应商的管理。

### 表8-17　供应商交货状况一览表

编号：　　　　　　　　　　　　　　　　　　　　　　　　日期：____年__月__日

| 供应商编号 | | 供应商名称 | | 所属行业 | | | |
|---|---|---|---|---|---|---|---|
| 总交货批次 | | 总交货数量 | | 合格率 | | | |
| 合格批数 | | 特采批数 | | 退货批数 | | | |
| 检验单号 | 交货日期 | 料号 | 名称 | 规格 | 交货量 | 计数分析 | 计量分析 | 特检 | 最后判定 |
| | __月__日 | | | | | | | | |
| | __月__日 | | | | | | | | |
| | __月__日 | | | | | | | | |
| | __月__日 | | | | | | | | |
| | __月__日 | | | | | | | | |

制表人：　　　　　　　　　　　　　　　　审核人：

表8-18 检验品质异常报告

编号： 日期：____年__月__日

| 供应商名称 | | 料号 | | 品名 | |
|---|---|---|---|---|---|
| 交货日期 | | | | | |
| 交货数量 | | | | | |
| 样本数量 | | | | | |

进料异常描述：
□新料　　　□新版，第____次进料
□无规格　　□未承认　　□无样品

□附样品，____件
□附检验记录
□同一异常已连续出现3次（含3次）以上
QC工程师确认：

| 序号 | 规格 | 问题描述 | 不良产品数 |
|---|---|---|---|
| | | | |
| | | | |

简图：

制表人： 审核人：

## 125 处理好供应商品质抱怨

供应商品质抱怨是指供应商在品质上有违反或未达到双方达成的品质协议或其他协议，企业对供应商采取的一种通知与处理措施。这是一种相对轻微的处理措施，严重的措施如索赔等。

在处理供应商品质抱怨时，通常由品质部门填写"品质抱怨单"，然后交由采购部门处理。"品质抱怨单"的格式如表8-19所示。

表8-19 品质抱怨单

编号： 日期：____年__月__日

| 供应商代码 | | 供应商名称 | |
|---|---|---|---|
| 联系部门 | | 联系人 | |
| 电话 | | 传真 | |

117

（续表）

| E-mail | | | 日期 | | |
|---|---|---|---|---|---|
| 抱怨主题 | | | 性质 | □普通 □紧急 | |

抱怨内容：

贵公司＿＿＿年＿＿月＿＿日送货的＿＿＿＿＿＿＿（料号），型号为＿＿＿＿＿＿＿的＿＿＿＿＿＿产品，有＿＿＿＿＿＿＿＿＿＿＿＿＿＿＿＿＿＿＿的问题，造成我公司出现＿＿＿＿＿＿＿＿＿＿＿＿＿＿＿＿＿等状况，请于＿＿＿年＿＿月＿＿日前处理好此问题，并以此为戒。

另根据我公司与贵公司的＿＿＿＿＿＿＿＿协议，采取＿＿＿＿＿＿＿＿＿＿＿的处理方式，如有异议请来电！

另附"×××"

"×××"

备注：

××公司采购部 ×××发

＿＿＿年＿＿月＿＿日

制表人： 　　　　　　　　　　审核人：

## 126 记录品质抱怨处理过程

采购部下发"品质抱怨单"给供应商，供应商一般会给予及时回复。对于供应商的回复，采购部要将其登记在"品质抱怨回复记录表"中。该记录表的内容必须包括供应商名称、抱怨内容、要求回复日期、实际回复日期等项目。"品质抱怨回复记录表"的格式详见表8-20，企业也可以根据自身特点编制。

表8-20 品质抱怨回复记录表

编号： 　　　　　　　　　　　　　　　　　　　　日期：＿＿＿年＿＿月＿＿日

| 供应商代码 | | 供应商名称 | |
|---|---|---|---|
| 联系部门 | | 联系人 | |
| 电话 | | 传真 | |
| E-mail | | 日期 | |
| 抱怨主题 | | 性质 | □普通 □紧急 □重大 |
| 要求回复日期 | ＿＿＿年＿＿月＿＿日 | 实际回复日期 | ＿＿＿年＿＿月＿＿日 |
| 抱怨内容说明： | | | |

（续表）

| 回复内容说明： | |
| --- | --- |
| 回复判定： | 判定人： |

## 127 处理来料后段问题

来料后段有时会出现重大品质问题，这主要是指供应商交货后所发生的重大品质问题，如造成本企业作业员受伤甚至人身安全危险、本企业大量产品的报废、本企业产品到达客户或消费者手中引发大量投诉、抱怨、索赔等事件。

来料后段问题的发生，对企业的危害是非常大的，甚至可能导致企业经营困难。因此，采购经理在处理这些问题时必须谨慎。此类事件的处理流程如图8-2所示。

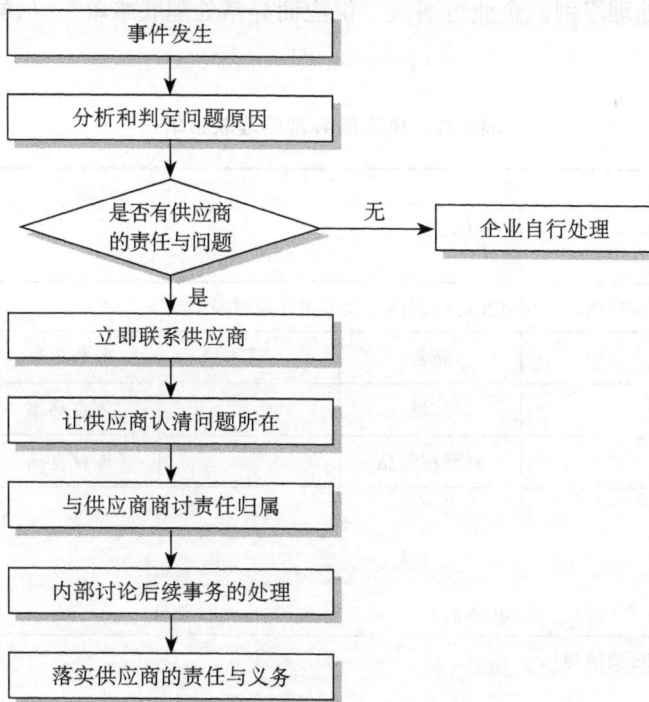

图8-2 来料后段问题处理流程

1．区分事件发生在企业内还是企业外

在实际工作中，发生的事件是多种多样的：可能是在生产过程中发生了较大的问题，也可能是发生在客户处，还可能是发生在消费者处。因此，我们可以将事件分为发生在企业内的事件和发生在企业外的事件。

在企业内发生的事件，相对而言较好处理。事件一旦发生，现场人员就立即上报主管，主管在保护人员的基础上保持现场不被破坏，并请相关专业人员做初步鉴定。

对于在企业外发生的事件，企业要先与具备一定技术和经验的人员进行电话沟通，初步判定问题所在，并积极进行解决。

2．分析和判定出现问题的原因

在分析和判定出现问题的原因时，一定要谨慎。首先要找出问题的根源，其次明确相关人员的责任。如果责任在供应商，则必须尽快联系供应商；如果责任在企业，那么企业应对相关人员予以惩罚。

3．联系供应商

联系供应商，一般是由采购部联系，也可由高层主管人员联系，同时根据问题的大小及性质确定供应商的处理级别。企业可通过"供应商异常处理联络单"（详见表8-21）对问题进行处理。

表8-21　供应商异常处理联络单

| 自 | | 至 | | | |
|---|---|---|---|---|---|
| 电话： | | E-mail： | | | |
| 日期： | | 编号： | | | |
| 以下材料，请分析其不良原因，并拟订预防纠正措施及改善计划期限 | | | | | |
| 料号 | | 品名 | | 验收单号 | |
| 交货日期 | | 数量 | | 不良品率 | |
| 库存不良品 | | 制程在制品 | | 库存良品 | |
| 异常现象描述：<br><br><br>　　　　　　　IQC主管：　　　　　　　检验员： | | | | | |
| 异常现象原因分析（供应商填写）：<br><br><br>　　　　　　　确认人：　　　　　　　分析人： | | | | | |

（续表）

| 预防纠正措施及改善期限（供应商填写）：<br>暂时对策：<br>永久对策：<br><br>　　　　　　　　审核人：　　　　　　　　　确认人： |
|---|
| 改善完成确认：<br><br>　　　　　　　　核准人：　　　　　　　　　确认人： |

说明：（1）该通知就被判定拒收或特别采用的检验批次向供应商发出；
　　　（2）供应商应在限内期回复。

**4．让供应商认清问题所在**

为了让供应商认清问题所在，企业除了要在技术层面上让供应商认同，还要在物料的追踪上让供应商认可是他们的物料，最好事先与供应商沟通好预防措施。

**5．与供应商商讨责任归属**

这是一个严肃的问题，一定要有理有据地与供应商进行商讨。

**6．内部讨论后续事务的处理**

企业内部相关人员，如管理层、各部门主管一起讨论该事件的后续处理事务。

**7．落实供应商的责任与义务**

若发生了重大问题，则无需再向供货商发出"品质抱怨单"，而应立即暂停所有下发给该供应商的新订单，并直接降低供应商等级，甚至取消其供货资格。

## 128　防止供应商垄断

在与供应商合作的过程中，如何防止供应商垄断也是供应商管理的一个重要方面。采购经理可以通过表8-22所示的做法防止供应商垄断。

表8-22　防止供应商垄断供应的做法

| 序号 | 做法 | 具体内容 |
|---|---|---|
| 1 | 多找几家供应商 | 独家供应有两种情况：一种是供应商不止一家，但仅向其中一家采购；另一种是仅此一家。通常单独一家供应多半是买方造成的，比如仅向关系企业订购，将原来许多家供货商削减到只剩下最佳的一家。独家供应则是卖方造成的，如独占性产品的供应者或独家代理商等 |

（续表）

| 序号 | 做法 | 具体内容 |
|------|------|----------|
| 1 | 多找几家供应商 | 在单独一家供应的情况下，要"化整为零"，变成多家供应，造成卖方的竞争，供应商自然就不会随意抬高价格了<br>在独家供应的情况下，讨价还价的结果是依然买方吃亏。此时，若能与供应商建立良好的关系，签订长期合同，就可以避免买方在缺货时必须支付很高的现货价 |
| 2 | 更好地掌握信息 | 要清楚地了解供应商对采购方的依赖程度。例如，某公司所需的元器件只有一家货源，但它发现自己在供应商仅有的三家客户中是采购量最大的一家，供应商离不开自己，所以在要求降价时供应商做出了相当大的让步 |
| 3 | 注意经营成本 | 供应商知道采购方没有其他货源，可能会咬定一个价，但采购方可以说服供应商在其他非价格条件上做出让步，因此采购方应注意并合理利用交易中的每个环节，因为总成本中的每个因素都可能使采购方节约成本 |
| 4 | 让最终客户参与 | 如果采购方能与最终用户合作并向他们提供相关信息，就有可能防止供应商垄断。例如，某工程师只认准一种商标，因为他不了解其他选择，如果向他解释只有一家货源导致的问题，他往往就会让采购方采购其他不同品类的元件 |
| 5 | 协商长期合同 | 长期需要某种产品时，可以考虑订立长期合同，但一定要保证持续供应和进行价格控制，并要采取措施预先确定产品的最大需求量及需求增加的时机 |
| 6 | 一次性采购 | 当采购方预计所采购产品的价格可能要上涨时，这种做法才可行。采购方可根据相关的支出和库存成本，来权衡将来价格上涨的幅度，并与营销部门紧密合作，从而获得准确的需求数量，进行一次性采购 |
| 7 | 与其他用户联系 | 与其他具有同样产品需求的公司联合采购，由一方代表所有用户采购，以惠及各方 |

# 第三节　供应商考核

## 129　明确供应商考核的范围

供应商考核的范围如下：

（1）对现有供应商实施考核及等级评定，并将等级的升降作为外包订制及付款的依据；

（2）依供应商的要求，对提出申请的供应商重新进行等级鉴定；

（3）对试用供应商实施考核，当试用期结束并且其考核评分达到相应标准时，该供应商可以正式成为企业的供应商，并被赋予所属的等级；

（4）当协作供应商交货验收不良率过高或对企业生产装配造成重大问题，经通知仍未做出有效改进时，则予以重新考核评定其等级。

## 130　建立供应商考核评分体系

供应商的考核评分体系是指供应商对各种要求所达到的状况进行计量评估的评分体系，其目的是为了综合考核供应商的品质与能力。

不同企业、不同行业的供应商的考核评分体系不尽相同，但通常包括交货品质评分、配合状况评分、供应商管理体系评分三个主项，以及其他项目评分。这四项构成了供应商评分总体架构。

1．不同项目评分时间和次数不同

在企业的实际运作过程中，不同的项目其评分时间和次数都有所不同，具体内容如表8-23所示。

表8-23　不同项目评分时间和次数

| 序号 | 项目 | 评分时间和次数 |
| --- | --- | --- |
| 1 | 交货品质 | 交货品质是根据具体的交货状况每批次评一次和每月或每季度评一次 |
| 2 | 配合状况 | 一般是每季度评一次。若配合机会较多，如一些有"直接关系"的OEM供应商，可以每个月或每两个月评一次 |
| 3 | 供应商管理体系 | 一般根据ISO9000，在初次成为合格供应商之前评一次，以后每半年或每年评一次，再就是在出现较大问题时评一次 |
| 4 | 其他项目 | 视具体内容而定，如将价格因素纳入，若价格是三个月重审一次，则需要每三个月评一次 |

2．权重设定

为了管理和运算的方便，在总体评分架构上，一般将总分设定为100分，各主项的权重（或比重）用百分比来表示，至于如何分配，各公司可视具体情况自行决定。

（1）价格

根据市场同类材料最低价、最高价、平均价自行估价，然后计算出标准、合理的价格。

（2）品质

品质包含如下几个因素。

①批退率的计算公式如下。

$$批退率=\frac{判退次数}{交货次数}\times100\%$$

企业可以根据某固定时间内（如一个月、一季度、半年、一年）的批退率来判定品质的好坏。

例如，上半年某供应商交货50批次，判退3批次，其批退率=3÷50×100%=6%。批退率越高，表明物料品质越差，得分越低。

②平均合格率的计算公式如下。

$$平均合格率=\frac{总合格率}{交货总次数}\times100\%$$

根据每次交货的合格率，可以计算出某固定时期内合格率的平均值，以此来判定物料品质的好坏。

例如，1月某供应商交货3次，其合格率分别为90%、85%和95%，其平均合格率=（90%+85%+95%）÷3=90%。合格率越高，表明物料品质越好，得分越高。

③总合格率的计算公式如下。

$$总合格率=\frac{总合格数}{交货总数}\times100\%$$

企业可以根据某固定时期内总的合格率来判定物料品质的好坏。

例如，某供应商第一季度分5批交货，共交货10 000个，总合格数为9 850个，则其合格率=9 850÷10 000×100%=98.5%。合格率越高，表明物料品质越好，得分越高。

（3）交期交量

交期交量包含以下几个因素。

①交货率的计算公式如下。

$$交货率=\frac{送货数量}{订购数量}\times100\%$$

交货率越高，得分就越高。

②逾期率的计算公式如下。

$$逾期率 = \frac{逾期批数}{交货批数} \times 100\%$$

逾期率越高，得分就越少；逾期越长，扣分就越多；若逾期造成停工待料，则要加重扣分。

（4）配合度（服务）

在配合度上，应设定适当的分数，服务越好，得分就越高。

将以上三项分数相加得出的总分可作为最后评比考核分数，并将其用于考核供应商的绩效。

## 131　开展供应商考核

采购经理可通过"供应商绩效考核表"（详见表8-24）在规定的日期对供应商实施绩效考核。

表8-24　供应商绩效考核表

编号：　　　　　　　　　　　　　　　　　　　　　　　　　日期：___年__月__日

| 供应商名称 | | | | 供应商编号 | | |
|---|---|---|---|---|---|---|
| 地　　址 | | | | 采购材料 | | |
| 考核项目 | 品质考核 | 交期考核 | 价格考核 | 服务考核 | 其他 | 合计得分 |
| 时间 __月 | | | | | | |
| __月 | | | | | | |
| __月 | | | | | | |
| __月 | | | | | | |
| 总得分 | | 平均得分 | | 考核等级 | | |
| 处理意见： | | | | | | |

主管：　　　　　　　　　采购经理：　　　　　　　　　　　　　品管：

### 132 根据考核结果实施奖惩

采购经理可以依据考核结果，给予供应商升级或降级。出于采购策略的考虑，采购经理可以对合格、优良的供应商给予优先议价、优先承揽的奖励，对不符合标准的供应商予以拒绝合作的处分。

企业通常会在供应商考核管理制度中规定奖惩方式，若把供应商分为A、B、C、D、E等，则可对其按等级来进行奖励和惩处，具体内容如表8-25所示。

表8-25 根据供应商考核结果实施奖惩

| 序号 | 方式 | 具体内容 | 备注 |
|---|---|---|---|
| 1 | 奖励方式 | （1）A等供应商可优先取得交易机会、货款，以及可获得品质免检或放宽检验<br>（2）对价格合理化及提案改善、品质管理及生产技术改善推行成果显著者，另行奖励<br>（3）A等、B等、C等供应商，可参加本公司举办的各项训练与研习活动 | A等供应商，年终可获得公司"优秀供应商"奖励 |
| 2 | 惩处方式 | （1）凡因供应商的物料品质不良或交期延误而造成损失的，由供应商负责赔偿<br>（2）对于C等、D等供应商，公司应对其采取订单减量、各项稽查及改善辅导措施<br>（3）对于E等供应商公司，应立即停止与其合作<br>（4）D等供应商在三个月内未能达到C等以上供应商的标准，视同E等供应商，公司应立即停止与其合作<br>（5）因上述原因停止合作的供应商，如欲恢复合作，需接受重新调查评核，并采用逐步加量的方式合作 | 对信誉不佳的供应商酌情给予延期付款的惩处 |

### 133 协助供应商进行绩效改善

对于绩效考核成绩不佳却又由于价格或其他原因不能终止合作的供应商，采购经理有必要采取措施协助供应商改善绩效，以建立有效的品质控制系统。

1．对供应商进行绩效评估

供应商绩效的高低对采购绩效影响较大，采购部可通过对供应商进行绩效评估，改善成本、质量、交货、服务及技术等各方面工作，实现双赢的供应关系。

对供应商进行绩效评估的步骤如下。

（1）划分考核层次，明确评估目标。

（2）对供应商进行分类，制定评估准则。

（3）划分绩效等级，进行绩效分析。

（4）反馈评估结果，督促供应商改进。

2．引入竞争机制

企业要有意识地在供应商之间引入竞争机制，激励供应商在产品质量、服务质量和价格水平等方面不断优化与改进。

## 134 协助供应商建立进料检验机制

关于进料检验机制，采购经理应协助供应商确定或优化以下事项，具体如表8-26所示。

表8-26 进料检验机制

| 序号 | 内容 | 详细说明 |
| --- | --- | --- |
| 1 | 进料检验要求 | 从功能、操作成本和应用规格等方面确定进料检验要求，这些要求是相互关联的，并受库存、周转时间、卖家担保等因素的影响 |
| 2 | 进料检验的程度 | 在递交报价之前，要求检验所有的原材料 |
| 3 | 进料检验系统 | 进料部门应建立检查接收到的产品的系统，它包括检查运输破损、人员认可数量、检查证明或检测数据、运输文件编号、批次管理等信息 |
| 4 | 检验指示 | 检验指示的编号和发布应严格按照采购合同的要求执行，包括可实施的规格、检验设备、抽样方案和材料控制等要求 |
| 5 | 检验结果处理 | 进料检验必须能够证实所要求的证明、规格和参数都达到要求，若达不到要求，则拒绝接收产品。检验结果应记录下来并提供给采购、工程和质量人员，同时将该结果归档到能够检索的档案中，以便日后及时更新 |
| 6 | 不良品的处理 | 必须对不合格的材料和产品进行鉴别、隔离、保存等待处理。采购人员应通知供应商并落实纠正措施 |

## 135 协助供应商建立制程检验机制

在一些企业中，可以在不良品产生过程中提供早期诊断。与进料检验相似，制程检验要求由内部功能关系、运营成本和客户规模确定。

功能方面的考虑主要与参数有关，必须保证这些参数符合规格要求；必须比较失误成本

（企业内和客户的）与过程中检验的成本；必须考虑可靠性、客户可接受性、真实性及由于潜在缺陷可能引起的责任纠纷等。

制程检验包括生产前的第一批试制品检验，即验证操作人员、机器和相关的设置能否生产出符合要求的产品。与其他程序检验相同，在执行制程检验时，相关人员也要做好相应记录。

## 136  协助供应商建立最终检验机制

最终检验机制的具体内容如表8-27所示。

表8-27  最终检验机制

| 序号 | 内容 | 详细说明 |
|---|---|---|
| 1 | 检验范围 | 最终检验是在发货前检验产品是否符合采购方企业要求的最后机会，检验范围应根据进料检验和制程检验的产品复杂程度、车间缺陷率水平、企业使用信息及可能的责任诉讼等来确定 |
| 2 | 检验和测试程度 | 一些企业指定检验和测试的程度，产品从抽样到100%检验，也指定了结果和记录的维护。检验记录应包括接收总量、批次编号、接收数量、缺陷数量、缺陷实质、日期、检验员编号等。检验记录的形式应能够保证在需要时很容易进行查询和阅览。这些反映质量控制方法的记录，在产品缺陷引起事故的情况下可能是非常重要的，否则可能会涉及巨额赔偿 |
| 3 | 辨别和隔离不良品 | 不合格的、需要修理或返工的产品必须再次接受检验，批准运送不合格产品必须做详细记录和管理；如有可能，要在最终检验接收的产品上盖章（或印记）表明接收，并注明检验人员姓名 |

# 第九章 采购谈判管理

**导读 >>>**

采购谈判是指企业为了采购商品，与卖方（即供应商）就购销业务有关事项，如商品的品种、规格、技术标准、质量保证、订购数量、包装要求、售后服务、价格、交货日期与地点、运输方式、付款条件等进行反复磋商，最终达成协议，建立双方都满意的购销关系的过程。

Q先生：这个月公司需要一大批贵重物料，我必须亲自谈判，现在感觉很紧张！

A经理：不必紧张。你首先要做好谈判规划工作，如关注采购品质、进行自我审问、做好采购预测等，其次要收集谈判资料、调查资源市场等，做到"有备而来"。

Q先生：在谈判中，我需要注意什么？

A经理：谈判就是双方进行博弈的过程。你要先有礼貌地进行介绍，表明本方立场，并善于打破谈判僵局。同时，你要熟练掌握谈判技巧，如倾听、提问技巧等，还要严格控制谈判价格，维护公司利益。

# 第一节　采购谈判规划

## 137　采购谈判适用情况

并不是每次采购都需要进行谈判。总的来说，在以下几种情况下需进行谈判：

（1）采购项目涉及较大的金额（如固定设备的采购）；

（2）采购者对市场进行调查后，不接受相关商品的报价；

（3）市场竞争导致价格不合理；

（4）谈判中获胜的可能性比失败的可能性大；

（5）有重要条款需要买卖双方或其中一方的管理者介入、关注；

（6）由于采购人员以往的工作受到质疑，采购人员希望上级领导介入；

（7）由于涉及新技术或程序，在初期很难确定价格；

（8）采购方希望卖方根据其特殊需求报价；

（9）涉及卖方在固定设备或其他资源方面有较大的投入；

（10）有技术或商务问题必须得到解决；

（11）没有足够的时间选择其他产品或服务；

（12）双方合作有谈判需要；

（13）在连续提供产品／服务方面存在风险。

## 138　采购谈判核心事项

谈判双方必须围绕采购的商品进行洽谈，因此商品的品种、规格、技术标准、质量保证、订购数量、包装要求、售后服务、价格、交货日期与地点、运输方式、付款条件等就是谈判的核心事项（如图9-1所示）。

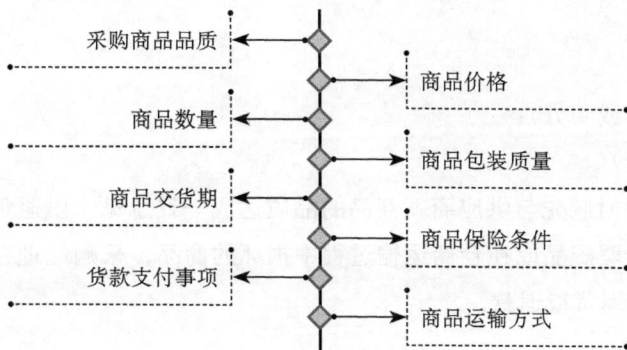

图9-1 采购谈判的核心事项

## 139 采购商品品质的相关文件

谈判双方应当明确各自希望交易的商品品质，可以用规格、等级、标准、产地、型号和商标、产品说明书和图样等来说明；也可以通过提供商品实样的方式来表明己方对交易商品的品质要求。

谈判时，采购经理应这样理解质量的定义："产品质量要符合买卖双方所约定的要求或规格。"因此，采购经理应设法了解供应商本身对商品质量的认知，一般管理制度较完善的供应商应制定下列有关质量的文件：

（1）产品规格说明书；

（2）品管合格范围；

（3）检验方法。

## 140 商品品质的表现形式

在谈判中，采购经理要尽量从供应商处取得有关的品质资料，以便于交易。在合约或订单上，品质通常采取下列形式中的任意一种来表示：

（1）市场上商品的等级；

（2）品牌；

（3）商业上常用的标准；

（4）物理或化学的规格；

（5）性能规格；

（6）工程图；

（7）样品（卖方或买方）；

（8）以上的组合。

采购经理在谈判时应先与供应商就商品的品质达成一致意见，以避免日后发生质量纠纷甚至法律诉讼。对于瑕疵品或在仓储运输过程中损坏的商品，采购经理在谈判时应明确做出说明，如要求供应商退货或退款。

## 141　商品价格

商品价格的表示方式及具体谈判内容如下。

1．商品价格的表示方式

在国内货物买卖中，谈判双方在商品的价格问题上，主要应对价格的高低进行磋商；而在国际贸易中，除了商讨价格外，还要明确货币种类、计价单位，同时还应明确采用何种贸易术语。

2．商品价格的谈判

价格是所有谈判事项中最重要的项目。在谈判前，采购经理应事先调查市场上相关商品的价格。在谈判中，采购经理应列举出供应商产品经由企业使用所带来的好处，具体内容如表9-1所示。

表9-1　供应商产品给企业带来的好处

编号：　　　　　　　　　　　　　　　　　　　　　　　　　　日期：____年__月__日

| 序号 | 好处 | 备注 |
| --- | --- | --- |
| 1 | 大量采购 | |
| 2 | 铺货迅速 | |
| 3 | 节省运费 | |
| 4 | 稳定人员 | |
| 5 | 减少库存 | |
| 6 | 稳固市场地位 | |
| 7 | 沟通迅速 | |
| 8 | 付款迅速，并能减少应收账款 | |

| 序号 | 好处 | 备注 |
|------|------|------|
| 9 | 不影响市价 | |
| 10 | 增加外销机会 | |
| 11 | 促进企业快速成长 | |

制表人：　　　　　　　　　　　　　审核人：

价格谈判是所有商业谈判中最敏感的，也是最困难的项目。越是困难的项目，采购经理越要注意谈判技巧。

## 142　商品数量

在磋商商品数量时，谈判双方应明确计量单位和成交数量，必要时可制定数量的机动幅度条款。在定量不太多的情况下，采购经理在谈判时可给出一个概数，不必透露明确的订购数量。

在不确定订购数量时，采购经理不应按供应商所希望的数量采购，否则一旦存货滞销，就必须降价清库存，这会影响企业利润，并造成资金积压及仓储空间浪费。

## 143　商品包装质量

商品包装的内容体现在以下几个方面。

1．商品包装的种类

商品包装分为两种，即内包装和外包装。内包装是用来保护、陈列或说明商品的，外包装则是对商品在仓储及运输过程中的一种保护措施。

2．商品包装的设计

若外包装不够坚固，商品在仓储或运输的过程中损坏率就会增大，从而降低作业效率，并影响利润；若外包装太坚固，供应商所提供的商品成本就会增加，采购价格势必偏高，从而导致商品的价格缺乏竞争力。

设计良好的内包装往往能提高客户的购买意愿，加速商品的流转。目前许多企业生产的产品在这方面做得还不够好，因此采购经理应说服供应商在这方面进行改善，以利于彼此的销售。

### 3．商品包装的谈判

基于以上理由，采购经理与供应商应协商出对彼此都有利的包装方式，不要草率订货。

对于某些有销售潜力但却无合适的自选式零售包装的商品，采购经理应说服供应商制作此种包装，以供本企业销售。

## 144　商品交货期

一般而言，采购方希望交货期越短越好，因为交货期短，订货频率就会增加、订购的数量相对减少、存货的压力大为降低、仓储空间的需求也会相对减少。对于有长期承诺的订购数量，采购经理应要求供应商分批送货，这样可以降低库存压力。

## 145　商品保险条件

采购双方应明确由谁向保险公司投保、投何种险别、保险金额为多少、依据何种保险条款办理保险等，采购经理在谈判时，必须针对这些内容与供应商协商。

## 146　货款支付事项

货款支付的具体事项如下。

### 1．货款支付方式

货款的支付主要涉及支付方式的选择。在国际货物买卖中使用的支付方式主要有汇付、托收、信用证等。不同的支付方式，买卖双方面临的风险也不同。因此，在进行谈判时，买卖双方需根据情况慎重选择。

### 2．货款支付的条件

在国内，一般供应商的付款条件是月结或30～90天付清款项。因此，采购经理应制定出对本企业最有利的付款条件。通常，供需双方在单据齐全时，即可按约定的付款条件进行结算。

## 147　采购谈判时机

要想使谈判成功，采购经理必须把握好时机。以下从采购方的角度分析了采购谈判的最佳时机和最差时机。

1．谈判的最佳时机

（1）当新的供应商试图与你建立关系，而与目前的供应商合作融洽时。

（2）当与供应商有更多的业务合作，但仍然获得小规模报价时。

（3）当市场处于买方市场，并与现有供应商的合作已经超过一年时。

（4）当你现在采购的产品或服务价格下降，但你并没有从供应商那里获得价格减让时。

（5）当你对产品、交易供应商和市场有充分了解时。

（6）当供应商急于与你达成协议时。

（7）当供应商所处行业属于完全竞争行业时。

（8）当潜在的长期回报高于能接受的原始报价时。

2．谈判的最差时机

（1）当你不知道购买何种产品或服务时。

（2）当你对合作的供应商一无所知时。

（3）当你对市场情况一无所知时。

（4）当你疲劳、压力大或情绪低落时。

（5）当你不了解对手的权限时。

（6）当你不知道自己有多大让步权限时。

（7）当供应商知道你公司的业务正在滑坡或正处于破产边缘时。

## 148　谈判前的自我审问

采购经理在谈判前应该自我审问以下问题，以使谈判工作顺利完成。

（1）这是否是将要进行谈判的项目？

（2）该项目的现状如何？应达到什么样的目标？

（3）我是否收集到了以下方面的信息：卖方、谈判涉及的产品或服务、市场以及管理层的期望？

（4）卖方期望从谈判中获得什么？

（5）我是否有足够的时间和资源顺利开展谈判工作？

（6）管理者是否支持我的工作及是否同意我使用公司的资源？管理者是否介入？

（7）卖方在以往的谈判中表现如何？

（8）各方谈判者是谁（根据对方谈判者特征选择己方谈判者）？

(9）谈判双方希望达成什么结果？

（10）今后与卖方是否有其他的交易？交易量有多少？时间多长？

## 149　谈判前的预测工作

要想使每次采购都能达到预期效果，采购经理应做好采购前的预测工作。谈判前的预测工作应包含下列几项内容，具体如图9-2所示。

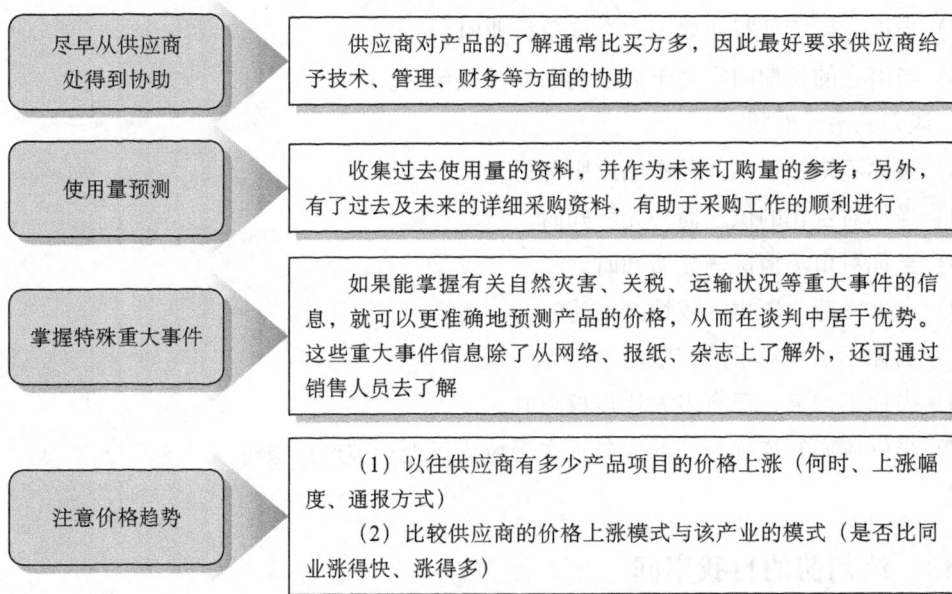

| 尽早从供应商处得到协助 | 供应商对产品的了解通常比买方多，因此最好要求供应商给予技术、管理、财务等方面的协助 |
| --- | --- |
| 使用量预测 | 收集过去使用量的资料，并作为未来订购量的参考；另外，有了过去及未来的详细采购资料，有助于采购工作的顺利进行 |
| 掌握特殊重大事件 | 如果能掌握有关自然灾害、关税、运输状况等重大事件的信息，就可以更准确地预测产品的价格，从而在谈判中居于优势。这些重大事件信息除了从网络、报纸、杂志上了解外，还可通过销售人员去了解 |
| 注意价格趋势 | （1）以往供应商有多少产品项目的价格上涨（何时、上涨幅度、通报方式）<br>（2）比较供应商的价格上涨模式与该产业的模式（是否比同业涨得快、涨得多） |

图9-2　谈判前的预测工作

## 150　常用的谈判信息

谈判的问题、对象及内容是影响谈判成功的关键因素。采购经理应了解的信息分为容易得到的信息和不易得到的信息，具体内容如下。

1．容易得到的信息

容易得到的一些信息详见表9-2。

表9-2　容易得到的信息

| 序号 | 种类 | 具体获得途径 |
|---|---|---|
| 1 | 谈判及价格的历史资料 | （1）了解供应商谈判技巧倾向<br>（2）了解供应商处理上次谈判的方式 |
| 2 | 产品与服务的历史资料 | 价格的上涨有时是隐含于品质及服务水平的降低中，而工程部门及使用该产品的制造部门不难发现此情形，此点可作为谈判的筹码 |
| 3 | 稽核结果 | 从会计或采购稽核处可发现待加强控制的地方（如供应商常产生错误的账款） |
| 4 | 最高指导原则 | 依据国家相关法律法规、公司政策和过去发生的先例 |
| 5 | 供应商的营运状况 | 从供应商的销售人员及其竞争能力方面可以了解供应商的优劣势 |
| 6 | 谁有权决定价格 | 收集谈判者的个人资料并加以运用 |
| 7 | 掌握关键原料或关键因素 | 运用80/20原理，对非紧要项目予以退让，对重要项目紧守谈判原则 |
| 8 | 分析供应商提供的资料 | 可从销售人员处得到一些有价值的信息，如价格趋势、科技的更新、市场占有率、设计的改变等 |

2．不易得到的信息

（1）寻求更多的供应来源（包括海外）。即使采购方仍从原来的供应商处采购，更多的供应来源也可增强采购方的议价能力。

（2）合理的成本、价格资料与分析。其是采购谈判的有效工具。必要时应向成本分析师求助，这是一种投资而非成本。

（3）供应商的估价系统。从供应商各个部门的生产过程来推估其合理的成本。

（4）掌控谈判。提供给对方的信息越少越好；尽量让对方发表意见，仔细聆听并从中找出对策。

（5）通过各种渠道（谈判过程也是渠道之一）了解供应商的利润目标及价格底线。

## 151　分析采购现状

采购现状分析工作涉及以下几方面的事务（详见表9-3）。

表9-3　采购现状分析

| 序号 | 分析方面 | 具体要求 |
|---|---|---|
| 1 | 建立报价系统 | 求助专业成本分析师进行成本分析，以此估算底价 |
| 2 | 比价 | 比价又包括两方面：其一，价格分析，对于相同成分或规格的产品比较其价格或服务；其二，成本分析，将总成本进行细分，如人工费用、原料费用、外包费用、制造费用、管理费用以及利润等。有关卖方与买方估计的价差，需要双方通过商讨来达成协议 |
| 3 | 找出决定价格的主要因素 | 分析决定价格的主要因素是人工、原料、外包，这可作为谈判的依据 |
| 4 | 价格的上涨如何影响供应商的边际利润 | 供应商的成本虽然上涨（如由于通货膨胀），但其价格通常不只反映成本的增加 |
| 5 | 价格的合理性 | 通过成本计算和市场考察来分析价格的合理性 |
| 6 | 应对价格上涨的最好对策 | 在这方面最好有专家的协助 |

## 152　分析采购优劣势

采购经理必须明确采购的优劣势，具体内容体现在以下方面：

（1）采购数量占供应商的产能的比率大；

（2）供应商产能的增长超过采购方需求的增长；

（3）供应商产能利用率偏低；

（4）卖方市场竞争激烈，而买方并无指定的供应来源；

（5）买方最终产品的获利率高；

（6）物料成本占产品售价的比率低；

（7）断料停工所造成的损失小；

（8）买方自制能力强，而且自制成本低；

（9）采用新供应来源的成本低；

（10）买方购运时间充足，而卖方急于争取订单。

对采购方与供应方的优劣势进行分析，有利于采购经理在谈判中扬长避短，获得更大的谈判主动权。

# 第二节 采购谈判准备

### 153 分析采购需求

采购需求分析，即在谈判前，采购经理应明确企业需要什么、需要多少及需求时间，最好能列出采购物料需求清单（详见表9-4）。

表9-4 采购物料需求清单

编号： 日期：____年__月__日

| 需求物料名称 | 规格 | 数量 | 交期 | 包装 | 价格底线 | 质量 | 运输方式 |
|---|---|---|---|---|---|---|---|
|  |  |  |  |  |  |  |  |
|  |  |  |  |  |  |  |  |
|  |  |  |  |  |  |  |  |
|  |  |  |  |  |  |  |  |
|  |  |  |  |  |  |  |  |
|  |  |  |  |  |  |  |  |
|  |  |  |  |  |  |  |  |

制表人： 审核人：

### 154 收集供应商的信息

所收集的供应商信息一定要包括以下三个方面的内容。

（1）供应商的资信情况：供应商是否具有签订合同的合法资格；供应商的资本、信用和履约能力。

（2）供应商的谈判风格和特点：谈判风格即谈判者在多次谈判中表现出来的一贯风格。了解谈判对手的谈判风格，可以为预测谈判的发展趋势、对方可能采取的策略以及制定己方的谈判策略提供重要的依据。

（3）供应商要求的货款支付方式、谈判的最后期限等方面的资料。

### 155 整理与分析有关供应商的资料

通过各种渠道收集到以上信息资料以后，采购经理还必须对这些资料进行整理和分析。

（1）鉴别资料的真实性和可靠性，即去伪存真。在实际工作中，由于各种各样的原因和限制因素，所收集到的资料中可能存在着某些资料比较片面、不完全，甚至有的是虚假、伪造的情况，因此必须对这些初步收集到的资料做进一步的整理和甄别。

（2）鉴别资料的相关性和有用性，即去粗取精。在资料具备真实性和可靠性的基础上，结合谈判项目的具体内容与实际情况，分析各种因素与该谈判项目的关系，并根据它们对谈判的相关性、重要性和影响程度进行比较分析，然后制定出具体、切实可行的谈判方案和对策。

### 156 调查资源市场

采购经理要对资源市场进行调查分析，以获取市场上有关物料的供给、需求等信息资料，从而为采购谈判的下一步行动提供决策依据。资源市场调查的内容如表9-5所示。

表9-5 资源市场调查的内容

| 调查项目 | 具体调查内容 | 调查目的 |
| --- | --- | --- |
| 产品供应与需求情况 | （1）对于该产品来讲，目前市场上是供大于求、供小于求还是供求平衡<br>（2）了解该产品目前在市场上的潜在需求者，其是生产本企业同种产品的市场竞争者，还是生产本企业产品替代品的潜在市场竞争者 | 制定不同的采购谈判方案和策略。例如，当市场上该产品供大于求时，对于己方来说讨价还价就容易些；反之则相反 |
| 产品销售情况 | （1）该类产品过去几年的销售量及价格波动情况<br>（2）该类产品的需求程度及潜在的销售量<br>（3）其他购买者对此类新老产品的评价及要求 | 可以使谈判者大体掌握市场容量、销售量，从而有助于确定未来的采购量 |
| 产品竞争情况 | （1）所需产品供应商的数目及其规模，所要采购产品的种类<br>（2）所需产品是否有合适的替代品<br>（3）竞争产品的品质、性能与设计<br>（4）主要竞争对手所提供的售后服务及中间商对这种服务的满意程度 | 通过产品竞争情况的调查，谈判者能够掌握供应己方所需同类产品竞争者的数目、强弱等有关情况，发现谈判对手的弱点，从而争取以较低的成本费用获得己方所需的产品 |

（续表）

| 调查项目 | 具体调查内容 | 调查目的 |
|---|---|---|
| 产品分销渠道 | （1）各主要供应商采用何种经销方式，当地零售商或制造商是否通过销售人员对产品进行直接推销<br>（2）各种类型的中间商有无仓储设备<br>（3）各主要市场地区的批发商与零售商的数量<br>（4）各种销售推广渠道、售后服务 | 可以掌握谈判对手的运输、仓储等的管理成本状况，在价格谈判上做到心中有数，而且可以针对供应商售后服务的弱点，要求对方在其他方面给予一定的补偿，从而争取谈判成功 |

## 157 确定采购谈判目标

采购者必须有明确的目标。简单将采购目标概括为低价格或早发货是不全面的。一般我们可以将谈判目标分为四个层次，即最低目标、可接受目标、实际需求目标和最优期望目标，具体如图9-3所示。

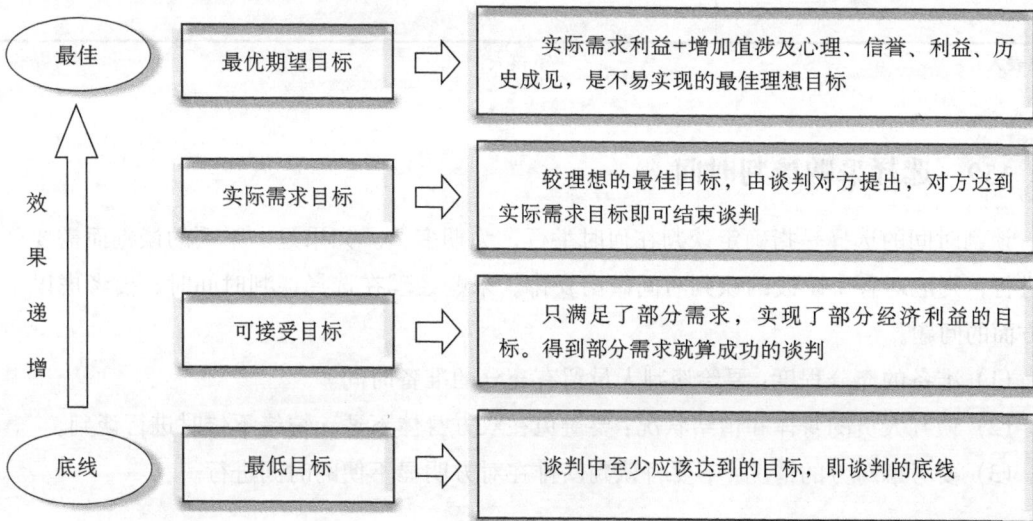

图9-3 谈判目标

## 158 明确规定采购谈判主题

谈判前，要先确定谈判的主题。一般来说，凡是与本次谈判相关的、需要双方展开讨论的问题，都可以作为谈判的议题，将它们一一罗列出来，然后根据实际情况确定应重点解决的问题。

就采购谈判而言，最重要的议题就是采购产品的质量、数量、价格水平、运输等内容，因此应将这些问题罗列出来加以讨论，具体内容如表9-6所示。

表9-6 谈判的主题

编号：　　　　　　　　　　　　　　　　　　　　　　　　　日期：____年__月__日

| 主题 | 讨论情况 |
|---|---|
| ·产品的质量<br>·产品的数量<br>·价格水平<br>·运输<br>·付款条件<br>…… | |

制表人：　　　　　　　　　　　　　审核人：

## 159　选择采购谈判时间

谈判时间的选择是指确定谈判在何时举行，为期多久。如果是一系列的谈判而需要分阶段进行，则应对各个阶段的谈判时间做出安排。采购经理在选择谈判时间时，要考虑以下几个方面的问题。

（1）准备的充分程度：要给谈判人员留有充分的准备时间。

（2）谈判人员的身体和情绪状况：要避免在双方身体不适、情绪不佳时进行谈判。

（3）要考虑对方的情况：不要将谈判安排在对方明显不便的时间进行。

## 160　制定谈判备选方案

通常情况下，在谈判过程中可能会出现意外的事情，令谈判人员始料不及，从而影响谈判的进程。因此，采购经理在谈判前，应就整个谈判过程中可能出现的意外情况，设计出几个可行的应对备选方案。

在制定谈判备选方案时，采购经理可以在表格中注明何种情况下使用此备选方案以及备选方案的详细内容、操作说明等，具体样例如表9-7所示。

表9-7 备选方案说明

| 序号 | 适用情况 | 方案内容 | 操作说明 |
|---|---|---|---|
|  |  |  |  |
|  |  |  |  |
|  |  |  |  |
|  |  |  |  |
|  |  |  |  |

## 161 组建谈判队伍应考虑的因素

组建谈判队伍时，采购经理应考虑如下两个方面的因素。

1．根据谈判的内容、重要性和难易程度组织谈判队伍

在确定谈判队伍时，应着重考虑谈判的内容、重要性和难易程度等因素，并依此决定派选的人员和人数。

谈判一般分两种情况：

（1）小型谈判，谈判队伍可由2~3人组成，也可由1人全权负责；

（2）内容较为复杂且较重要的大型谈判，由于涉及的内容广泛、专业性强、资料繁多、组织协调的工作量大，所以配备的人员数要比小型谈判多得多。

2．根据谈判对手的具体情况组织谈判队伍

在对谈判对手的情况做了基本了解以后，采购经理就可以据此指定谈判人员，一般可以遵循对等原则，即己方谈判队伍的整体实力与对方谈判队伍的整体实力相同或对等。

## 162 选择与配备谈判人员

通常情况下，参加采购谈判的人员由多人组成。这对于复杂的较为重要的谈判来讲，首先可以满足谈判中多学科、多专业的知识需求，取得知识结构上的互补与综合优势；其次可

以群策群力、集思广益，从而形成集体的谈判力量。

选择与配备谈判人员时，我们应注意以下两个方面的问题。

（1）在确定具体谈判人选时，尽量选择"全能型的专家"，即通晓技术、经济、法律和语言等方面的知识，能够集各种专长于一身的人。

（2）在确定谈判小组具体人数时，要以上述谈判队伍组选原则为指导思想，合理确定谈判小组的规模，同时也要兼顾谈判小组的工作效率。谈判小组一般由 3 ～ 5 人组成。

## 163    明确谈判人员的分工与合作

在确定了具体谈判人员并组成谈判小组后，采购经理就要对其内部成员进行分工，从而确定主谈人员与辅谈人员。主谈人员是指在谈判的某一阶段或者对某一方面或几个方面的议题，阐述本方的观点和立场的人员；辅谈人员是指除主谈人员以外的小组其他成员及处于辅助配合位置的人员。

主谈人员与辅谈人员在谈判过程中并不是各行其是，而是在主谈人员的指挥下，密切配合，总之既要根据谈判的内容和个人的专长进行适当的分工，明确个人的职责；又要在谈判中按照既定的方案彼此呼应，从而形成目标一致的谈判统一体。

## 164    确定采购谈判地点

谈判地点的选择有三种情况：己方所在地、对方所在地、双方之外的第三地。三种地点选择有利有弊，采购经理可根据实际情况做出选择，具体内容如表9-8所示。

表9-8　谈判地点的优缺点比较

| 谈判地方 | 优点 | 缺点 |
| --- | --- | --- |
| 己方所在地 | （1）以逸待劳，省去了熟悉环境或适应环境这一过程<br>（2）随机应变，可以根据谈判情况随时调整谈判计划、人员、目标等<br>（3）创造气氛，可以利用地利之便，通过接待对方，关心其谈判期间生活等问题，从而显示己方的谈判诚意、营造融洽的谈判氛围，促使谈判成功 | （1）要承担烦琐的接待工作<br>（2）谈判可能常常受己方领导的制约，不利于谈判小组独立工作 |

（续表）

| 谈判地方 | 优点 | 缺点 |
|---|---|---|
| 对方所在地 | （1）不必承担接待工作，可以全身心地投入到谈判中去<br>（2）可以顺便实地考察对方的生产经营状况，取得第一手资料<br>（3）当遇到不在自己权责范围内的问题且自己回答不上来时，可以以资料不全为由委婉地拒绝答复 | （1）要有一个熟悉和适应对方环境的过程<br>（2）谈判中遇到困难时，难以调整自己，容易产生不稳定的情绪，进而影响谈判 |
| 双方之外的第三地 | 对于双方来说在心理上都会感到较为公平合理，有利于缓和双方的关系 | 由于双方都不在自己的工作地点，因此在谈判准备上会有所欠缺，同时在谈判的过程中难免会产生争论，从而影响谈判 |

## 165　安排与布置谈判现场

在己方所在地进行谈判时，采购经理要承担谈判现场的安排与布置工作。为了能充分利用上述优点，在做此项工作时，采购经理要讲求方法和技巧，具体注意事项如表9-9所示。

表9-9　安排与布置谈判现场注意事项

| 序号 | 项目 | 具体内容 |
|---|---|---|
| 1 | 最好能够为谈判安排三个房间 | 一间作为双方的主谈判室，另外两间作为各方的备用室或休息室<br>主谈室作为双方进行谈判的主要场所，应当宽敞、舒适、明亮，并配备应有的设备和接待用品。备用室或休息室作为双方单独使用的房间，最好靠近谈判室，并配备应有的设备和接待用品；同时也可以适当配置一些娱乐设施，以缓和双方紧张的气氛 |
| 2 | 慎重考虑谈判双方座位的安排 | 通常有两种座位安排方式：双方各居谈判桌一边，相对而坐；双方谈判人员随意就座。采购经理根据实际情况加以选择和安排 |

## 166　开展模拟谈判工作

为了提高谈判工作的效率，使谈判方案、计划等各项准备工作更加周密、更有针对性，采购经理可先开展模拟谈判工作。

因为有效的模拟谈判可以预先暴露己方谈判方案、计划的不足之处及薄弱环节，检验己方谈判人员的总体素质，提高他们的应变能力，从而达到减少失误、实现谈判的目标。

谈判双方可以由己方谈判人员与己方非谈判人员组成，也可以将己方谈判小组分为两方进行。

# 第三节　采购谈判实施

### 167　有礼貌地相互介绍

谈判中有邀请方与被邀请方，因此采购经理必须做好相互介绍的工作。在相互介绍时，采购经理应注意：

（1）介绍时要坚持客方优先的原则，先由对方的谈判人员负责介绍对方的主要人物；

（2）介绍后邀请双方入座，并向对方说明今天的具体谈判议程。

如果谈判前的介绍工作随意，不注意相关礼仪，很容易导致谈判失败。

### 168　明确表明本方立场

采购经理在谈判时要明确立场，为此，其需掌握以下常识。

1．追求"双赢"

在谈判时，要表明谈判的目的是双赢。事实证明，大部分成功的采购谈判，都是在和谐的气氛下进行的。在相关条件交涉上，站在对方的立场上去说明，往往更有说服力。

双赢绝对不是50/50（二一添作五）。事实上，有经验的采购经理，总会设法为自己的公司争取最好的条件，然后也让对方得到一点好处。因此，站在采购的立场上，谈判的结果应是60/40、70/30，甚至是80/20。下面便是一则失败的案例，希望大家能够从中吸取教训。

【实用案例】

**因谈判中一味穷追猛打而导致失败**

某年，W公司采购经理赵某与一制造厂家洽谈关于采购手机配件的事项，由于该供应厂家觉得W公司可以长期合作，所以在双方谈判中表示退让，愿意在前几次供货时用微利润博得长期合作。

在谈判中，供应厂家表示："我们的目的是保持长期合作。"

赵某："我们公司也愿意，不过要看你们的合作态度。"

供应厂家："你们可以提供技术给我们，我们仅留2％的利润用来维持公司发展，其余的可以按优惠价格给你们。"

赵某："我看这样吧，你们在价格上再降10％。"

供应厂家："我们没有利润了，何来发展呢？"

赵某："这是最低限度，你知道我们拥有众多的供应商。"

供应厂家："我们没有利润了，那就不用谈了。"

从上述案例中可以发现，W公司采购经理赵某的立场出现了严重错误。采购经理对公司的贡献应是维持双赢合作，而不是将供应商逼得没有退路。

2．质量要求绝不让步

在谈判时，采购经理应要求供货方提供质量保证以及承担质量责任，甚至要求供方提供质量保证依据。采购经理绝不能以牺牲质量来确保最低价格的实现。

## 169　遵循谈判"三原则"

谈判议程即谈判的议事日程，主要是说明谈判时间的安排和双方就哪些内容进行磋商。在进行谈判前，要确定谈判的主题与谈判议程；在谈判过程中，主持谈判的双方主管应遵循谈判议程。

凡是与本次谈判相关的、需要双方展开讨论的问题，都要作为谈判的议题，因此采购经理在确定谈判议程时必须把握好图9-4所示的三项原则。

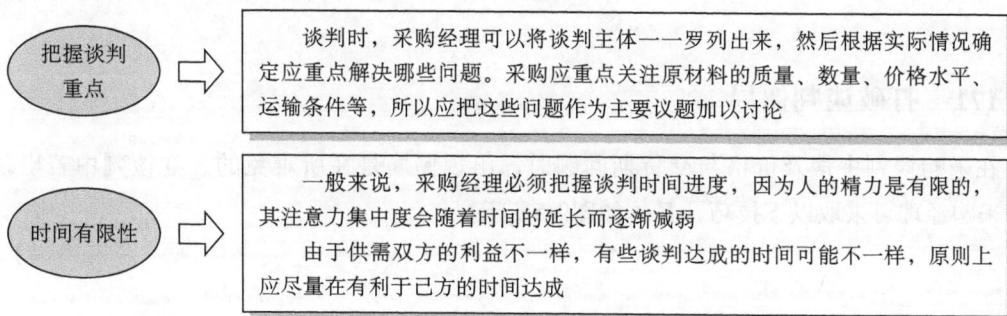

把握谈判重点 ⇒ 谈判时，采购经理可以将谈判主体——罗列出来，然后根据实际情况确定应重点解决哪些问题。采购应重点关注原材料的质量、数量、价格水平、运输条件等，所以应把这些问题作为主要议题加以讨论

时间有限性 ⇒ 一般来说，采购经理必须把握谈判时间进度，因为人的精力是有限的，其注意力集中度会随着时间的延长而逐渐减弱

由于供需双方的利益不一样，有些谈判达成的时间可能不一样，原则上应尽量在有利于己方的时间达成

以事实为
根据 ⇨ 作为谈判双方，供应方必须展示出自己真实的技术、质量、生产实力；采购方也必须展示出自己真实的购买能力。另外，供应商可以邀请采购方验厂或者采购方支付一定的订金

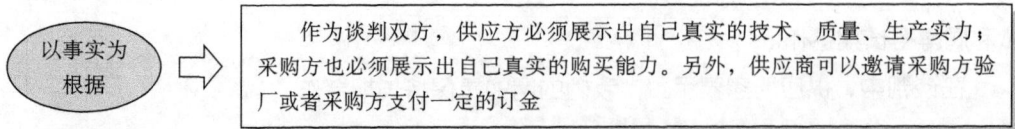

图9-4　谈判中应遵循的原则

## 170　谈判的方式

谈判的方式有如下两种。

1．"强硬型"谈判方式

强硬谈判不是说在谈判中采用强硬的语气，而是指在谈判中采取强硬的立场，绝不让步。因此，采购经理在采取"强硬型"谈判方式时应满足以下五个条件：

（1）准确计算出供方成本与利润；

（2）在同行中自己占有绝对市场优势；

（3）供方产品处在市场销售低潮期；

（4）供方企业处于资金流通困难期；

（5）供方要求在质量上给予让步。

2．"温柔型"谈判方式

"温柔型"谈判是指在采购谈判中通过让步来达成交易的一种方式。某些企业在出现库存不足或者其他物料紧缺的情况下，通常会在采购谈判中采用"温柔型"谈判方式。因此，采购经理在采取"温柔型"谈判方式时应满足以下四个条件：

（1）采购方出现紧急物质需求；

（2）供方产品市场潜力巨大；

（3）供方要求在非紧要关口上给予让步时；

（4）采购谈判迟迟没有进展。

## 171　打破谈判僵局

在采购谈判中谈及价格与交货期问题时，出现僵局是在所难免的。在谈判中若出现僵局，采购经理可采取以下技巧，具体如图9-5所示。

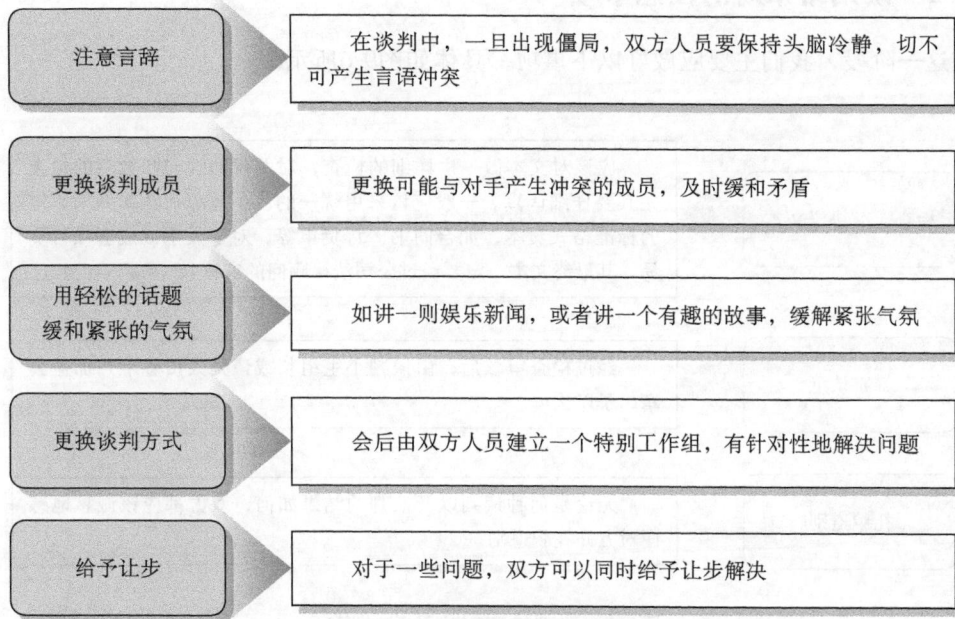

图9-5　打破僵局的五大技巧

下面是一则运用有关谈判技巧打破谈判僵局的例子，仅供读者参考。

【实用案例】

### 用技巧推动谈判成功

华北某汽车制造集团Z公司与中东某国的一家企业（以下简称"A企业"），就购买橡胶进行了马拉松式的持久谈判。A企业开价高得惊人，双方僵持不下。为了打破僵局，Z公司又选派了一名杰出的商务谈判高手。

在多次协商无果的情况下，这位谈判高手采取了以退为进的方式，说："好吧，我同意贵方的报价。如果我公司不同意这个报价，我愿意用我的工资来支付。但是，请允许我分期付款，可能我要支付一辈子。" A企业的谈判人员忍不住一笑，发现继续谈下去也无法打破僵局，最后同意将橡胶价格下调20%。

从这个案例中可以看出，Z公司谈判高手的幽默表达方式起了很大的作用。

## 172 谈判结束时的注意事项

在这一阶段，我们主要应做好以下事项，具体如图9-6所示。

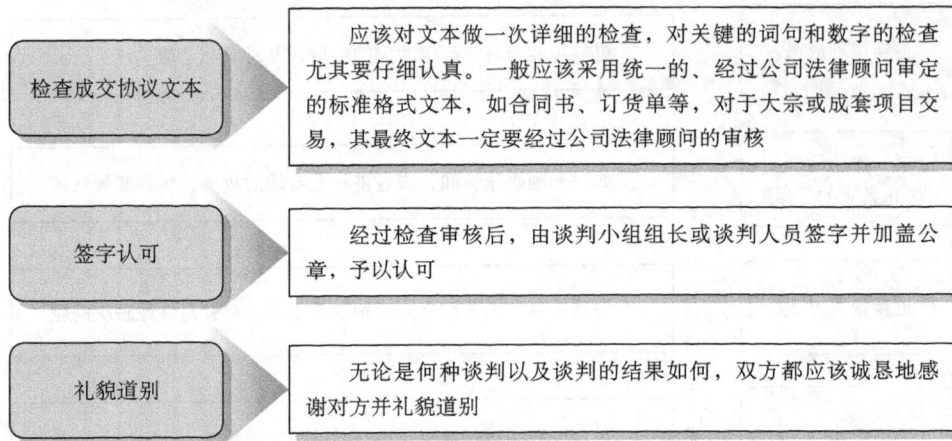

| | |
|---|---|
| 检查成交协议文本 | 应该对文本做一次详细的检查，对关键的词句和数字的检查尤其要仔细认真。一般应该采用统一的、经过公司法律顾问审定的标准格式文本，如合同书、订货单等，对于大宗或成套项目交易，其最终文本一定要经过公司法律顾问的审核 |
| 签字认可 | 经过检查审核后，由谈判小组组长或谈判人员签字并加盖公章，予以认可 |
| 礼貌道别 | 无论是何种谈判以及谈判的结果如何，双方都应该诚恳地感谢对方并礼貌道别 |

图9-6 谈判结束时应注意的事项

# 第四节 采购谈判技巧

## 173 谈判人员的四种典型性格

谈判人员的四种典型性格的具体内容如表9-10所示。

表9-10 谈判人员的四种典型性格及其特点

| 性格类型 | 详细说明 | 具体特征 |
|---|---|---|
| 倔犟性格 | 有些企业的谈判人员可能对采购的知识知之甚少，其特点是不动脑筋，轻率反应，明知不对还要顽固坚持，或是抱着不切实际的所谓"原则"不放，以无知作主导，谈判时必然给对方留下不好的印象 | （1）爱以老大自居。有些企业的谈判人员，本着自己与企业经营者的密切关系或者本着企业实力，处处显示高高在上的优越感<br>（2）好面子。明知错了，却强说自己正确，目的是等待台阶下 |

（续表）

| 性格类型 | 详细说明 | 具体特征 |
|---|---|---|
| 无主见性格 | 有些企业的谈判人员急于完成销售任务，行事无主见，任人左右，缺乏为自身利益而奋斗的意识，往往事事屈从，唯恐得罪了对方，甚至畏惧对方不悦 | (1) 老好人<br>(2) 没有主见<br>(3) 人际关系好<br>(4) 责任心强。这类谈判人员一般比较务实，只要答应客户的事情一般都能办到 |
| 圆滑型性格 | 有些企业的销售人员喜欢耍小聪明，他们能洞察谈判的发展，会不择手段地攫取自己想要的东西。这类人员往往会诱使别人钻入圈套，只要能达目的就不择手段 | (1) 八面玲珑<br>(2) 没有责任心<br>(3) 善于谈判 |
| 处变不惊型性格 | 有些资深企业谈判人员在参与谈判的时候具有长远眼光，重在与对方建立真诚的关系，以求取得自己想要得到的东西。他们面对威胁与机遇都能处变不惊、从容应对，以自己的言行赢得对方的尊敬 | (1) 处变不惊。他们在谈判时候，面对任何问题与机遇都能处变不惊、从容应对<br>(2) 眼光长远。他们在谈判时，不会拘泥于一时的得失，往往重于长远的打算<br>(3) 业界有知名度。能够做到如此稳重，主要在于已在业界打拼多年，对业界情况了如指掌，因此在业界会享有较高知名度<br>(4) 谈判真诚 |

## 174 四种性格的应对策略

采购经理针对以上谈判对手的四种典型性格和特点，要准备好相应的谈判策略，具体内容如表9-11所示。

表9-11 谈判对手四种性格的应对策略

| 种类 | 对策 | 实用案例 |
|---|---|---|
| 倔犟性格 | 立场坚定 | "这虽是你们公司的规定，但这也是行业内部的规定"<br>"我们用行业数据说话" |
| | 用事实说话 | "请出示样板"<br>"这是你们上个月的销售量"<br>"我们对你们的制造研发成本进行了计算，请过目" |

（续表）

| 种类 | 对策 | 实用案例 |
|---|---|---|
| 倔犟性格 | 给予适度赞美 | "王经理可谓是行业内专家"<br>"王业务员不愧为贵公司销售栋梁" |
| | 注意提供台阶 | "你说的是昨天的行情。看来王经理太累了，把昨天与今天混淆了"<br>"王先生请给我留一条退路呀，不然我没法完成任务了" |
| 无主见性格 | 真诚以待 | "能认识你，相见恨晚。我们今天是来学习的"<br>"请你先陈述意见吧" |
| | 增强对方自信心 | "我们今天谈不成，没关系，最终会找到共同点的"<br>"谈判嘛？就是要讲求双赢，要保证我们都能挣钱" |
| | 主动提示 | "不知你们老板有什么意见"<br>"我建议为了确保目标达成，这个项目需要你们上级与你共同决定" |
| 圆滑型性格 | 要坚持原则 | "坚决不收回扣"<br>"我们最好一次性谈清楚"<br>"朋友归朋友，但公事归公事" |
| | 要注意尺度 | "这个问题已经不能让步了，请你再考虑一下吧"<br>"根据行业规定，该项目必须签有合同书" |
| | 辨别真伪 | "对于这些问题，我们需要了解你们的详细计划"<br>"我要去你们的车间了解下情况" |
| 处变不惊型性格 | 真诚相待 | "这是我们的产品型号，请过目"<br>"你先开价吧，然后我们再报价" |
| | 从长远看问题 | "我们这次可以给你一次性价格，但也希望下次也给我优惠"<br>"我们的合作是长远的"<br>"双赢是我们唯一的目的" |
| | 注意礼貌 | "您先请"<br>"初到贵公司，果然名不虚传呀"<br>"签约后，我们开车送你" |

## 175　本方处于劣势时的谈判技巧

在采购谈判活动中，若本方处于劣势，采购经理可以采用先斩后奏技巧、疲惫技巧、权力有限技巧等来转化危机。熟练把握和恰当运用这些技巧，有利于本方控制谈判的方向和进程。

### 176　本方处于优势时的谈判技巧

在谈判中，当本方处于优势时，常常采用不破先例技巧。这种技巧是指为了坚持事先提出的交易条件，而用已有的先例来约束对方，从而使对方接受己方交易条件的一种技巧。

不破先例技巧是一种保护买方利益、强化自己谈判地位和立场的较有效的方法。下面的实例仅供读者参考。

【实用案例】

#### 用"不开先例"拒绝对方的要求

下面是电冰箱进货商（甲方）与电冰箱供应商（乙方）就一批电冰箱价格进行谈判的实况。

甲："你们提出的每台1 700元，确实让我们难以接受。如果有诚意成交，能否每台降低300元？"

乙："你们提出的要求实在让人为难。一年来我们对进货的600多位客户定的都是这个价格。要是这次单独破例给你们调价，以后与其他客户的生意就难做了。很抱歉，我们不能再减价了。"

在这个关于电冰箱价格的谈判中，电冰箱供应商面对采购者希望降价的要求，为了维持己方提出的交易条件而不让步，便采取了不开先例的方法。对供应商来讲，过去与买方的交易价格都是每台1 700元，现在如果答应了采购者的要求给予降价，就是在价格问题上开了一个先例，进而造成供应商在今后与其他客户发生交易行为时也不得不提供同样的优惠条件。

因此，供应商始终以不能开先例为由，委婉地回绝了对方提出的降价要求。供应商在价格谈判中，成功地运用了不开先例的技巧，其原理是利用先例的力量来约束对方。

### 177　均势状况谈判技巧

在均势谈判中，我们常采用迂回绕道技巧。

迂回绕道技巧是指通过其他途径接近对方，待建立了感情后再进行谈判。这种方法往往很奏效，因为任何人除了工作都会有许多业余活动。如果你提议或关注的业余活动是对方最感兴趣的，那么双方从感情上就容易沟通了，这有助于达成经济上的合作。通过该方式取得成功的案例如下。

【实用案例】

**迂回绕道使谈判终获成功**

德国某公司派销售人员和部门经理向一家饭店推销面包，并做出价格优惠、服务上门、保证供应、保证质量的承诺，还表示愿意建立长期合作关系，但该饭店经理就是不愿买他们的面包。

后来该公司了解到，该饭店的经理十分热衷于某一体育运动，并被推选为该活动的主席。不论该活动在什么地方举行，他都不辞劳苦地参加。了解到这些情况后，当该公司人员再见到他时，绝口不提面包一事，而是谈论那个活动，饭店经理因此十分高兴，跟他谈了半个小时，并建议该公司加入这一活动。几天以后，该公司便接到了这家饭店购买面包的订单。

## 178  谈判沟通的四种方式

采购经理要掌握各种谈判沟通的方式，具体如图9-7所示。

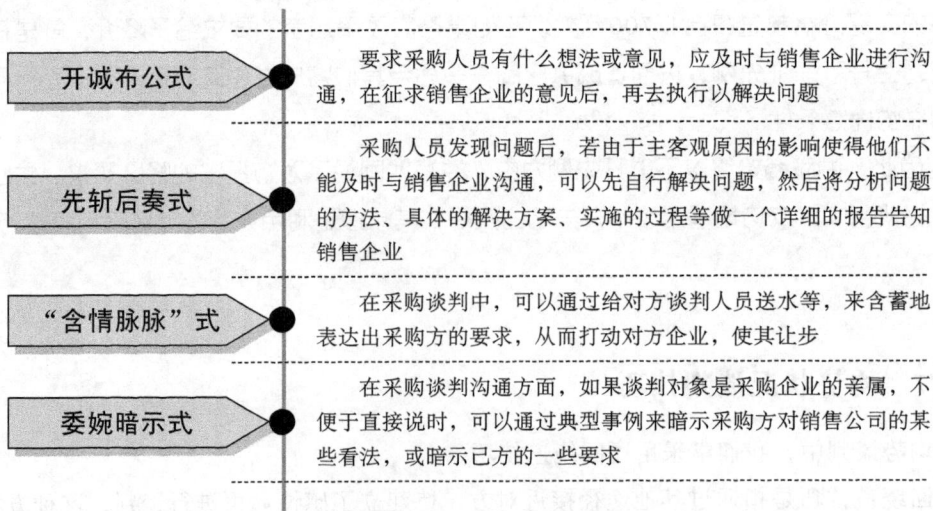

**开诚布公式**——要求采购人员有什么想法或意见，应及时与销售企业进行沟通，在征求销售企业的意见后，再去执行以解决问题

**先斩后奏式**——采购人员发现问题后，若由于主客观原因的影响使得他们不能及时与销售企业沟通，可以先自行解决问题，然后将分析问题的方法、具体的解决方案、实施的过程等做一个详细的报告告知销售企业

**"含情脉脉"式**——在采购谈判中，可以通过给对方谈判人员送水等，来含蓄地表达出采购方的要求，从而打动对方企业，使其让步

**委婉暗示式**——在采购谈判沟通方面，如果谈判对象是采购企业的亲属，不便于直接说时，可以通过典型事例来暗示采购方对销售公司的某些看法，或暗示己方的一些要求

图9-7  谈判沟通的四种方式

### 179　谈判倾听技巧

采购经理在谈判时应掌握以下倾听技巧。

1．先入为主的固定看法影响倾听

采购经理与对方进行沟通时，不仅要注意听其谈话内容，更要揣摩其谈话意图。

2．情绪化会影响谈判

在谈判沟通中，当听到自认为不正确的意见或不利于己方的言论时，千万别太情绪化，这样会让自己听不进去对方接下来所谈的内容，也会给对方留下不好的印象，从而影响谈判。

3．一心不可二用

在谈判沟通中，切忌一心二用，这样会分散注意力，使所听的信息不连贯、得到的内容不全面，从而影响谈判的进程。

4．关注谈判内容

在谈判沟通中听对方讲话时，不应将注意力集中在对方的外貌或言行举止上，这样会忽略对方所谈的内容。

### 180　谈判提问技巧

提问是进行有效口头沟通的关键工具，采购经理可以在谈判的各个阶段提出各种类型的问题，但其要注意掌握以下提问技巧，具体如表9-12所示。

表9-12　谈判提问技巧

| 序号 | 类型 | 具体内容 | 实用案例 |
|---|---|---|---|
| 1 | 开放型问题 | 不能直接用"是"或"不是"来回答，可以用"谁、什么、为什么和什么时候"等词语来提问 | "你为什么这么认为" |
| 2 | 引导型问题 | 鼓励对方给出你所希望的答案 | "你是不是更喜欢……" |
| 3 | 冷静型问题 | 感情色彩不强烈 | "降价如何影响标准" |
| 4 | 计划型问题 | 即一方谈判者事先准备好在谈判过程中进行提问，作为议程的一部分 | "如果我们提出……价格，你方会怎么考虑" |
| 5 | 请教型问题 | 带有请教的色彩 | "你应该乐意与我们分享这方面的知识" |

| 序号 | 类型 | 具体内容 | 实用案例 |
|------|------|----------|----------|
| 6 | 窗口型问题 | 询问对方的见解 | "你的看法是……" |
| 7 | 指示型问题 | 切中主题 | "价格是多少" |
| 8 | 检验型问题 | 询问对方对某一建议的反应 | "你对此是否有兴趣" |

## 181　谈判说服技巧

谈判时，采购经理还需掌握说服的技巧，具体内容如下。

（1）讨论问题时要按先易后难的顺序进行。

（2）多向对方提出要求、传递信息。

（3）强调一致、淡化差异。

（4）先谈优势后谈缺陷。

（5）强调合同中有利于对方的条件。

（6）待讨论出赞成和反对意见后，再提出自己的见解。

（7）说服对方时，要精心设计开头和结尾，给对方留下深刻印象。

（8）结论要由你明确提出，不要让对方揣摩或自行下结论。

（9）多次重复某些信息和观点。

（10）多了解对方，以对方习惯的、能够接受的方式和逻辑去说服对方。

## 182　谈判答复技巧

答复不是一件容易的事，采购经理所回答的每一句话，都会被对方理解为一种承诺，对此采购经理都负有责任。因此，采购经理在谈判答复时应掌握以下技巧，具体如图9-8所示。

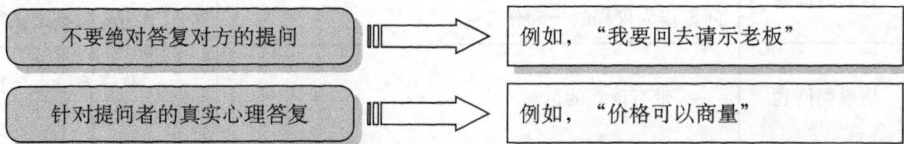

| 不要绝对答复对方的提问 | → | 例如，"我要回去请示老板" |
|---|---|---|
| 针对提问者的真实心理答复 | → | 例如，"价格可以商量" |

| 不要明确答复对方的提问 | ⟹ | 例如，"好像可以完成了" |
| 降低提问者追问的兴趣 | ⟹ | 例如，"好像该吃饭了" |
| 让自己获得充分的思考时间 | ⟹ | 例如，"等一下给您明确答复" |
| 礼貌地拒绝不值得回答的问题 | ⟹ | 例如，"您真幽默" |
| 找借口拖延答复 | ⟹ | 例如，"哦，老板叫我过去一下" |

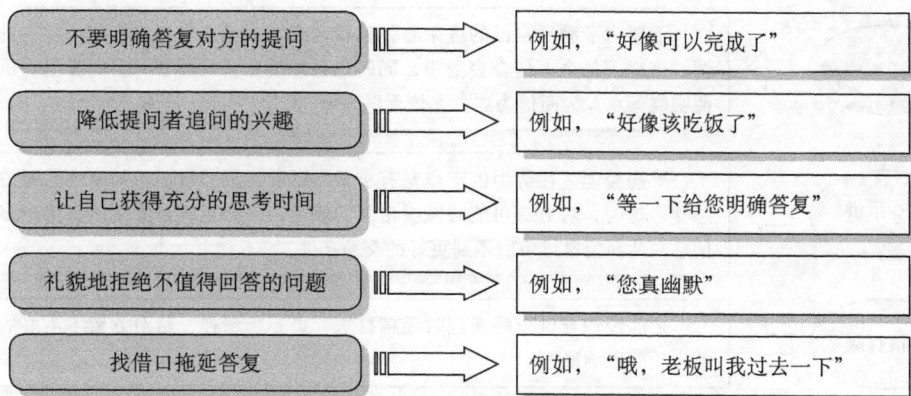

**图9-8 采购谈判中的答复技巧**

## 183 了解采购谈判的禁忌

采购经理应该尽量避免采购谈判的禁忌，具体如图9-9所示。

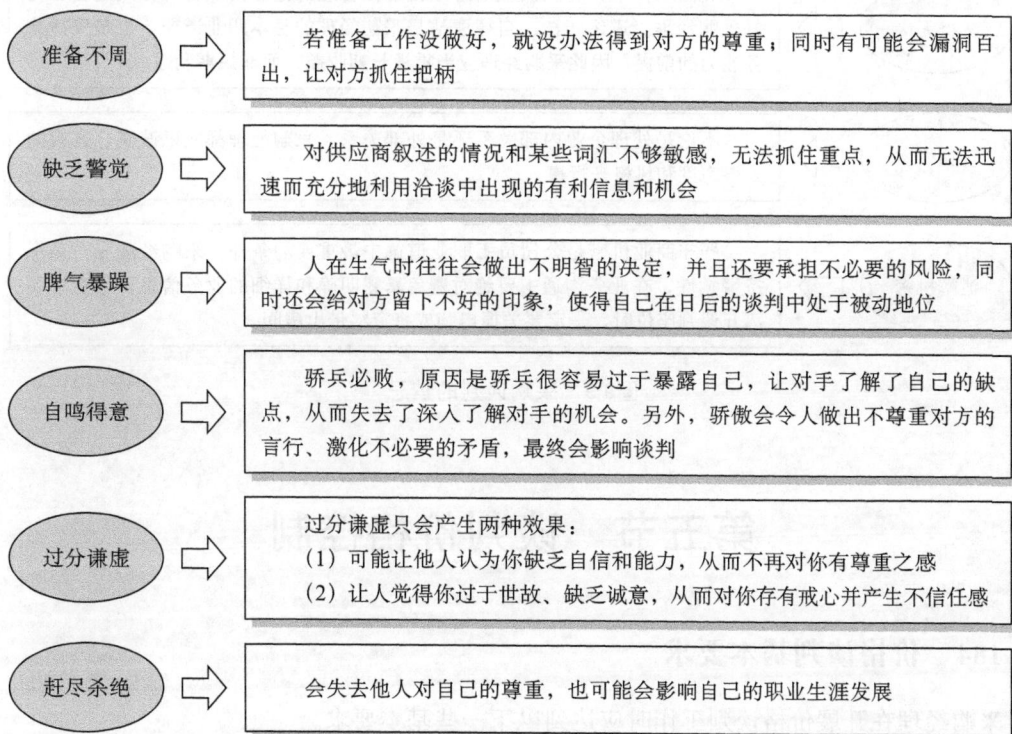

| 准备不周 | ⟹ | 若准备工作没做好，就没办法得到对方的尊重；同时有可能会漏洞百出，让对方抓住把柄 |
| 缺乏警觉 | ⟹ | 对供应商叙述的情况和某些词汇不够敏感，无法抓住重点，从而无法迅速而充分地利用洽谈中出现的有利信息和机会 |
| 脾气暴躁 | ⟹ | 人在生气时往往会做出不明智的决定，并且还要承担不必要的风险，同时还会给对方留下不好的印象，使得自己在日后的谈判中处于被动地位 |
| 自鸣得意 | ⟹ | 骄兵必败，原因是骄兵很容易过于暴露自己，让对手了解了自己的缺点，从而失去了深入了解对手的机会。另外，骄傲会令人做出不尊重对方的言行、激化不必要的矛盾，最终会影响谈判 |
| 过分谦虚 | ⟹ | 过分谦虚只会产生两种效果：<br>(1) 可能让他人认为你缺乏自信和能力，从而不再对你有尊重之感<br>(2) 让人觉得你过于世故、缺乏诚意，从而对你存有戒心并产生不信任感 |
| 赶尽杀绝 | ⟹ | 会失去他人对自己的尊重，也可能会影响自己的职业生涯发展 |

157

| | |
|---|---|
| 轻诺寡信 ⇨ | 不要为了满足自己的虚荣心，越权承诺，或承诺自己没有能力做到的事情。这样不但个人信誉会受损，同时也会影响企业的商誉。要向自己和供应商明确一点：为商信为本，无信无以为商 |
| 过分沉默 ⇨ | 采购经理往往认为供应商是有求于自己的，因此自己不需要理会对方的感受，这时，对方有可能会减少信息的表达，采购经理最终无法获得更多的信息，从而使自己争取不到更好的交易条件 |
| 无精打采 ⇨ | 采购经理与供应商谈判时无精打采，提不起精神，给对方留下不好的印象，从而影响谈判 |
| 仓促草率 ⇨ | 工作必须基于良好的计划管理，仓促草率的后果是被供应商认为对他不重视，从而无法赢得他的尊重 |
| 过分紧张 ⇨ | 过分紧张是缺乏经验和自信的信号，通常供应商会觉得遇到了生手，他有可能会好好利用这个机会，抬高谈判的底线，这样可能导致你无法达到上司为你设定的谈判目标 |
| 贪得无厌 ⇨ | 实际工作中，有些供应商总是在合法合理的范围内以各种方式迎合和讨好采购经理。遵纪守法、自律廉洁是采购经理的基本职业道德，也是发挥业务能力的前提，因此采购经理应当重视长期收益，而非短期利益 |
| 玩弄权术 ⇨ | 不论是处理企业内部关系还是外部关系，采购经理都应以诚实、客观的处事态度和风格来行事 |
| 泄露机密 ⇨ | 严守商业机密是公司员工职业道德中最重要的条件。采购经理应时刻保持警觉性，在业务沟通中要绝对避免暴露明确和详细的业务信息，当有事要离开谈判座位时，一定要关掉电脑或将资料带出房间 |

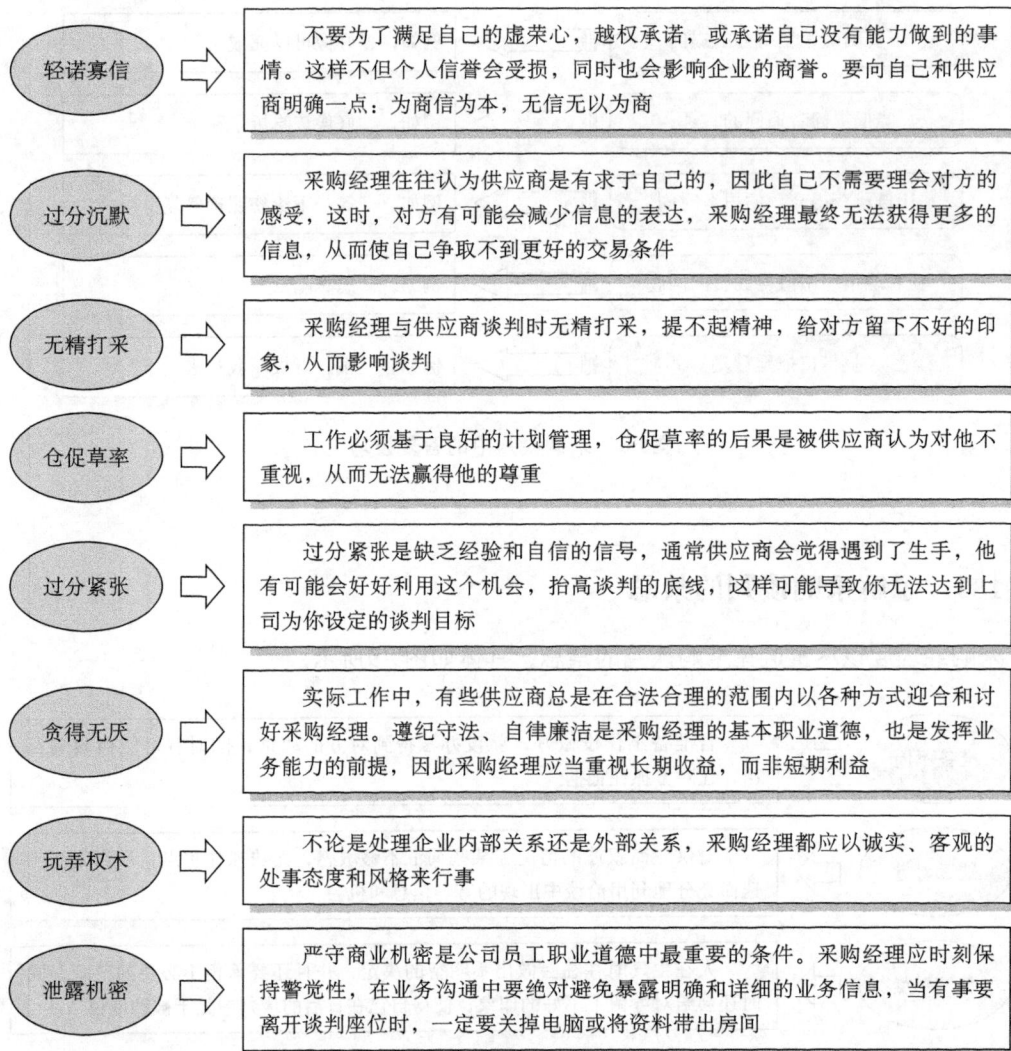

图9-9 采购谈判的禁忌

# 第五节 谈判价格控制

## 184 价格谈判基本要求

采购经理在开展价格谈判工作时应达到以下一些基本要求。

1．有弹性

在价格谈判中，还价要讲究弹性。对采购经理来说，当对方开出一个报价时，切忌漫天还价，乱还价格；也不要一开始就还出最低价。

2．保持友好态度

无论谈判中双方争议有多大，采购经理始终都要保持友好态度，切忌争吵。即使双方在价格上始终谈不拢，最终导致谈判破裂，采购经理也要礼貌地与对方告别，并期待与对方的下次合作。

3．保持一致

当采购经理和几位同事一起参加谈判且每人都有发言权时，互相之间必须提前做好沟通工作，严格保持一致，如果出现不同的话，很容易使己方陷入被动局面。

4．坚守底价

在开展采购谈判工作之前，采购经理应当制定谈判底价，并始终坚守底价，不得以超过底价的价格进行采购。

## 185　化零为整法

采购经理在进行价格谈判时可以采用化零为整法，给供应商造成价格相对昂贵的感觉，这比用小数目进行报价能获得更好的效果。这种方法主要是将小单位的价格换算成大单位的价格，加大计量单位。例如，将"千克"改为"吨"；将"克"改为"千克"；将"月"改为"年"；将"日"改为"月"；将"小时"改为"天"；将"秒"改为"小时"等。

## 186　差额均摊法

当双方议价的结果存在着较大差距时，若双方互不相让，则很难达成交易。此时，采购经理可以采用"差额均摊"的方法，即取双方报价的差额，各自承担一半。这种方法比较容易为双方所接受。

## 187　费用分担法

当供应商不愿再降低报价时，采购经理可以要求供应商提供部分售后服务，如维修服务等，将企业的部分费用转嫁到供应商身上，这样即使供应商报价稍高，也可接受。

### 188 压迫降价法

压迫降价是指在已方占优势的情况下，以胁迫的方式要求供应商降低价格。例如，采购经理可以暗示该供应商，经过已方调查，得知其产品销路欠佳，需要提高销量回笼资金，如果不接受已方报价，就终止谈判。但采购经理使用这种方法时必须适可而止，避免激怒供应商，导致谈判破裂。

### 189 哀兵姿态法

哀兵姿态是指已方在谈判中处于劣势时，以"哀兵"姿态争取供应商的同情与支持，如当该供应商拥有已方急缺的产品而已方暂时无法找到其他替代供应商时。采购经理在使用哀兵姿态法时要注意避免供应商趁机要挟，"胁迫加价"。

### 190 长期供货法

当供应商始终不愿意降低报价而已方又需要其所供应的产品时，采购经理可以提出与其进行长期合作，使其长期供货，以此换取供应商降低报价。

# 第十章　采购合同管理

**导读** >>>

　　采购合同管理是采购经理的一项重要工作内容。采购经理要带领采购部门成员做好合同的编制、签订以及各类变更事宜。合同管理一旦出现差错，就容易给企业造成损失，甚至引发纠纷，因此采购经理必须做好采购合同管理工作。

　　Q先生：A经理，最近我在开展采购合同管理工作时，遇到了一些纠纷，请问，怎样才能有效避免合同方面的纠纷呢？

　　A经理：你要先了解企业合同的类别、相关条款以及合同编制的方法和注意事项，在签订合同时也要注意每个步骤，同时要根据不同情况，做好合同的变更处理，不可出现差错。

　　Q先生：在合同实施过程中，若发生采购违约该怎么办？

　　A经理：你要清楚了解采购违约的类别、供应商拒绝交货或不适当交货的免责事由，并做好供应商拒绝交货的处理工作。必要时，你还可以采取补救措施，尽量挽回损失。

# 第一节　采购合同签订

## 191　采购合同的条款

采购合同并无一定的标准格式，其内容通常视采购本身的性质与类别而定，不过无论哪类物品的采购合同均可分两大条款：一是基本条款，常被列在合同正面；二是一般条款，通常被列在合同背面。

1. 采购合同基本条款

一般采购单位大都使用印制格式合同，如遇采购特殊物品，且所商定买卖条件较复杂时，才可另外草拟合同。基本条款常见于合同正面，具体内容如表10-1所示。

表10-1　采购合同基本条款

| 序号 | 内容 | 详细说明 |
|---|---|---|
| 1 | 前文 | 包括签订合同日期，合同号码，合同当事人的名称、住址，签订合同的内容及有关说明 |
| 2 | 条款内容 | 即合同中最主要的项目，包括货品名称、品质、数量、单价及总价、交货期、到达地、包装、保险、付款、检验等内容 |

2. 采购合同一般条款

一般条款是指买卖合同中主要条件及项目的补充说明。一般条款大都印在正式合同的背面，若内容太复杂，也可另行印制附列。一般条款内容如表10-2所示。

表10-2　采购合同一般条款

| 序号 | 内容 | 详细说明 |
|---|---|---|
| 1 | 制定目的 | 一般条款虽是合同主要条件的补充说明，却含有保护制作合同一方的权益的作用 |
| 2 | 条款效力 | 即表示合同正面基本条款有约定者，应优先适用。在实务中，往往采购方所制作的合同的一般条款部分条文未被供应商所接受，则另由供应商提出修正意见，经采购方同意接受则列为合同"特别条款"，此"特别条款"适用效力优于一般条款 |

（续表）

| 序号 | 内容 | 详细说明 |
|---|---|---|
| 3 | 格式 | 一般条款格式无一定标准，视采供双方需要而定<br>一般条款无固定项目，大多是对基本条款或基本条款以外的特殊条款加以阐释，为其定义作适当的补充说明。其目的是保护采购方的权益 |
| 4 | 其他项目 | 如合同有效期、合同可转让与不可转让、违约与解约、索赔等，需酌情列入 |

## 192　采购合同编制

采购合同编制是指将双方协商的交易结果逐项填入标准格式的合同中，若出现特殊情况且原有合同无法满足需求时，须另加特别条款，自双方签署后开始生效。一般而言，合同制作的方法如下：

（1）采用事先已印制的标准合同格式，这种方法适用于一般性采购；

（2）重拟合同条款，此方法适用于原有合同无法适用，经双方同意重拟条款时才生效，它适用于特殊采购。

编制采购合同应注意的事项详见表10-3。

表10-3　编制采购合同应注意的事项

| 序号 | 项目或条款 | 具体注意事项 |
|---|---|---|
| 1 | 货品名称 | （1）品名的书写，宜以国内或全球通用名称为原则。因同一货品的品种及项目很多，称呼也不同，为避免混淆或发生错误，最好采用通俗化的一般名称<br>（2）品名的书写务必工整，避免笔误，有时因一字之差会导致无谓的麻烦 |
| 2 | 品质及规格 | （1）注意货品规格、品质是否适当，因工业水准不同，货品品质也有差异<br>（2）注意品质厘定方法，这包括当品质规格不符时的查证机关与证明方法和出现不良品时的处理方法 |
| 3 | 数量 | （1）注意货品的数量是采用毛重还是净重<br>（2）假如货品数量不足，是否有适当的解决方法 |
| 4 | 价格 | （1）在价格方面应该注意有关价格条件、币值变动及价格变化的处理方法<br>（2）国外采购货物，须留意汇率波动 |
| 5 | 包装 | （1）包装方法有很多，如散装、木箱装、桶装、纸箱装、袋装、瓶装等，这里要注意包装时采用的包装方式<br>（2）特殊性能物资采用哪一种方式包装应详加注明 |

（续表）

| 序号 | 项目或条款 | 具体注意事项 |
|---|---|---|
| 6 | 供应地区 | (1) 须注意进口货品与海关输入的规定，如有些产品是属于管制进口的<br>(2) 有些货品如机器设备签约商与他国制造厂有技术合作，是否可以接受 |
| 7 | 交货 | 须注意交货期限与开发信用证日期是否相符 |
| 8 | 运输 | (1) 运输方式是采用海运、空运还是采用陆运<br>(2) 是采用一次装运还是分批装运？如分批装运其批次、数量及日期是否列明 |
| 9 | 付款方法 | (1) 付款方法是现金支付还是支票支付，是一次付清还是分期付款，均须列明<br>(2) 国外的信用证开发日期是否与装船期相符 |
| 10 | 保险 | (1) 所列条件是否适当<br>(2) 保险金额是否合理并应注意保险时效与投保手续 |
| 11 | 重量与检验 | (1) 在合同中须详细记载货品品质与数量<br>(2) 该货品究竟由厂商检验还是独立公证，检验期限是何时 |
| 12 | 运费、保险费及汇率变动 | (1) 有关运费、保险费究竟由采购方还是由供应商支付，应在合同中详细注明<br>(2) 汇率变动风险，也应注明清楚，以杜绝争端 |

## 193 采购合同签订步骤

采购合同签订是指供需双方对合同的内容进行协商，取得一致意见后，签署书面合同的过程。采购人员在签订合同时应遵循以下事项，具体如图10-1所示。

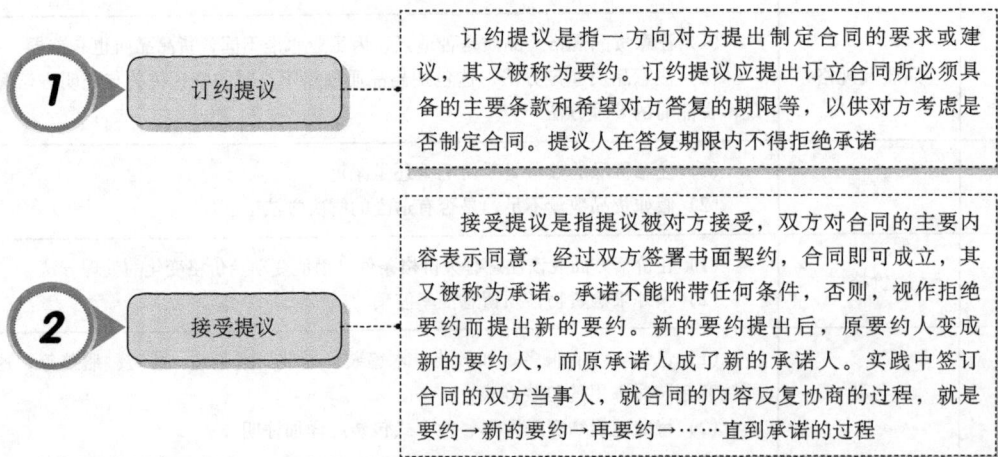

**1** 订约提议 —— 订约提议是指一方向对方提出制定合同的要求或建议，其又被称为要约。订约提议应提出订立合同所必须具备的主要条款和希望对方答复的期限等，以供对方考虑是否制定合同。提议人在答复期限内不得拒绝承诺

**2** 接受提议 —— 接受提议是指提议被对方接受，双方对合同的主要内容表示同意，经过双方签署书面契约，合同即可成立，其又被称为承诺。承诺不能附带任何条件，否则，视作拒绝要约而提出新的要约。新的要约提出后，原要约人变成新的要约人，而原承诺人成了新的承诺人。实践中签订合同的双方当事人，就合同的内容反复协商的过程，就是要约→新的要约→再要约→……直到承诺的过程

| ③ | 接受提议 | 填写合同文本时要注意<br>（1）货物品种名称：一定要写全，不要写简称<br>（2）数量：不同规格要分开写，必要时标注大写<br>（3）价格：不同规格要分开写<br>（4）交货方式：要注明是自提还是送货，送货地点、时间要写清，要注明是付费送货还是免费送货<br>（5）付款方式：可以先付一些定金，等到货验收合格后再付余款或在限定期限内付清均可 |
|---|---|---|
| ④ | 履行签约手续 | 双方要按照合同文本的规定事项，履行相关的签约手续。具体签约手续，可由双方协商而定 |
| ⑤ | 报请签约机关签证，或报请公证机关公证 | 有的经济合同，法律规定还应获得主管部门的批准或工商行政管理部门的签证。对法律没有规定必须签证的合同，双方可以协商决定是否签证或公证 |

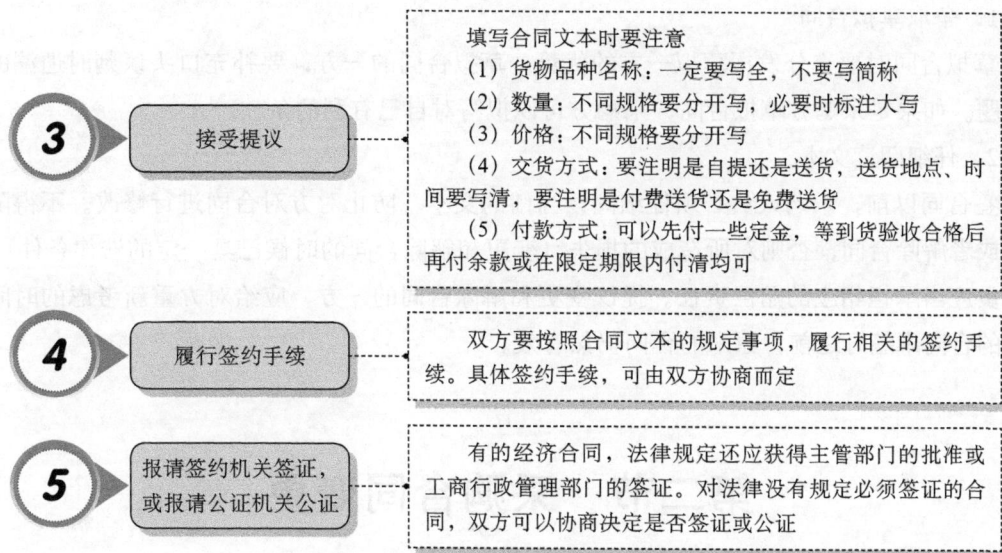

图10-1　采购合同签订步骤

## 194　确保采购合同的有效性

采购人员签订合同时，要确保其合同的有效性。

（1）有的合同只需双方签字即可，但是企业与企业之间、企业与个人之间的合同，一般情况下除了签字外还需要盖章。

（2）在签订重大合同时，最好双方当面签订，以免另一方采用欺骗手段签订假合同。

另外，签订重大合同，要注意签订合同的另一方是否为法人代表或授权代表，以及是否有资格签订该合同。

因此，未经授权的普通职工甚至是经理、总经理签订的合同有时未必为合法有效的合同。例如，某采购经理与某供应商销售部经理签下产品销售合同，但如果该经理未经授权，则这一合同为无效合同。

（3）签订的合同如果有多页，双方除了在末页签字盖章外，还要加盖骑缝章，以免影响其他页面内容的真实性，从而发生纠纷。

## 195　采购合同签订注意事项

采购人员在签订采购合同时应注意以下事项。

1．争取草拟合同

草拟合同时要充分发挥草拟一方的优势。草拟合同的一方，要补充口头谈判时遗漏的一些问题。如果是采购方草拟合同，采购方可以拟写对自己有利的条款。

2．仔细阅读文本

签合同以前，采购人员必须仔细阅读当前的文本，防止对方对合同进行修改。不得随意变更或者解除合同，否则对所造成的损失（变更和解除合同的时候已具一定的法律条件），相关人员应当承担相应的赔偿责任。提议变更和解除合同的一方，应给对方重新考虑的时间，在新的合同未签订之前，原来的合同仍然有效。

# 第二节　采购合同变更

## 196　采购合同的修改

通常有下列情形发生时，需修改合同条款。

1．作业错误且经调查原始技术资料可予证实的

合同签订后如发现作业有错误而需加以更正时，应以原始技术资料为准，经买卖双方协商后加以修正，并将修正情况通知相关单位。

2．制造条件的改变而导致卖方不能履约的

由于合同履行督导期间发现因制造条件的改变而判定卖方不能履约，但因物料的供应不能终止合同或解约，且重新订购无法应急时，买方可以协商适度地修改原合同后要求卖方继续履约。

3．以成本计价签约而价格有修订必要的

以成本计价的合同，由于成本的改变超过合同规定的限度时，买卖双方均可提出修订总成本的要求。固定售价合同的价格以不再改变为原则，但出现下述情形时可修改合同：

（1）由于生产材料的暴跌致使卖方获取暴利时，可协商修订价格；

（2）由于生产材料的暴涨致使买方履约交货困难且解约重购对买卖双方不利时，可协商修订价格。

## 197 采购合同的取消

取消合同即不履行合同的义务，为了坚持公平的原则，不遵守合同的一方必须承担取消合同的责任。但在法律上，到底哪一方应承担责任，须视实际情形来决定。一般取消合同大致有以下三种情形，具体如表10-4所示。

表10-4 采购合同取消的情形

| 序号 | 内容 | 详细说明 |
|---|---|---|
| 1 | 违约的取消 | 违反合同有如下两种情况<br>（1）卖方不依约履行。例如，交货的规格不符、不按时交货，其违约的原因可能是故意、无能力履行或其他无法控制的因素<br>（2）买方违约。例如，不按时开具信用证而取消合同 |
| 2 | 为了买方的方便而取消 | 例如，买方由于利益或其他因素不愿接受合同的条款而取消合同，此时卖方可要求买方赔偿其所遭受的损失 |
| 3 | 双方同意取消合同 | 该情况大多出于不可抗力的情形而发生 |

## 198 采购合同终止

采购合同终止所包括的内容体现在以下几个方面。

1．采购合同终止的时机

在履约期间，因受天灾人祸或其他不可抗力因素的影响，使供应商丧失履约能力时，买卖双方均可要求终止合同。有以下原因发生时，买方可要求终止合同：

（1）发现报价不实，有图谋暴利时；

（2）有严重损害国家利益的情形发生时；

（3）在履约督导时发现严重缺陷，经要求改善无果以致不能履行合同时；

（4）供应商有违法行为而经查证属实时。

2．合同终止时的赔偿责任

买方要求终止合同时，卖方因此遭受的损失由买方负责赔偿。因卖方不能履约，如果属于天灾人祸或其他不可抗力因素引起的，买卖双方都不负赔偿责任；但如果卖方因人为因素不能履约，买方的损失由卖方负责赔偿。因特殊原因而导致合同终止的，买卖双方应负何种程度的赔偿责任，除合同中另有规定外，应会同有关单位及签约双方共同协商解决；如无法达成一致意见则可采取法律途径解决。

3．国内采购合同终止程序

买方验收单位根据规定终止合同时，应立即通知卖方，并在通知书上说明合同终止的范围及其生效的日期。卖方接到通知以后，应立即按照以下规定办理。

（1）依照买方终止合同通知书所列范围与日期停止生产。

（2）除为了完成未终止合同部分的工作所需外，不再继续进料、雇工等。

（3）对于合同内被终止部分有关工作的所有订单及分包合同，应立即终止。

（4）对于卖方对他人的订单及分包合同终止所造成的损失，可按终止责任要求赔偿。

（5）对于终止合同内已制成的各种成品、半成品及有关该合同的图样、资料，依照买方的要求送到指定的地点。

（6）合同终止责任如属买方，卖方在接到合同终止通知书后的60天内可要求买方赔偿，如卖方未在规定的期间提出要求，则买方根据情况确定是否给予卖方赔偿。

（7）合同终止责任如属卖方，卖方应在规定期内履行赔偿责任。如果终止合同仅为原合同的一部分，那么对原合同未终止部分应继续履行。

## 199　国际采购合同终止程序

国际采购合同终止程序的具体内容如下。

（1）国际采购合同规定以收到信用证为准，并注明在收到信用证后多少日起为交货日期，由于其在开具信用证以前尚未生效，此时不论买卖双方是否要求终止合同，都不负任何赔偿责任。

（2）信用证有效日期已过而卖方未能在有效期内装运并办理押汇时，买方可以不同意展延信用证日期而终止合同，此时买方不负任何赔偿责任。

（3）如果在交货期阶段终止合同时，除合同另有规定外，合同的终止需经买卖双方协商同意后方可，否则可视实际责任要求对方负责赔偿。

## 200　采购合同存档管理

采购经理应将不同阶段、不同时期的采购合同进行存档管理，并定期进行整理。"采购合同登记表"样例详见表10-5。

表10-5　采购合同登记表样例

编号：　　　　　　　　　　　　　　　　　　　　　　　　日期：＿＿＿年＿月＿日

| 序号 | 日期 | 合同编号 | 采购内容 | 采购部门 | 采购数量 | 单价 | 合计 | 备注 |
|---|---|---|---|---|---|---|---|---|
|  |  |  |  |  |  |  |  |  |
|  |  |  |  |  |  |  |  |  |
|  |  |  |  |  |  |  |  |  |
|  |  |  |  |  |  |  |  |  |
|  |  |  |  |  |  |  |  |  |

制表人：　　　　　　　　　　　　　　　审核人：

# 第三节　采购违约处理

## 201　采购违约的种类

采购违约的种类详见表10-6。

表10-6　采购违约的种类

| 序号 | 内容 | 具体说明 |
|---|---|---|
| 1 | 重大违约与非重大违约 | 重大违约与非重大违约是依违约所造成损害的程度为标准进行的划分<br>（1）重大违约。重大违约是指供需双方不履行主要义务（如不付款与不交货），或者供需双方违约致使对方的采购合同目标不能实现，重大违约与《联合国国际货物买卖合同公约》上的根本违约有相似之处<br>（2）非重大违约。非重大违约是指除重大违约以外的违约。非重大违约与《联合国国际货物买卖合同公约》上的非根本违约有相似之处；在一方仅有非重大违约的情况下，除非供应商另有约定，对方不能因此取得解约权 |
| 2 | 实际违约与预期违约 | 实际违约与预期违约是以违约时合同约定的履行期限是否届满为标准进行的划分<br>（1）实际违约。实际违约是指履行合同的期限已到，而供应商却未履行合同义务或履行合同但不符合合同约定。实际违约一般简称违约<br>（2）预期违约。预期违约是指在履行期限届满之前，供应商即明示他将不履行合同义务，或供应商的行为（包括作为和不作为）表明他不履行合同义务 |

| 序号 | 内容 | 具体说明 |
|---|---|---|
| 3 | 迟缓履行主要债务 | 即供应商在履行其主给付义务，迟缓履行主要债务，经对方催告后，在合理期限内仍未履行，或者在合理期限届满之前，违约方明示或以其行为表明他仍将不履行主要债务，或仍将不在合理期限内履行主要债务的，对方可以解除合同 |
| 4 | 违反其他义务 | 即除迟延履行主要债务以外的其他违约，包括迟延履行非主给付义务、提前履行、部分履行、不按约定的质量履行、不按约定的方式履行等 |
| 5 | 供应商拒绝交货 | 供应商在交货期限届满后明确表示不交货，或其状况、行为已显著表明不交货 |
| 6 | 供应商不适当交货 | （1）供应商未在适当的时间交货，包括提前交货和迟延交货<br>（2）供应商未以适当的方式交货，包括应一次交货却分批交货、应分批交货却一次交货、应安排快捷的运输方式却安排较慢的运输方式将货物交承运人运交企业等情形<br>（3）供应商未按约定的数量交货，即供应商在交货期限届满时，向企业少交货物（亦即部分交货）或多交货物<br>（4）供应商违反品质担保，即供应商未按适当的质量要求向企业交货，或者供应商所交货物有瑕疵。一般认为，违反品质担保具体包括违反价值瑕疵担保、违反效用瑕疵担保和违反保证三种情况<br>（5）供应商未按适当的包装交货。供应商所交货物未以适当的储运包装、保护性包装方式予以包装，致使所交货物在企业收取时损毁、短少的，可视具体情况，按其他不适当交货处理 |
| 7 | 供应商拒绝或迟交单证及资料 | 在具体的货物买卖中，供应商究竟应向企业交付什么类别的单证和资料，应根据合同约定，以及交易习惯和诚实信用原则来确定 |

## 202 供应商拒绝交货的免责事由

采购人员在采购过程中应特别留意供应商拒绝交货的免责事由。一般来说，供应商拒绝交货免责事由包括以下内容。

（1）供应商因不可抗力或合同约定的其他免责事由而拒绝交货的，不承担违约责任。但供应商应当及时通知企业，以减小可能给企业造成的损失，并在合理期限内提供证明。供应商怠于通知的，应就因怠于通知而未能避免的损失负违约责任。

供应商主张不可抗力免责的，应当举证证明不可抗力使其不能交货，并及时通知企业。

（2）供应商因行使同时履行抗辩权、后履行抗辩权或不安抗辩权而拒绝交货的，不承担违约责任；但供应商因行使不安抗辩权而拒绝交货的，应当及时通知企业。

供应商主张同时履行抗辩、后履行抗辩、不安抗辩免责的，应当举证证明抗辩赖以发生的事实根据。

（3）供应商因企业拒绝收取货物、不按时收取货物、下落不明、不履行协作义务等原因而拒绝交货的，不承担违约责任。

供应商主张因企业的原因致使无法交货而拒绝交货，以此要求免责的，应当举证证明有关事实，如货已置于交货地点并处于交付状态，而企业对此知情却不收取或不按时收取货物等。

## 203　供应商不适当交货的免责事由

供应商不适当交货的免责事由的具体内容如下。

（1）供应商因不可抗力或合同约定的其他免责事由而不能适当交货的，一般不承担违约责任，但供应商应当及时通知企业，并在合理期限内提供证明。

供应商在迟延交货期间遭遇不可抗力，且若在适当的期限交货就不会遭遇不可抗力的，如果迟延交货不能免责，则迟延交货期间遭遇的不可抗力也不能作为其他不适当交货的免责事由。

（2）供应商因行使后履行抗辩权或不安抗辩权而未在约定的期限内交货的，一般不承担违约责任，但供应商因行使不安抗辩权而迟延交货的，应当及时通知企业。供应商主张后履行抗辩、不安抗辩免责的，应当举证证明抗辩赖以发生的事实根据。

（3）供应商因企业拒绝按时收货、不履行协作义务等原因而不适当交货的，不承担违约责任。

（4）供应商对货物风险转移至企业后才发生的瑕疵，不负违反品质担保的违约责任。

供应商主张该免责事由的，若货物风险转移前，货物已由企业实际占有（如简易已付），则企业应举证证明货物瑕疵是在风险转移之前已存在或推定瑕疵是在风险转移之后才发生。在其他情况下，应由供应商举证证明货物风险转移时，货物无瑕疵或推定货物在风险转移前已经存在瑕疵。

（5）供应商对企业订约时已知或应知的货物瑕疵，不负违反品质担保的违约责任。但是，供应商明确保证货物无瑕疵，或者企业因过失未发现货物有瑕疵，而供应商却故意不告知货物瑕疵的，供应商不得主张该免责理由。

供应商主张该免责事由的，应当举证证明企业在订约时已知货物有瑕疵或应知货物有瑕疵。

（6）供应商在企业未及时检验收到的货物并给予异议通知的情况下，对少交货物或货物料质瑕疵（包括包装瑕疵）不负违约责任。

## 204 供应商拒绝交货的处理

当供应商拒绝交货构成违约时，采购人员可以根据表10-7所示的措施处理并追究供应商的违约责任。

表10-7 供应商拒绝交货的处理措施

| 序号 | 内容 | 详细说明 |
|---|---|---|
| 1 | 继续履行 | 供应商拒绝交货的，采购人员要与其沟通协商，以督促其按时交货。但供应商因不可抗力因素或因法律规定的其他事项不能交货的，或者交货的费用过高的，或者企业在合理期限内未要求交货的，企业不能要求供应商继续履行。然而，采购人员仍然可以追究供应商的其他违约责任 |
| 2 | 更换或交付替代物 | 供应商所交货物或所交提货单证上记载的货物根本不是或实质上有别于合同项下的货物的，采购人员可以要求供应商更换货物或交付符合约定的替代货物，更换货物或交付替代物，实质上是继续履行的另一种形式，因此其适用的限制条件与继续履行相同 |
| 3 | 解除合同 | 供应商拒绝交货的，采购人员可以以通知的方式行使解除权，以解除合同，但未在法律规定或合同约定的期限内行使解除权的，或在法律没有规定且合同没有约定解除权行使期限的情况下，未在供应商催告后的合理期限内行使解除权的，供应商可以拒绝采购人员解除合同。<br>但供应商拒绝采购人员解除合同的方式应以履行交货义务为限，而不能一边拒绝交货，一边拒绝采购人员解除合同。采购人员丧失解除权的，不影响企业要求追究其他违约责任的权利 |
| 4 | 赔偿损失 | 供应商拒绝交货使企业遭受损失的，采购人员有权要求供应商赔偿损失。企业要求赔偿损失的权利，不因企业追究供应商的其他违约责任而丧失 |

## 205 供应商不适当交货的处理

对供应商不适当交货的处理如下。

（1）供应商提前交货，企业收取货物但因此而增加费用支出的，采购人员可以要求供应商承担。另外，采购人员可以拒绝收取供应商提前提交的货物。

（2）供应商迟延交货，企业因此而遭受损失的，采购人员可以要求供应商赔偿。

（3）供应商未在约定的地点交货，企业仍然收取货物但因此而遭受损失或增加费用支出的，采购人员可以要求供应商赔偿。

（4）供应商未以适当的方式交货，企业仍然收取货物但因此而遭受损失或增加费用支出的，采购人员可以要求供应商赔偿。供应商交货方式不当，致使企业的合同目标不能实现或严重受挫的，采购人员可以要求解除合同、拒绝接受货物，并可索赔。

（5）供应商少交货物，企业仍然收取所交的部分货物但因此增加费用支出的，采购人员可以要求供应商承担。

供应商应补足少交部分的货物，构成迟延交付的，采购人员可以针对迟延交货部分向供应商索赔。少交部分的货物供应商未再交付的，采购方可以以供应商拒绝交货为由解除合同，或要求其继续履行并赔偿。

供应商部分交货不损害企业利益的，不属违约，采购人员既不能拒绝收取货物，也不能索赔。

（6）由供应商多交货物导致的企业费用支出增加，采购人员可以要求供应商赔偿，但不影响企业按合同的价格正常支付货款。

供应商多交货物的，采购人员也可以拒绝接收，同时及时通知供应商。

（7）供应商违反品质担保的，如果货物必须由供应商予以修理，可以要求供应商修理并赔偿损失，或者要求减少价款并赔偿损失；如果货物由供应商以外的人修理更为合理，则采购人员可以要求供应商负担修理费用并赔偿损失，或者要求减少价款并赔偿损失；如果货物无法修理，则可以要求供应商更换货物并赔偿损失，或者要求减少价款并赔偿损失。

供应商违反货物的品质担保，致使企业的合同目标不能实现或严重受挫的，或者在采购人员要求更换时而拒不更换的，应按供应商拒绝交货追究其违约责任。

（8）供应商未按适当的包装交货的，采购人员可以要求供应商更换包装并索赔，或者要求降低价格并索赔。

供应商未按适当的包装交货，致使企业的合同目标不能实现或严重受挫的，或者导致货物损毁、减少，却拒绝重新交货或补足数量的，应按供应商拒绝交货追究其违约责任。

## 206　采购违约补救措施

采购违约补救措施主要包括修理、更换、重做、退货、减少价款或报酬等内容。通常在供应商履行义务不符合约定的质量要求采用该措施，具体内容如表10-8所示。

表10-8 供应商违约补救措施

| 序号 | 内容 | 详细说明 |
|---|---|---|
| 1 | 修理 | 如果供应商履行合同义务不符合约定的质量要求，而已经提交的货物、定做物、工作成果是可以修理的，并且由供应商修理并非不公平，则采购人员可以要求供应商采取修理措施。因此所花费的材料、人工、交通、通信等费用应由供应商负担。另外，因修理而使采购企业继续蒙受的损失或不便，供应商应给予补偿<br>在采购合同的违约问题上，修理仅限于交付的货物不符合约定的质量要求，且货物属于加工制造型产品并有可修性 |
| 2 | 更换、重做、退货 | 如果供应商履行义务严重不符合约定的质量要求，导致合同目标不能实现，则采购人员可以要求供应商更换、重做或退货<br>在采购合同的违约问题上，更换、退货是供应商承担违约责任的主要形式，一般不存在重做的问题 |
| 3 | 减少价款或报酬 | 如果供应商履行合同义务不符合约定的质量要求，不论是否构成重大违约，采购人员均可要求减少价款或报酬，并要求索赔<br>在采购合同的违约问题上，减少价款适用于供应商所交的货品不符合约定的质量、包装要求 |
| 4 | 供应商自负费用、主动补救 | 如果供应商违约，其应自负费用，并对不符合合同要求的主动进行补救。除非这种主动补救于事无补，或与供应商之前提出的要求相抵触，或将给供应商造成不合理的损失 |

## 207 采购违约损失赔偿

违约损失赔偿作为违约的处理办法，其是指供应商对因自己违约而给企业造成的损失负赔偿责任。违约损失赔偿与《中华人民共和国侵权责任法》中的赔偿损失相比，具有不赔偿精神损失、可以约定损失赔偿额的计算方法、赔偿以供应商订约时能预见到的损失为限等特点。

供需双方约定的违约金，应视为预定的违约赔偿，原则上应与违约所造成的损失相当。因此，约定的违约金低于造成的损失，供需双方可以请求裁判增加违约金；约定的违约金高于违约造成的损失，供需双方可以请求裁判减少违约金。

## 208 采购合同的解除

一旦供应商发生违约情况，采购人员就可根据采购合同相关条款进行处理，如解除采购合同。当解除采购合同时，采购人员要注意以下几个方面的事项。

1．解约权的取得条件

（1）由于供应商违约造成严重的后果，致使不能履行合同的。

（2）供应商一方迟延履行主要债务，经催告后在合理期限内仍未履行，或者明确表示或以其行为表明，仍将不履行或不能在合理期限内履行的。

（3）供应商预期重大违约的。

（4）供应商约定或法律规定的其他可据以产生解约权的违约的。

2．解约权的行使期限和行使方式

（1）法律规定或供需双方约定解约权的行使期限的，期限届满供应商不行使的，解约权取消。

（2）若法律没有规定且供需双方未约定解约权行使期限，则经企业催告后，合理期限内供应商不行使解约权的，解约权取消。至于合理期限为多长，应视具体情况而定，原则上应以经过该期限后，不行使解约权的状态是否会使供应商据以在合理期限内将继续履行，并为此做必要的设定。

（3）企业行使解约权时，应当通知供应商；企业主张解除合同，却未在解约期间内向供应商发出通知，或虽发出通知，但通知未在解约期限内到达对方的，合同不能被解除。因对方有新的违约行为发生，可以重新取得解约权。

# 第十一章　采购订单管理

**导读 >>>**

采购订单管理包括六个方面，即采购下单、订单跟催、采购进货、采购收货、应对交货期延误以及采购结算与付款。由于这六个方面在采购管理中发挥着重要作用，所以采购经理要对它们给予高度重视。

　　Q先生：A经理，近来，一些纷繁复杂的采购订单，我不知道该怎样处理，您能给我一些建议吗？

　　A经理：采购订单管理包括采购下单、订单跟催、采购进货、采购收货、应对交货期延误以及采购结算与付款共六个方面的内容。每个方面都很重要，你要找对管理方法，熟练应对。

　　Q先生：上个月我们向××供应商提交了一份采购订单，我担心他们不能按时交货。

　　A经理：你要先做好供应商的订单跟催工作。订单跟催包括下订单阶段的跟催、执行期的跟催、交货阶段的跟催等，每个步骤都要切实做好，这样才能防止供应商不按时交货。

# 第一节　采购下单管理

## 209　企业请购需求说明

需求说明是指在确认需求之后，对需求的细节如品质、包装、售后服务、运输及检验方式等进行明确的说明和描述。

在将请购物品的具体规格要求交给供应商之前，采购部需要填写"请购单"（详见表11-1）。请购单应该包括以下内容：

(1) 日期；

(2) 编号（以便于区分）；

(3) 申请发出的部门；

(4) 涉及的金额；

(5) 对于所需物料的具体描述及所需数量；

(6) 物料需要的日期；

(7) 任何特殊的发送说明；

(8) 授权申请人的签字。

表11-1　请购单

编号：　　　　　　请购单位：　　　　　　　　　　　　　　日期：＿＿＿年＿＿月＿＿日

| 产品名称 | | | | 生产数量 | | 开工日期 | | |
|---|---|---|---|---|---|---|---|---|
| 序号 | 品名 | 规格 | 单位 | 单位用量 | 库存量 | 请购数量 | 核准数量 | 备注 |
|  |  |  |  |  |  |  |  |  |
|  |  |  |  |  |  |  |  |  |
|  |  |  |  |  |  |  |  |  |
|  |  |  |  |  |  |  |  |  |
| 领导批示 | | | | | | | | |

制表人：　　　　　　　　　　　　　　　　审核人：

## 210  采购订单准备工作

采购人员在接到经审核确认的请购单之后，不要立即向供应商下达订单，而应先做好采购订单准备工作，相关工作内容如表11-2所示。

表11-2  采购订单准备工作

| 序号 | 内容 | 详细说明 |
|---|---|---|
| 1 | 熟悉物料项目 | 采购人员应先熟悉订单计划，订单上采购的物料种类可能有很多，有些可能是从来没有采购过的物料，这就需要采购人员花时间去了解物料项目的技术资料等 |
| 2 | 确认价格 | 采购人员应对采购最终的价格负责。订单人员有权向采购环节（供应商群体）价格最低的供应商下达订单合同，以维护采购环节的最大利益 |
| 3 | 确认质量标准 | 由于供应商实力的变化，对于前一订单的质量标准是否需要调整，采购人员应随时与供应商沟通 |
| 4 | 确认物料需求量 | 订单计划的需求量应等于或小于采购环境订单容量（经验丰富的采购人员要做到不查询系统也能知道），反之则提醒认证人员扩展采购环境容量。另外，对计划人员的错误操作，采购人员应及时指出，以保证订单计划的需求量与采购环境订单容量相匹配 |
| 5 | 制定订单说明书 | 订单说明书的主要内容包括项目名称、确认的价格、确认的质量标准、确认的需求量、是否需要扩展采购环境容量等方面，另附必要的图纸、技术规范、检验标准等 |

## 211  采购订单制作

拥有采购信息管理系统的企业，采购人员可直接在信息系统中生成订单；反之，则需要订单制作者自选编排打印。

企业通常都有固定的标准订单格式，而且这种格式是供应商认可的，采购人员只需在标准合同中填写相关参数（物料名称代码、单位、数量、单价、总价、交货期等）及一些特殊说明即可。

订单应特别体现交易条件、交货期、运输方式、单价、付款方式等方面的内容。

## 212  采购订单审批

订单审批是订单操作的重要环节，一般由专职人员负责。订单审批主要审查以下内容：

（1）合同与采购环境的物料描述是否相符；

（2）合同与订单计划是否相符；

（3）采购人员是否根据订单计划进行采购；

（4）所选供应商是否为采购环境中的合格供应商；

（5）订单中的物料价格是否在允许范围内，到货期是否符合订单计划中的规定等。

## 213 与供应商签订订单

经过审批的订单（详见表11-3），即可传至供应商，由其确定并盖章签字。签订订单的方式有以下四种。

（1）与供应商面对面签订订单。

（2）采购人员使用传真机将打印好的订单传至供应商处，供应商签字后以同样方式传回。

（3）通过 E-mail 进行合同的签订。买方通过 E-mail 向供应商发订单即表示接受订单并完成签字。

（4）建立专用的订单信息管理系统，完成订单信息在买卖双方之间的传递。

表11-3 订单

订单编号：　　　　　　　　　　　　　　　　　　　　　　　日期：＿＿年＿月＿日

| 厂商名称 | | | | 厂商编号 | | | |
|---|---|---|---|---|---|---|---|
| 厂商地址 | | | | 电话／传真 | | | |
| 序号 | 料号 | 品名规格 | 单位 | 数量 | 单价 | 金额 | 交货数量及日期 |
| | | | | | | | |
| | | | | | | | |
| | | | | | | | |
| | | | | | | | |
| | | | | | | | |
| 合计 | | | 人民币（大写）： | | | | |
| 交货方式 | | | | 交货地点 | | | |

（续表）

| 交易条款： |
|---|
| 交货期：承制商必须遵循本订购的交货期或本公司的采购部电话及书面通知调整的交货期，若有延误，每逾1日扣除该批货款_____%。<br><br>1．质量<br>1.1 检验方法：按MIL－STD－105EⅡ抽样检验，AQL=_____<br>1.2 遵循工程图纸要求。<br>1.3 质量保证期限为3个月。<br>2．不良品处理<br>2.1 检验后如发现质量不良或承制损坏时，承制厂商接获通知后3日内应将该退货部分取回，并尽快补回，逾期本公司概不负责。<br>2.2 若急用，须选别的产品，所需人工费用由承制厂商负责。<br>3．其他<br>3.1 承制厂商送货时应多附_____%的备品。<br>3.2 交货时请在送货单上注明本订购单号，并附上开立金额统一的发票，同时发票上应注明物料编号。<br>3.3 附产品图纸_____张和检验标准_____份。 |

| 承制厂商 | 总经理 | 采购经理 | 采购主管 | 采购人员 |
|---|---|---|---|---|
|  |  |  |  |  |

## 214  订购更改通知

如果企业原生产计划发生改变，那么对采购物料的需求量也会随之发生改变，这时采购经理就要根据企业的实际情况，向供应商发出"订购更改通知单"（详见表11-4），以使供应商及时更改生产计划。

表11-4  订购更改通知单

编号：                                                                                                             日期：____年__月__日

| 原订购日期 |  | 订购物品名称 |  |  |  |
|---|---|---|---|---|---|
| 订购单号码 |  | 预计交货日期 |  | 更改日期 |  |
| 未确定事项或拟更改事项： |  |  |  |  |  |
|  |  |  |  |  |  |

（续表）

| 确定或更改内容： |
| --- |
| 其他说明：<br><br>　此致 |
| ××公司采购部 |

## 215　安排跟单人员

跟单是指检查供应商的交付计划并识别可能出现问题的过程。采购经理可以根据本部门的结构来安排相应的跟单人员。

1．采购人员负责跟单

一般来说，采购人员对采购业务的进展情况比较熟悉，因此采购经理可以指定采购人员对采购业务进行跟单。

2．专人负责跟单

采购经理可以在部门内部指派专门的跟单人员，对所有的采购进行跟单控制。

3．联合其他部门进行跟单

由于采购的物料与生产、设计、品质等部门密切相关，因此采购经理可以上报分管副总经理，联合其他部门人员进行跟单。

## 216　完善企业跟单催货系统

采购经理应制定一套完善的催货系统和催货机制，以保证催货工作有条不紊地进行。并非所有的订单都需要催货，因此为了便于催货，企业可以将订单进行分类，分类情况如表11-5所示。

表11-5　订单跟催分类

| 序号 | 类别 | 跟催要求 |
| --- | --- | --- |
| 1 | A类订单 | 非常重要的、值得供应商访问的订单，以保证订单履行 |
| 2 | B类订单 | 需要通过电话或电子邮件提醒供应商的订单 |

181

(续表)

| 序号 | 类别 | 跟催要求 |
|---|---|---|
| 3 | C类订单 | 只有当供应商不能按合同要求及时发运时才进行催促的订单 |
| 4 | D类订单 | 当有特殊要求时才进行跟踪的订单 |

## 217 小额订单处理

解决小额订单问题有许多办法。通常情况下，这些办法涉及采购过程的简化或自动化，或是合并采购，以便减少采购周期（从发现需求到支付货款之间的这段时间）、削减管理费用、节省采购人员时间，从而用于金额更高的或更重要的采购事项。小额订单问题的具体解决办法如下。

（1）如果过失在于使用部门，采购部应该建议其增加采购申请中标准件的数量。

（2）采购部收到小额订单申请后，应将其积累起来直到总金额达到一定的数额，再开展采购工作。

（3）编制"采购申请一览表"（详见表11-6）。

表11-6　采购申请一览表

编号：　　　　　供应商名称：　　　　　　　　　申请日期：＿＿＿年＿＿月＿＿日

| 序号 | 物料编号 | 型号 | 规格 | 所需数量 |
|---|---|---|---|---|
|  |  |  |  |  |
|  |  |  |  |  |
|  |  |  |  |  |
|  |  |  |  |  |

制表人：　　　　　　　　　　　审核人：

（4）使用"无库存采购"或"系统合同"的概念。

（5）向内部顾客发放采购信用卡，用以直接向供应商采购。

（6）采购部建立空白订单制度，可使内部顾客通过它发出订单。

（7）建立和主要供应商之间的网络联系，这样订购和再订购工作就可以快速开展。

（8）处理小额订单的权限和报价过程应该重新调整，可使用电话和传真进行订购。

(9）对于各种不同的物料和服务需求应尽量从某个或某些合适的供应商处进行订购。

（10）价值较低的订单可交给第三方去处理。

（11）采用无票据支付方式（自己主动计算需支付的金额），在发订单时就附上空白支票。

（12）使用者可直接下订单。

## 218 紧急订单处理

对于紧急订单的处理，应先了解其出现的原因。

1. 紧急订单出现的原因

通常，采购部门会收到一些标注着"紧急"字样的订单。

紧急订单的出现不可避免，其存在有一定的原因，具体原因如图11-1所示。

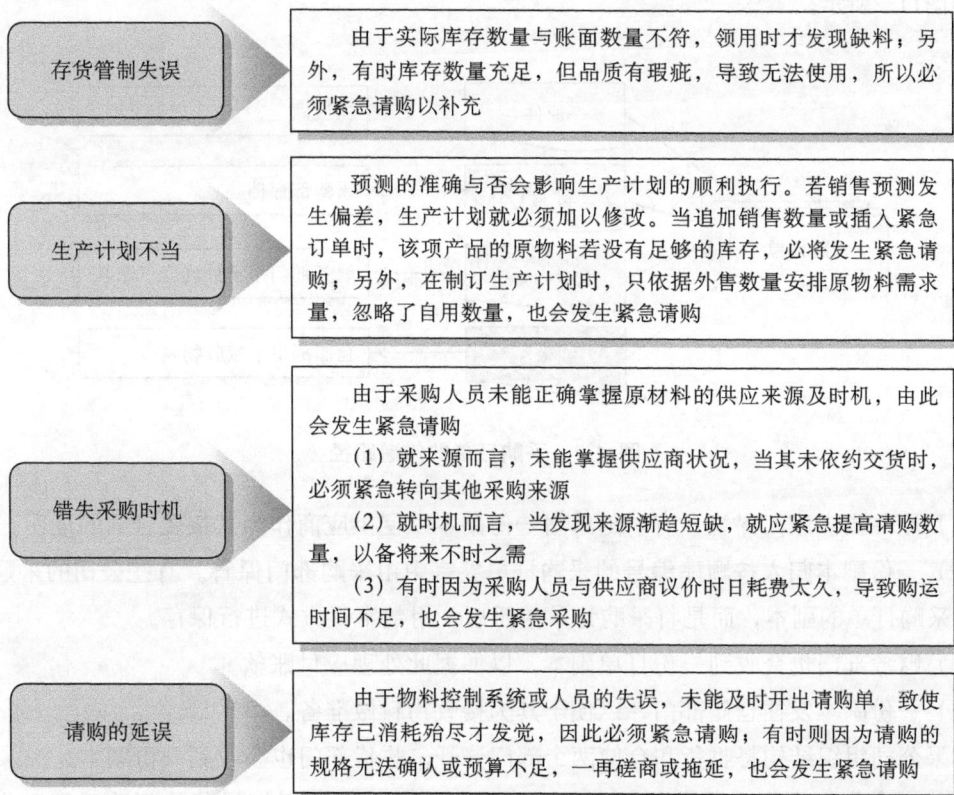

| 原因 | 说明 |
| --- | --- |
| 存货管制失误 | 由于实际库存数量与账面数量不符，领用时才发现缺料；另外，有时库存数量充足，但品质有瑕疵，导致无法使用，所以必须紧急请购以补充 |
| 生产计划不当 | 预测的准确与否会影响生产计划的顺利执行。若销售预测发生偏差，生产计划就必须加以修改。当追加销售数量或插入紧急订单时，该项产品的原物料若没有足够的库存，必将发生紧急请购；另外，在制订生产计划时，只依据外售数量安排原物料需求量，忽略了自用数量，也会发生紧急请购 |
| 错失采购时机 | 由于采购人员未能正确掌握原材料的供应来源及时机，由此会发生紧急请购<br>（1）就来源而言，未能掌握供应商状况，当其未依约交货时，必须紧急转向其他采购来源<br>（2）就时机而言，当发现来源渐趋短缺，就应紧急提高请购数量，以备将来不时之需<br>（3）有时因为采购人员与供应商议价时日耗费太久，导致购运时间不足，也会发生紧急采购 |
| 请购的延误 | 由于物料控制系统或人员的失误，未能及时开出请购单，致使库存已消耗殆尽才发觉，因此必须紧急请购；有时则因为请购的规格无法确认或预算不足，一再磋商或拖延，也会发生紧急请购 |

图11-1 紧急订单出现的四大原因

**2．紧急订单的处理**

紧急请购将会导致产品品质降低、价格偏高，因此企业应做好存货管制，安排好生产计划，并正确掌握请购及采购时机，以避免负担产销上的额外成本。但对于那些并不是出于紧急需要的所谓"紧急"订单而言，采购经理可以通过采取正确的采购流程方面的教育加以解决。例如，在一家企业，如果某一个部门发出了紧急订单，这个部门必须向总经理做出解释并获得批准。即使这一申请得到批准，紧急采购所增加的成本在确定之后也要由发出订单的部门来承担，如此一来必然会导致紧急订单的大量减少。

## 219　采购订单的传递路径

每个企业采购订单的样式以及副本的使用要求各不相同。典型情况下，采购订单的传递路径如图11-2所示。

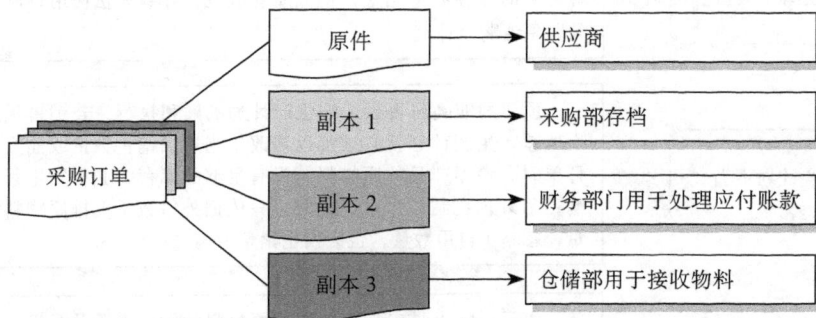

图11-2　采购订单的传递路径

（1）原件由供应商保管，有时随单附一份副本以便供应商作为其接受合同的证明。

（2）一份副本归入按顺序编号的采购订单卷宗中由采购部门保管。有些公司的采购部门不保存采购订单的副本，而是将采购订单拍照后，用数字化方式进行保存。

（3）财务部门也会收到一份订单副本，以便据此处理应付账款。

（4）一份副本发往仓储部门，以便于其为接收物料做准备。

如果公司组织结构将收货和仓储两个部门分开，收货部门也会收到一份副本。

这些副本将根据供应商名称的字母顺序进行归档，并用于记录货物到达后真正收到的数量。如果收到的物料要经过检验（如原材料和生产部件），那么还要送一份副本到检验部门。

尽管采购订单的所有副本在内容上都是相同的，并且是一次同时填写完毕的，但是这并不意味着它们在形式上也一模一样。例如，供应商的接收函上可能包含有其他副本不必列出的表明其接受意见的条款。填写收货方面的各项数据仅仅是收货部门对订单副本的要求。采购部门的订单副本则可能要求列出发货承诺、发票以及运输等方面的条款，由于价格的保密性，所以价格一般不会出现在收货部门的副本上。

### 220　采购订单的保存工作

不管采购订单以何种方式保存，都要确保在需要这些文件的时候可以很快查找到。具体可以将所有与一项特定采购订单有关的文书附在一张订单副本上，如果可能的话，还要将其归档并建立交叉索引，以便随时查找。

对于一式两份的采购订单的归档，可按以下两种方法来处理，具体如图11-3所示。

一份按采购订单的编号顺序保管，另一份将与相关的采购申请和往来信件放在一起，按照供应商名字的字母顺序加以保管

一份按供应商名字的字母顺序进行保管；另一份按从供应商那里收到接收函的期限归入到票据记录簿中

图11-3　采购订单的归档方法

# 第二节　订单跟催管理

### 221　确保订单按时交付

实现按时交付是确保采购顺利进行的保证。如果延误交付货物或材料，或者未能按期完成工作，有可能导致销售失败、生产停滞或客户满意度下降等。

另外，一旦收到订单，大多数企业就会立即组织货物进行交付，按支付方式产生应收账款或预收账款。如果无法实现按时供货，则可能导致现金循环减缓或索赔，从而降低企业的生产效率或利润率。

如果供应商未能按时交付，使用部门首先会责备采购人员。因此，为实现按时交付，采购人员要确保使用部门了解交货周期以及其他必要信息。

实现按时交付的第一步就是明确需要什么和什么时候需要。通常情况下，由与物料相关的部门（如库存控制部门或生产计划编制及控制部门）来确定需求时间。对于有别于常规的需求，通常由使用部门提出所需物料，这里要注意在规定需求日期时若不考虑供应商的交货周期和销售现实，有可能会造成延误交付。

只有确保各需求部门通知采购部门的需求日期是可完成的，才有可能实现采购目标。

采购人员可以与供应商进行谈判，根据需求时间来达成交货协议，而供应商则按照所达成的协议进行交付。

## 222　前置期的内容

当有需求、希望进行采购时，采购经理首先需要明确前置期的概念及所花费的时间。

"前置期"这一术语经常用于代替交付时间或者与交付时间并用。前置期通常会涉及内部前置期、外部前置期和总前置期三个方面的概念。

1．内部前置期

内部前置期是指从确定产品或服务需求到发出完整的采购订单所占用的时间。内部前置期包括准备规格、识别合适的供应商、询价/报价、最终选择供应商及签订合同的时间。其用公式表示如图11-4所示。

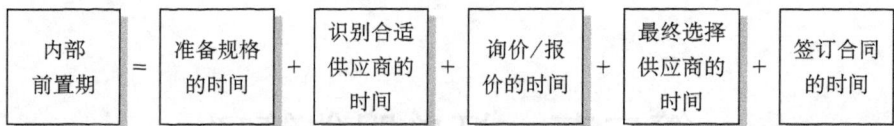

图11-4　内部前置期

2．外部前置期

外部前置期是指从供应商收到采购订单到完成采购订单（通常是指交付产品或服务）所占用的时间，它通常又被称为供应商交付时间。

3．总前置期

总前置期是指从确定产品或服务需求到供应商完成采购订单所占用的时间。因此，总前置期是内部前置期和外部前置期的总和再加上从采购方发出采购订单到供应商收到采购订单之间的时滞，用公式表示如图11-5所示。

图11-5　总前置期

　　内部前置期常常是总前置期的一个重要组成部分，但是经常被忽视。当然，内部前置期的不确定性很大，所以缩短前置期既要重视外部（供应商）前置期又要重视内部前置期。

## 223　确定前置期应考虑的因素

　　在设置前置期时，采购经理要考虑采购方和供应商方面的因素，具体因素如图11-6所示。

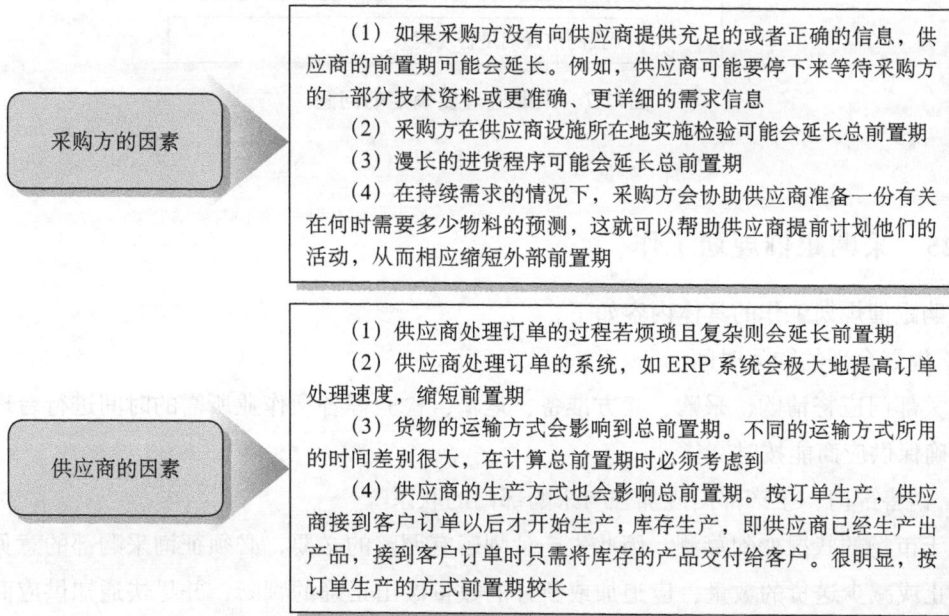

采购方的因素
　　（1）如果采购方没有向供应商提供充足的或者正确的信息，供应商的前置期可能会延长。例如，供应商可能要停下来等待采购方的一部分技术资料或更准确、更详细的需求信息
　　（2）采购方在供应商设施所在地实施检验可能会延长总前置期
　　（3）漫长的进货程序可能会延长总前置期
　　（4）在持续需求的情况下，采购方会协助供应商准备一份有关在何时需要多少物料的预测，这就可以帮助供应商提前计划他们的活动，从而相应缩短外部前置期

供应商的因素
　　（1）供应商处理订单的过程若烦琐且复杂则会延长前置期
　　（2）供应商处理订单的系统，如ERP系统会极大地提高订单处理速度，缩短前置期
　　（3）货物的运输方式会影响到总前置期。不同的运输方式所用的时间差别很大，在计算总前置期时必须考虑到
　　（4）供应商的生产方式也会影响总前置期。按订单生产，供应商接到客户订单以后才开始生产；库存生产，即供应商已经生产出产品，接到客户订单时只需将库存的产品交付给客户。很明显，按订单生产的方式前置期较长

图11-6　设置前置期应考虑的因素

## 224　确认前置期的可信度

　　采购方将前置期规定为尽可能快，而供应商提出的前置期可能会有所不同。例如，提出前置期为"10至14周"，这在工作中很常见，采购经理应要求供应商具体说明交付日期，并

在采购订单文件中清楚写明。

供应商可能会提出他们可能实现不了的交付日期，以赢取与采购方的合作。因此，采购经理要负责确定供应商提出的日期是否能实现。例如，采购经理可以确定以下问题，具体问题如图11-7所示。

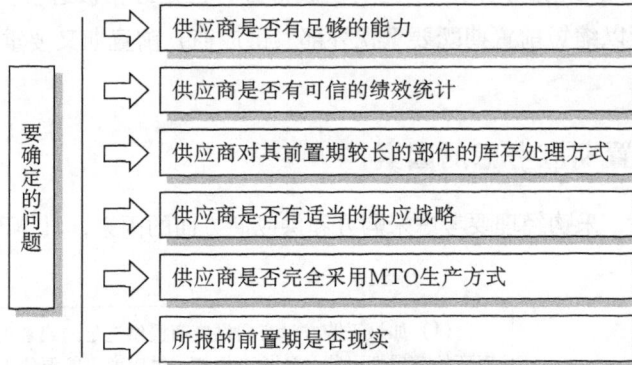

图11-7　采购经理要确定的问题

## 225　采购跟催规划工作

采购跟催规划工作的具体内容如下。

**1．规划合理的购运时间**

相关部门应将请购、采购、卖方准备、运输、检验等各项作业所需的时间进行合理的规划，以确保供应商能按时交货。

**2．销售部门、生产部门应加强与采购部门的联系**

由于市场的状况变幻莫测，因此生产计划若有调整的必要，必须征询采购部的意见，以便对停止或减少送货的数量、应追加或新订的数量做出正确的判断，并尽快通知供应商，使其尽可能减少损失，提高配合的意愿。

**3．准备替代来源**

供应商不能如期交货的原因颇多，且有些属于不可抗力因素。因此，采购经理应未雨绸缪，多联系其他货源，工程人员也应多寻求替代品，以备不时之需。

**4．预定流程进度**

采购经理可在采购订单或合同中明确要求供应商负责编制"预定时间流程进度表"（详见表11-7）。

表11-7　预定时间流程进度表

编号：　　　　　　联系人：　　　　　　　　　　　　　　制定日期：＿＿＿年＿月＿日

| 序号 | 作业项目 | 预定进度 | 实际进度 | 备注 |
|------|---------|---------|---------|------|
| 1 | 设计作业 | | | |
| 2 | 采购作业 | | | |
| 3 | 工具准备 | | | |
| 4 | 组件制造 | | | |
| 5 | 次装配作业 | | | |
| 6 | 总装配作业 | | | |
| 7 | 完工试验 | | | |
| 8 | 装箱交运 | | | |

制表人：　　　　　　　　　　　　　　审核人：

5．订约时加重违约处罚

（1）在签订买卖合约时，应严格规定违约罚款或解约责任，使供应商不敢心存侥幸。

（2）若需求急迫时，应对如期交货或提早交货的厂商给予奖励，或给予较优厚的付款条件。

## 226　采购跟催常用方法

采购跟催常用的方法如下。

1．常规订单跟催法

常规订单跟催法就是按订单预定的进料日期，提前一定时间进行跟催的方法，其又包括如下两种方法。

（1）联单法：将订购单按日期顺序排列好，提前一定时间进行跟催。

（2）统计法：将订购单形成报表，提前一定时间进行跟催。

2．定期跟催法

定期跟催法是指于每周固定时间将要跟催的订单整理好，制作成订购单统计报表（详见表11-8），实施统一定期跟催的一种方法。

编号：_____　　　　　　　　　　　　　　　　　　　　　　日期：_____年__月__日

| 订购单号 | 供应商 | 下单日期 | 交货日期 | 跟催日 | 跟催情况 |
|---|---|---|---|---|---|
|  |  |  |  |  |  |
|  |  |  |  |  |  |
|  |  |  |  |  |  |
|  |  |  |  |  |  |
|  |  |  |  |  |  |

制表人：　　　　　　　　　　　　　审核人：

### 3．物料跟催表法

通过物料跟催表可据以掌握供料状况，明确跟催对象，确保及时进料。"物料跟催表"样例详见表11-9。

表11-9　物料跟催表样例

编号：_____　　　　　　　　　　　　　　　　　　　　　　日期：_____年__月__日

| 物料名称 | 规格 | 订购量 | 实际入厂 | | 供应商 | 备注 |
|---|---|---|---|---|---|---|
|  |  |  | 数量 | 交货期 |  |  |
|  |  |  |  |  |  |  |
|  |  |  |  |  |  |  |
|  |  |  |  |  |  |  |
|  |  |  |  |  |  |  |
|  |  |  |  |  |  |  |
|  |  |  |  |  |  |  |

制表人：　　　　　　　　　　　　　审核人：

### 4．物料跟催箱跟催法

运用物料跟催箱跟催，即在采购部的办公室内放置一个物料跟催箱，将这个物料跟催箱规划成32格，前面的31格，代表着一个月的30天或31天（第一格代表当月份的第一天，第二格代表当月份的第二天，第三格代表当月份的第三天，以此类推），而第31格或第32格，则是急件处理格。采购人员按照所发出的采购单的预定进料日期，将这张采购单放入适当的格内。假如某零件的预定进料日期是9日，则该零件的采购单放在第9格内，当该零件入库后，就把这张采购单抽出来归档。

因为物料跟催箱里的采购单会随物料的入库而被取走，这样采购人员就可以集中精力跟催那些还存放在物料跟催箱里的采购单了。

有时，采购人员已经尽了力，但某些物料还是没有送达，这时就可以将这项物料的采购单抽出来，放到第31格或第32格内，让企业内相关部门人员来协助催料。

### 227 下订单阶段跟催要点

下订单阶段是指一发出订单就要对由此产生的业务进行处理的阶段。为了使供应商能按照货期交货，采购方要对供应商进行必要的跟催。

采购方发出订单时，如果不将图纸或规格交给供应商，供应商就无法制订生产计划。另外，对于所交付的资料信息，供应商若有质疑应迅速查明原因。若只提出制品或零件的机能或设计构想，图纸或规格约定由供应商制定时，应确保供应商能在双方约好的时间确定，一经确定则应迅速交技术部门核认。

此外，有必要安排物料在预定日提供。至于有需要模具、治工具者要决定由买方制造还是由供应商制造，接洽日程以决定其性能或程度能否满足最适经济成本。

对于不易进货的材料，要妥善与供应商协调，如有货则予以提供。同时，还要调查供应商的负荷，查看其货期是否过分集中，能否如期交货。

表11-10是采购人员在下订单阶段应跟催的事项。

表11-10 下订单阶段跟催要点

| 序号 | 实施项目 | 具体行动 |
|---|---|---|
| 1 | 图纸、规范 | (1) 确认有无发出<br>①已发出时应确定如何分发，进而予以追踪决定<br>②未发出时应确定如何分发，并调整货期<br>(2) 有疑问或对供应商有所质疑时，应详加调查<br>(3) 确认有关图纸和规范<br>(4) 必须由供应商提出图纸和规范的，在予以确认时，应当：<br>①对图纸和规范的提出加以追踪<br>②在所提出的图纸和规范不完备时，要求其修订并予以追踪<br>③对于新设计时与技术部门的协调情形，应予以追踪 |

| 序号 | 实施项目 | 具体行动 |
|---|---|---|
| 2 | 支给品 | (1) 掌握支给预定日<br>(2) 调整支给预定日与货期<br>(3) 调整支给预定日与供应商的生产能力<br>(4) 调整生产批数与支给批数 |
| 3 | 模具、治工具 | (1) 自制或交由其他公司制造，可与请购部门协商<br>(2) 掌握进货预定日<br>(3) 调整进货预定日与货期<br>(4) 调整进货预定日与供应商的生产能力<br>(5) 模具、治工具的性能、程度等的决定要满足最适经济成本 |
| 4 | 材料不易入手的原因与对策 | (1) 所指定的材料不易入手的主要原因如下<br>①是特殊材料，不知从何处取得<br>②调度期间长，容易耽误货期<br>③规范不明确，无从查找（不知制造厂在何处）<br>④不是标准规格<br>⑤货品少或缺货<br>⑥交易单位（量的单位）太少或太多<br>⑦缺少资金<br>⑧要求超出市场的一般规格或品质<br>⑨能够购得，但没有检查设备，无法保证品质<br>(2) 对策<br>①与供应商周旋<br>②手边有材料时要支给<br>③指定替代或借用材料 |
| 5 | 掌握供应商的能力 | (1) 负责状况的调查（人力的）<br>(2) 负荷的总重虽然与能力一致，但仍要确认每批的交货期是否准时<br>(3) 设备、机械能量的调查（物料的） |

## 228　订单执行阶段跟催要点

执行阶段是指供应商按照订单进行生产的阶段。此时，采购经理有必要再度确认供应商能否顺利生产，如可以安排专门的采购人员前往供应商处了解情况。

在此阶段应跟踪的主要事项详见表11-11。

表11-11 执行阶段跟催要点

| 序号 | 实施项目 | 具体行动 |
|---|---|---|
| 1 | 图纸、规范 | (1) 确认图纸和规范是否完备<br>(2) 有了修订时，应迅速通知相关人员予以确认<br>(3) 核对试制图纸与正式发行图纸<br>(4) 反复制作制品要确认其版数<br>(5) 对于不清楚的地方要随时请教他人<br>(6) 如果对方提出无法按照指定的规格制造时，应详加调查并提出自己的见解 |
| 2 | 支给品 | (1) 确认有无按照预定支给<br>(2) 延误时要调整货期<br>(3) 确认有无不良、不足、疏漏、现品相异等事故<br>(4) 按照指定的支给但还是发生不足的场合，可采取以下措施<br>①发生原因出在诸供应商的场合（不良品的发生、损失、损伤），办理再支给手续并予以追查<br>②发生原因出在诸订购供应商的场合（指定数目的错误，添加率过低），应与有关部门接洽，办理追加支给的手续并予以追查<br>(5) 发生了需要中断或取消订货时的处理，对支给品的收回及收回不足的部分，办理清偿手续并予以追查 |
| 3 | 模具、治工具 | (1) 确认能否按照预定计划送到<br>(2) 延误时，与有关部门接洽，决定对策并调整货期<br>(3) 制造完成时，若需要检查，应办理检查手续并予以追查<br>(4) 对不合格的模具、治工具，应决定对策<br>①当获知供应商无能力制造时，应与有关部门接洽以决定对策<br>②获知图纸和规范不完备时，应迅速决定如何处置并予指示 |
| 4 | 材料 | (1) 确认有无按照预定入库<br>(2) 对未入库部分予以追查<br>(3) 对不易入库的材料，决定对策<br>①从中协助供应商<br>②手边有材料时就予以支给<br>③指定替代或代用材料<br>(4) 调整预定日与货期 |

## 229 生产阶段跟催要点

生产阶段是指供应商已经处于着手生产的阶段。此时，采购经理更有必要追查生产过程是否顺利进行，是否需要支援。

此阶段最大的问题是模具、治工具或设备、机器的故障及缺勤发生而使保有工数逐渐减少。发生此类情况时，采购企业若有余力，可援助修保或将制程上的瓶颈环节拿回来自己

193

做或另找供应商做。例如，在发生自然灾害或供应商内部运转不正常时，则可当机立断另寻（换）其他供应商承接。

除此之外，还存在由于采购企业的原因而延误货期或中止订货、取消订货等。针对这种情况，我们应采取相应措施，以避免出现合同纠纷等相关问题。在此阶段，采购经理应跟催的事项详见表11-12。

表11-12　生产阶段跟催要点

| 序号 | 实施项目 | 具体行动 |
|---|---|---|
| 1 | 模具、治工具或设备、机器的故障 | 与有关部门接洽并确定解决办法，进而调整货期 |
| 2 | 保有工数的递减 | 由于伤病而发生缺勤，或由于和其他货品发生竞争，或与其他公司所订货的货品发生竞争时<br>(1) 要求时间外（加班）的开工速制<br>(2) 与其他货品调配<br>(3) 更换其他的供应商<br>(4) 改为自制<br>最后再调整货期 |
| 3 | 火灾、自然灾害 | 视灾害的程度而决定<br>(1) 改由其他公司制造<br>(2) 自我制造<br>最后再调整货期 |
| 4 | 倒闭 | (1) 改由其他公司制造<br>(2) 自我制造<br>(3) 做好预防，防止连锁倒闭现象的发生<br>(4) 债权、债务的处理 |
| 5 | 罢工 | 调整货期后尚难以解决时<br>(1) 改由其他公司制造<br>(2) 自我制造<br>除此之外，还可采取折冲损害赔偿等措施 |
| 6 | 由于订货者的原因而延误货期 | 充分考虑在不抵触有关条款的基础上调整货期，并制定在制品的品质保全对策 |
| 7 | 取消中断 | (1) 对支给品的收回与收回不足部分，办理清理手续并予以追查<br>(2) 处理在制品<br>(3) 原因在于订货者时，对契约变更的损害赔偿要予以折冲<br>(4) 原因在于采购者时，对损害的赔偿要予以折冲 |

### 230　交货阶段跟催要点

在这一阶段，所交货品可能会出现数量误差或质量不合格的情形，对此，采购经理一定要予以适当处理，具体事项如表11-13所示。

表11-13　交货阶段跟催要点

| 序号 | 实施项目 | 具体行动 |
| --- | --- | --- |
| 1 | 数量的未收、过剩、不足与损失 | （1）未收数量的追查<br>①催促交货，确认货期<br>②货期已过，已经不需要该货品时，办理取消手续<br>（2）过剩数量的处置<br>①有其他订单，并有未收数量时，办理调换手续<br>②退还<br>（3）不足与损失的处置<br>①调查原因，追踪现品<br>②重新安排货品的取得 |
| 2 | 搬运 | 确认已收货品是否迅速通过检验，并搬运给使用部门 |
| 3 | 检查 | 确认已收货品是否验收顺利，是否在预定的检查期间内完成检查。注意督促紧急进货品的检查 |
| 4 | 不合格品的处置与对策 | （1）确认不良的内容<br>（2）调查原因<br>（3）接洽合格品质的水准<br>（4）将合乎规格要求的视为良品（防止过剩品质）<br>（5）调整货期<br>（6）决定重新安排或制定新的对策<br>（7）特别采用的折冲（只要稍加加工就能使用的场合，如涂装之前，使用砂纸一抹就除去伤痕）<br>（8）改由其他公司制造<br>（9）自我制造 |
| 5 | 合格品的搬运督促 | 由检查到现场搬运的追查 |
| 6 | 交货数与支给品 | 未支给品与过剩支给品的追查 |

### 231　编制采购进度管理表

采购经理通过对供应商交货各阶段的跟催工作保证企业物料的及时供应。另外，采购经理还可以通过编制"采购进度管理表"控制进度，具体案例如下。

【实用案例】

### 某企业的采购跟催工具

以下为某企业的采购跟催工具——采购进度管理表的使用情况。

| 序号 | 订货编号 | 制造编号 | 品名 | 图纸及规范编号 | 用途 | 数量 | 订货日期 | 承诺日期 | 查核要点 | | | | 制程内容 | | | | | | |
|---|---|---|---|---|---|---|---|---|---|---|---|---|---|---|---|---|---|---|---|
| | | | | | | | | | 图纸及规范 | 支给品 | 模具及治工具 | 进料日 | 1 | 2 | 3 | 4 | 5 | 6 | 7 |
| 1 | 26121 | 16121 | 置台 | OVH-10 | 石油煤炉 | 662 | 7/2 | 7/2 | 1/2 | 无 | 有 | 2/2 | 压 | 电镀 | 涂 | | | | |
| 2 | 26122 | 16122 | // | // | // | // | 8/2 | 14/2 | 1/2 | // | // | 3/2 | // | // | // | | | | |
| 3 | 26123 | 16123 | 点火焊 | // | // | // | 10/2 | 17/2 | 10/2 | 10/2 | 11/2 | 11/2 | 机器加工 | // | // | 零件 | 机器 | 总装置 | |

| 序号 | 2月 | | | | | | 3月 | | | | | 4月 | | | | 摘要 |
|---|---|---|---|---|---|---|---|---|---|---|---|---|---|---|---|---|
| | 5 | 10 | 15 | 20 | 25 | 30 | 5 | 10 | 15 | 20 | 25 | 30 | 5 | 10 | 15 ... | 注意缘的折弯 |
| 1 | 1 2 3 | | | | | | | | | | | | | | | |
| 2 | | 1 2 3 | | | | | | | | | | | | | | |
| 3 | | 123 45 6 | | | | | | | | | | | | | | |

预定：                                实际：

### 1. 表的上半部分

该表的上半部分即为订货管理表，序号1中订货编号为26121，制造编号为16121，品名是置台，图纸及规范编号为OVH-10，用途是石油暖炉，数量为662，订货日期与承诺日期（供应商所承诺的货期日）相同，为2月7日。具体操作时要像这样详加填列。

查核要点的填列，将图纸及规范交给对方的日期为2月1日，没有支给品则记为"无"，模具及治工具为供应商所持有则记"有"，供应商进料日为2月2日，如此予以填列。

制程内容的填列，第一制程为冲压加工，简略只写"压"，第二制程为电镀，第三制程为涂装亦略为"涂"，第三项的点火焊之类需要装配者未操作，第四制程为零件，第五制程为机器（两个以上的零件所组成者），第六制程为总装置。

2. 表的下半部分

该表的下半部分即为进度管理表。该格式的表格是由美国科学管理学家甘特（H.L.Gantt）所创，所以又名"甘特表"。

该表的使用期间长及三个月。序号1为2/1至2/7画一条虚线（……）并在线上将制程内容按照日期写上1、2、3。

收到货时就画上实线（——）。

如此，每次订了货就予填写并加以查核，据此来管理进度，当快要延误时能迅速采取对策，以按照日程取得货品。

# 第三节　采购进货管理

## 232　明确进货管理目标

进货管理主要包括七大目标，具体目标如表11-14所示。

表11-14　进货管理目标

| 序号 | 目标 | 详细说明 |
|---|---|---|
| 1 | 保量 | 即保证进货的品种数量准确无误，尽量做到不少发、不丢失、不遗漏、不损坏等 |
| 2 | 保质 | 即保证进货的品种质量，发货时要确保品种质量符合要求，并防止进货途中碰撞损坏、淋雨、潮湿、霉变等情况的发生 |
| 3 | 保时 | 即力求按时送达货品。首先要督促供应商及时发货，不拖延时间，安排好运输环节的运输时间和转运时间，争取在途中不耽误、不拖延，紧急情况下，采购经理要亲自督促 |
| 4 | 保安全 | 即防止途中发生安全事故，为此须做好以下事务：<br>（1）对各项物流作业明确提出安全要求，事先做好各种安全防护工作，以预防安全事故的发生<br>（2）要提醒作业人员注意安全。事前要同有关作业单位、作业人员签订安全责任书或安全协议，对于大宗货物，要为其购买货物保险<br>（3）若发生安全事故，要妥善处理，以杜绝再次发生<br>（4）选择运输部门和运输人员时，要注意考察对方的资质以免产生风险 |

197

（续表）

| 序号 | 目标 | 详细说明 |
|---|---|---|
| 5 | 保环境 | 即确保运输途中不危害环境。要控制运输工具的污染源，对运输或转运环节产生的废弃物要妥善处理，对汽车的尾气、噪声及其他污染物要严格控制 |
| 6 | 省费用 | 要精心策划，使得运输费用最省。首先要选择最经济的运输方式；其次要选择最佳运输路径，使得运输费用最省 |
| 7 | 无隐患 | 进货过程中，要面对各种环境、各种人物、各种情况。因此，要妥善处理好和供应商、运输单位、作业人员以及有关部门之间的关系，确保不产生问题、不遗留隐患 |

## 233 明确交货管理流程

交货管理大致包括以下几个流程。

**1．制订交货计划**

制订交货计划就是要明确交货方式、运输方式、运输路径和运输商。

**2．与供应商签定合同**

采购合同中要明确规定交货条款。交货条款的内容应当包括交货方式、交货进度计划、责任承担方式、双方的责任和权利等。

**3．按合同规定的交货方式组织实施**

采购合同签订以后，就可以按合同规定的交货方式开展工作。合同中规定的交货方式一般有供应商包送方式、委托运输或外包方式或自提方式。不同运输方式的具体操作要领也不同，具体内容如表11-15所示。

表11-15　交货方式及其操作要领

| 序号 | 交货方式 | 具体操作要领 |
|---|---|---|
| 1 | 供应商包送方式 | 如果采用供应商包送方式交货，则买方就要按交货进度计划的要求，督促供应商落实交货计划，包括组织人力、物力和财力，以及制定落实措施、准备货物、初步查验货物质量和数量、选择运输工具、监督包装、搬运等。每一项活动都要一一落实，直到按时发出货物 |
| 2 | 委托运输或外包 | 如果是委托运输或外包，就要督促落实找到第三方运输商，包括签订合同、领货、验货、交货、监督包装、装运等 |
| 3 | 自提 | 如果是自提，更要认真组织和指挥有关作业单位、作业人员进行操作，因为每一步都要自己组织、自己操作、自己负责、自己承担全部费用和风险 |

4．控制

整个交货过程中作业环节多、影响因素多、风险大，所以采购经理在组织和指挥该活动时，要采取不同的方式加强对各种作业的控制。控制的目的就是要使各项作业按照预定的计划进度和目标进行，保证按时将货物安全送达，从而降低交货成本和运输风险。

### 234　采购交货合同的管理

在整个采购交货过程中，采购经理可能要签订多份合同，即与多个作业单位签订合同。由于交货方式的不同，其签订合同的方式也会不同。

1．与供应商签订合同

采购经理首先应该和供应商签订合同，这个合同即是采购合同。签订采购合同时，采购经理和供应商应明确交货条款、所购货物的交货方式、交货责任承担方和责任人。

在选择交货方式时，采购经理最好选择由供应商包送的方式，因为该方式省去了很多交货环节的烦琐事务，采购方可以不承担任何责任和风险，而把交货责任和风险转移给供应商，当然供应商的工作量、风险、责任等则会相应增大。如果供应商不愿意送货，采购经理则可允许供应商委托运输商送货，由供应商和运输商签订运输合同，而采购方只需加以监控即可。

2．与运输商签订合同

如果供应商不愿意送货，也不愿意委托运输商送货，只能由采购方办理交货时，则最好采用交货业务外包方式，即将交货任务外包给第三方物流公司或其他运输商，这样采购经理也可以避免处理烦琐的事务和交货风险。

第三方物流公司一般都是专业公司，比较有实力，有强大的物流手段、物流网络系统、成熟的物流业务关系网，因此能很好地完成交货任务。如果找不到合适的第三方物流公司，可以选择其他有资格、有能力、有信誉的运输商。

把交货任务外包给运输商有两种方式，具体如图11-8所示。

供应商先将所购货物交给采购方，由采购方交给运输商运输，然后再由运输商将货物运到采购方所在地

运输商直接向供应商提货，然后将货物运到采购方所在地

图11-8　把交货任务外包给运输商的方式

对采购方来说，第二种方式较为适用，因为它省去了与供应商的货物交接与货物检验工作。

在将交货任务外包给运输商时，采购经理要和运输商签订一份正式的运输合同，即对运输过程中的有关事项进行明确规定，如双方的责任和义务、违约的处理方法等，以确保运输商按时将货物安全送达。

3．与作业人员签订合同

如果是采购方自己承担交货任务，当租车进行运输或者派司机带车进行运输且路途遥远、路况复杂、货物贵重时，采购经理也要和作业人员签订合同或者签订运输责任书，规定作业人员的责任和义务。此外，采购经理应派有经验、有能力、身体好的人跟车，跟车人的任务一是在运输途中紧急处理一些复杂问题；二是协助和监督途中运输工作；三是遇到危险时协力排险、保障货物安全运输。

## 235　供应商包送

供应商包送是指供应商负责将物料送到企业仓储部门。对企业而言，这是一种最省事的方式，因为企业将运输交货的所有事务都交给了供应商，所以供应商应承担运输费用、货损、货差和运输风险，而企业只需等供应商送货上门，与供应商进行一次交接，安排一次验收工作就可以了。

## 236　供应商托运

供应商托运即委托运输，是指供应商委托一家运输公司将物料送到采购方手中的一种运输方式。这种方式对于采购方来说比较省事，运输商通常是铁路部门或是汽车运输公司，企业只需要和运输商进行一次交接即可。

如果运输的货物出现差错或出现货损、货差时，就需要取得运输商的认证，并且还要和供应商联系，洽商补货、退赔等事宜，因此与供应商包送相比，采用这种方式涉及的工作可能会复杂一些。

## 237　企业外包托运

企业外包托运是指企业向供应商下订单以后，由采购方将运输交货外包给第三方物流企业或运输商的一种方式。采用这种方式时，企业要进行两次交接、两次验货，即和供应商交接一次、和运输商交接一次，并且要根据与供应商所签订的合同的情况，决定企业是否还要承担运输损失和运输风险。

## 238　企业自提

企业自提是指企业自己到供应商处提货，自己承担运输交货业务的一种方式。采用这种方式时，企业要和供应商进行一次交接、一次验货，但是其要承担运输途中的全部风险及费用，而且入库前还要进行一次入库验收。

## 239　控制运输交货时间

运输交货时间的长短与运输方式的选择有很大的关系。可供选择的常用运输方式有四种，即铁路、公路、水路和航空运输。采购经理要考虑运输时间的控制因素，具体因素如图11-9所示。

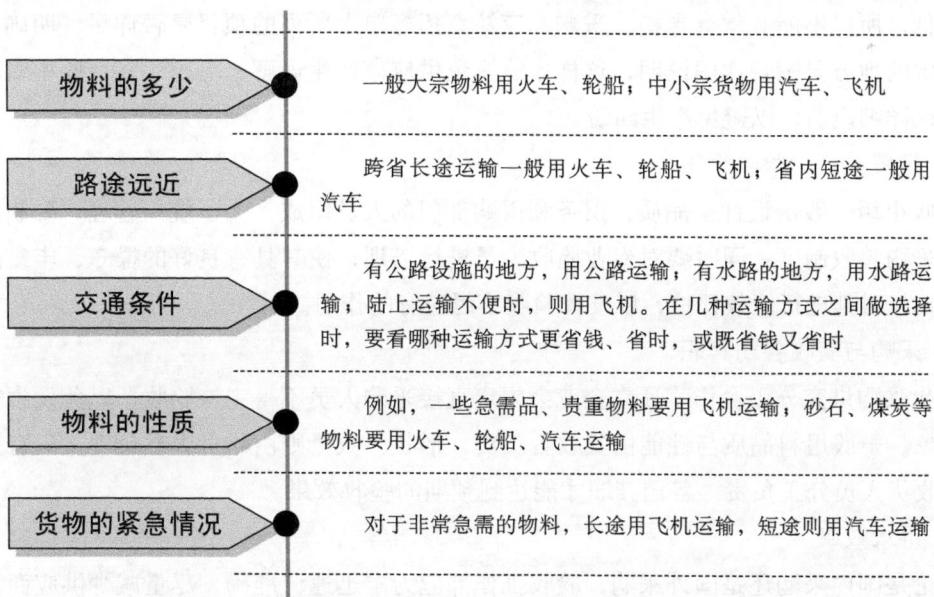

| 物料的多少 | 一般大宗物料用火车、轮船；中小宗货物用汽车、飞机 |
| 路途远近 | 跨省长途运输一般用火车、轮船、飞机；省内短途一般用汽车 |
| 交通条件 | 有公路设施的地方，用公路运输；有水路的地方，用水路运输；陆上运输不便时，则用飞机。在几种运输方式之间做选择时，要看哪种运输方式更省钱、省时，或既省钱又省时 |
| 物料的性质 | 例如，一些急需品、贵重物料要用飞机运输；砂石、煤炭等物料要用火车、轮船、汽车运输 |
| 货物的紧急情况 | 对于非常急需的物料，长途用飞机运输，短途则用汽车运输 |

图11-9　运输时间的控制因素

# 第四节　采购验收管理

## 240　明确验收工作要求

验收工作的要求体现在以下几个方面。

### 1．制定合理的标准化规格

企业在开展物料采购验收工作时，一定要遵循合理化、标准化的检验要求，并以经济实用为原则，切勿要求过严。因此，采购部协助企业制定检验标准化规格时，既要考虑到供应商的供应能力，又要顾及到交货后是否可以检验，否则一切文字上的约束都会因无法检验而流于形式。当然，所制定的规格也不能过于宽泛，否则会导致供应商以次充好，从而影响企业的正常运营。

### 2．合同条款应写明验收标准

规格虽属技术范畴，但是招标时仍要将其列作审查的要件，因为它涉及品质的优劣与价格的高低，所以不能有丝毫含糊。采购部应注意招标单上所列的项目是否详尽、明确；同时有些关键的地方要附带详图说明，这样才能避免供应商产生误解。另外，在合同中对验收标准要加以详细说明，以避免产生纠纷。

### 3．设置健全的验收组织

验收小组一般由设计、品质、财务和采购部门的人员组成，为了统一管理，要制定一套完善的采购验收制度；同时要对专业验收人员进行培训，使其具有良好的操守、丰富的经验与知识，并对其进行绩效评估，以发挥验收小组应有的作用。

### 4．采购与验收各司其职

现代采购讲究分工合作，通常企业会规定直接采购人员不得主持验收，以免发生徇私舞弊的现象。一般用料品质与性能由验收者负责，形状、数量则由收货人员负责。只有采购、检验、收货人员分工负责、各司其职才能达到预期的验收效果。

### 5．讲求效率

无论是国内采购还是国外采购，验收工作都应力求迅速、准确，尽量减少供应商不必要的麻烦，以方便他人，互利互惠。

### 241　做好验收准备工作

在开展物料采购验收工作时，采购经理要通知验收部门做好验收前的准备工作。采购前的验收准备工作通常包括以下几个方面的内容，具体内容如表11-16所示。

表11-16　验收准备工作内容

| 序号 | 内容 | 具体要求 |
|---|---|---|
| 1 | 交货验收时间 | 采购合同应写明时限要求，包括生产过程所需的预备操作时间、供应物料的交货日期、特殊器材技术验收时所需时间或者分期交货的时间 |
| 2 | 交货验收地点 | 交货验收地点通常以合同中指定的地点为准。若预定交货地点因故不能使用，需移转他处进行验收工作时，应事先通知供应商 |
| 3 | 数量验收 | 依合同所订数量加以点收 |
| 4 | 交货手续 | 交货时由供应商列具清单（一式若干份），在交货当天或交货前若干天送交采购人员。清单上要注明交付物料的名称、数量、商标编号、毛重量、净重量，以及运输工具的牌照号码、班次、日期及其他需要注明的信息，以备采购企业人员做验收准备工作之用<br>另外，清单上还应注明采购合同的统一号码、分区号码、合同签订日期及通知交货日期等，以供参考 |

### 242　验证送料文件

对于所采购的物料，验收人员必须对物料供应商或货运公司的相关文件进行验证，具体文件如表11-17所示。

表11-17　必须验证的文件

| 送货方式 | 必须验证的文件 |
|---|---|
| 供应商直接送货 | 两份供应商装箱清单，两份本企业采购订单复印件 |
| 货运公司送货 | 两份货运公司装箱托运清单 |

### 243　查验订单复印件

验收人员通过供应商装箱清单查验供应商代号和订单编号。查验订单复印件有图11-10

所示的两种方式。

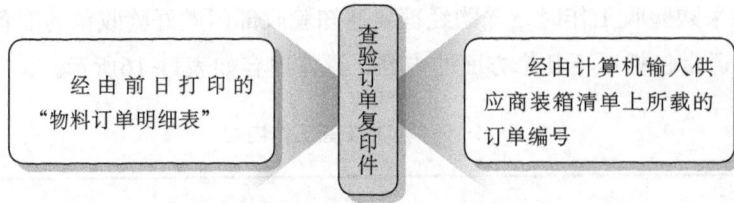

**图11-10　查验订单复印件**

同时验收人员还要通过计算机查询"已发单"档案内同一供应商是否有"退货单",若有应办理退货取回手续。

## 244　填写采购收货清单

通常收货清单上记载的资料有供应商名称或供应商代号、物料(品名、型号及目的地)、运送者(司机姓名、货运公司及车牌号码)、验收号码(已指定的物料验收号码)。"采购收货清单"样例详见表11-18。

**表11-18　采购收货清单样例**

编号：　　　　　　　　　　　　　　　　　　　　　　　　日期：___年__月__日

| 收货日 | 工程编号 | | 本单编号 | | 请购部门 | | 订单编号 |
|---|---|---|---|---|---|---|---|
| ___年__月__日 | | | | | | | |
| 会计科目 | 品名规格 | 项次 | 材料编号 | 单位 | 数量 | 单价 | 金额 |
| | | | | | | | |
| | | | | | | | |
| | | | | | | | |
| | | | | | | | |
| 备注 | | | | 点收 | 检验 | 经办部门 | |
| | | | | | | 主管 | 经办 |
| | | | | | | | |

## 245　验收结果的处理

对于验收结果的处理方式有如下几点。

1．通过验收时的处理

一旦通过验收，参加验收的人员须在验收单上签字，使用部门可据此安排生产；采购部门可据此结案；财务部门据此登账付款或扣款、罚款。将已验收入库的物料做好标记（详见表11-19），以便查明验收经过及时间，并与未验收的同类物料有所区别。

表11-19　物料验收标签

| 物料验收标签 | | | |
|---|---|---|---|
| 物料编码 | | 物料名称 | |
| 规格型号 | | 供 应 商 | |
| 进料日期 | | 检验日期 | |
| 有效期 | | 数量 | |
| 判定结果 | | 品质控制员 | |

2．发现短损时的处理

如果验收发现物料短损，应立即向供应商要求赔偿、向运输单位索赔，并办理内部报损手续等。

3．不合格品的处理

凡不合规定的物料，应一律拒绝接收，并向供应商传送"不合格品通知单"（详见表11-20），说明实际情况。合同规定准许换货重交的，要等交妥合格品后再予发还。

表11-20　不合格品通知单

编号：　　　　　　　　　　　　　　　　　　　　　　　填表日期：＿＿＿年＿月＿日

| 供应商 | | 交验日期 | |
|---|---|---|---|
| 物料名称 | | 料号 | |
| 交验数量 | | 检验日期 | |
| 抽样数量 | | 检验结果 | |
| 不良情形及简图 | | | |

（续表）

| 处理意见 | | | | | | |
|---|---|---|---|---|---|---|
| 呈核 | | 经理 | | 审核 | | 检验 |
| 重检流程及不良统计 | | | | | | |
| 改善对策 | | | | | | |
| 品管确认 | | 主管 | | 审核人 | | 填表人 |

通常供应商对不合格的物料都延后处置，仓储人员应配合采购部门催促供应商前来收回。如果逾越时限，则不负保管责任，或做废弃处理。

## 246  做好信用记录

要将供应商所交货物的品质等信息记录在"供应商信用记录表"（详见表11-21）中，并妥善保管，以便为供应商开发、辅导及考核提供依据。

表11-21  供应商信用记录表

编号：                                         填表日期：\_\_\_年\_\_月\_\_日

| 供应商 | | | | | | | | | | 编号 | |
|---|---|---|---|---|---|---|---|---|---|---|---|
| 次数 | 采购单号 | 采购物品 | 预定交货日 | 实际交货日 | 迟延日数 | 购买数量 | 购买金额 | 抽样数量 | 品质不良记录 | 退货记录 | 备注 |
| | | | | | | | | | | | |
| | | | | | | | | | | | |
| | | | | | | | | | | | |
| | | | | | | | | | | | |

制表人：                             审核人：

## 247  国内采购退货与索赔

当有关采购货品发生规格与品质不符、交货延迟、破损短少、短卸及短装等情形时，采购经理须与供应商沟通，协调退货、换货、补货事宜，有时候则需要向保险公司索赔。

国内采购的退货与索赔事务处理要点如下。

（1）退回的采购货品应经仓储部门清点整理后，通知采购部。采购部根据实际情形通知供应商前来收回。

（2）现货供应的退货，要求供应商更换货品至合格验收时为止。

（3）订制品的退货，原则上要求供应商重做或修改至验收合格时为止。若当地供应商在制作技术上无法符合使用要求，则取消订制，另找替代品或改由国外进口；若只有部分符合使用要求而使用单位同意接受者，则依实际情形酌情扣罚货款。

（4）对于退还的货品，如果合同有约定，则应根据合同条款来办理扣款或索赔事宜。

## 248　国外采购退货与索赔

对于从国外采购的货品，若想退货或索赔，都应事先公证，取得公证报告后再办理。

1．规格及品质不符的退货

（1）经公证后，要求供应商补运货品更换或将货品退回国外供应商修理。

（2）退货的出口手续委托报关行办理。

（3）更换品的进口应申请不结汇输入许可证。

（4）退货可暂存仓储部门，如国外供应商不想取回退货而愿意补运货品更换时，则不必办理出口手续。

2．索赔

索赔又分破损短少、短卸和短装三种情况。短卸货品为国外供应商已将该批货品交航运公司装船承运，但当货轮抵达输入口岸时，并未将该批货品卸入码头。短装货品为机器零件在装船口岸并未经国外供应商交航运公司装船，而到货装箱却完好，经海关验货证明为短装。

这三种情况的索赔事务办理要点详见表11-22。

表11-22　索赔事务办理

| 要点 | 破损短少 | 短卸 | 短装 |
|---|---|---|---|
| 索赔对象 | 向保险公司索赔 | 向航运公司及保险公司索赔 | 向国外原供应商索赔补运 |

（续表）

| 要点 | 破损短少 | 短卸 | 短装 |
|---|---|---|---|
| 索赔所需证件 | （1）保险单正本（如向船方索赔则不附）<br>（2）国外发票副本 1 份<br>（3）提货单副本 1 份<br>（4）公证报告正本（如向船方索赔附副本）<br>（5）索赔函 1 封<br>（6）索赔计算单 3 份<br>（7）破损证明 1 份（如货品在船上受损时，航运公司应出具破损证明单）<br>（8）航运公司的复函 | （1）保险单正本（如向船方索赔则不附）<br>（2）国外发票副本 1 份<br>（3）提货单副本 1 份<br>（4）公证报告正本（如向船方索赔附副本）<br>（5）索赔函 1 封<br>（6）索赔计算单 3 份<br>（7）短卸证明 1 份<br>（8）航运公司的复函 | 海关核发的进口证明书 |
| 索赔金额计算 | （1）保险金额 ÷ 保险数量 × 损失数量＝索赔金额（向保险公司索赔）<br>（2）国外发票金额 ÷ 国外发票数额 × 损失数量＝索赔金额（向船方索赔）<br>（3）公证费（通常由保险公司负担） | 同左 | — |

# 第五节　交货期延误处理

## 249　了解交货期延误产生的原因

交货期延误的责任人有时是供应商，有时则是采购方，采购经理应从以下两大方面进行分析。

1．供应商要负责的交货延误

（1）超过产能接单。

（2）超过技术水准接单。

（3）产量变动。

（4）手边作业量掌握不充分。

（5）时间估计错误。

（6）不熟悉新下单品。

（7）制程管理不完备或不良。

（8）出现不良品。

（9）劳务管理不合理。

（10）品质管理不充分。

（11）需调度的材料、零配件的入库延误及品质不良。

（12）遵守交货期的责任感不足。

（13）作业管理不完善。

（14）对再转包的管理能力差。

（15）工资低的员工的工作积极性不高。

（16）机器设备不完备。

（17）小批量的货物只有积攒到一定的量才能生产。

（18）与采购方沟通不佳。

（19）发生不可抗力事件。

2．源自双方的沟通不善的交货期延误

（1）未能掌握产能变动。

（2）对新下单品的规范和规格掌握不充分。

（3）对机器设备的问题点掌握不充分。

（4）对经营状况掌握不充分。

（5）指示、联络不切实际。

（6）对日程变更说明不足。

（7）图纸和规范的接洽不充分。

（8）单方面指定交货期。

3．由采购方承担的交货期延误的责任

由采购方承担的交货期延误的责任详见表11-23。

表11-23　由采购方承担的交货期延误的责任

| 由采购部门承担的责任事项 | 无需采购部门承担的责任事项 |
| --- | --- |
| （1）供应商的选定有误 | （1）调度期间过短 |
| （2）对供应商的产能掌握或技术水准调查不足 | （2）调度基准日程不完备 |
| （3）业务手续不完备 | （3）未考虑材料或零配件的支给日就决定货期 |
| （4）订单或指示联络事项不完备 | （4）模具、治工具出借延误 |
| （5）材料、零配件支给延误 | （5）图纸、规范不完备 |
| （6）对所要求的品质说明不清楚 | （6）由于紧急订货而引起日程变更混乱 |

（续表）

| 由采购部门承担的责任事项 | 无需采购部门承担的责任事项 |
|---|---|
| （7）没有明确给出价格<br>（8）进度掌握与督促不充分<br>（9）技术指导疏忽<br>（10）采购员经验不足或确保交货期意愿弱<br>（11）付款条件过严或付款延误<br>（12）经常更换供应商<br>（13）下订单到过远的地方<br>（14）信息交换不顺畅<br>（15）各种指示或联络未能迅速落实和执行 | （7）生产计划订立、实施错误或延误<br>（8）生产计划变更<br>（9）生产计划变更不彻底，日程计划的重新安排未能迅速执行<br>（10）设计变更或规范度的指示变更不彻底<br>（11）订货数量太少<br>（12）其他特殊事情 |

## 250　分析引起协调差距的原因

采购经理在追究交货期延误的原因时，往往会发现来自供应商与采购方之间的协调差距或隔阂为主要因素，具体原因如表11-24所示。

表11-24　引起协调差距的主要原因

| 序号 | 主要原因 | 详细说明 |
|---|---|---|
| 1 | 未能掌握产能变动 | 指供应商接受了超过产能以上的订单。为保证订单充足，供应商接受了其他公司的订单，或作业员生病需要长期疗养，或有人退休而致人手不够……但供应商却未坦白告知 |
| 2 | 未充分掌握新订货品的规范和规格 | 供应商在未充分掌握规格、规范之下开展作业 |
| 3 | 未充分掌握机器设备的问题点 | 为了定期点检而须停止操作，或由于故障而须予以修护之类的事情，确非采购方所能获悉 |
| 4 | 未充分掌握经营状况 | 由于资金短缺而导致无法同时购进各种材料 |
| 5 | 信息变更而未及时通知相关人员 | 关于图纸的修订、数量的增加、货期的提前等未能详细传达给能够处理这些问题的人。除了口头说明之外，事后补送书面资料也极为重要 |
| 6 | 日程变更而未及时通知对方 | 无论货期是提前还是延后，假如不通知对方，则必定会影响后续的合作 |
| 7 | 图纸、规范的接洽不充分 | 双方不重视对方的来询、接洽。其实，只要站在对方的立场来考虑就不会出现问题 |
| 8 | 单方面指定交货期 | 不了解供应商的现况，仅为了方便订货方而指定交货期，或对情况不加以了解就接受供应商的交货周期 |

### 251 了解供应商产能状况

供应商通常在一定时间内要生产许多订购的物料，这会导致受订货品的交货日期可能重叠，生产也可能集中于某些机器设备之上。对于这种情况，供应商应排出一个先后缓急的顺序。

表11-25列明了供应商的生产优先顺序，采购经理应予以重视。对采购方来说，一定要了解供应商所提出的产能与实际产能之间的差异。为此，采购经理最好亲自到供应商的工厂去了解其实际的生产状况。

表11-25 供应商安排生产的优先顺序

| 序号 | 项目 | 序号 | 项目 |
|---|---|---|---|
| 1 | 若不优先供应，有可能会终止合作 | 8 | 想提高依存度的公司的货品 |
| 2 | 付款条件良好的 | 9 | 催货很紧的 |
| 3 | 订货价格高的 | 10 | 货期麻烦的 |
| 4 | 对供应流程十分熟悉的 | 11 | 有材料的 |
| 5 | 能提高作业效率的 | 12 | 已发来订单的 |
| 6 | 订货量大的 | 13 | 支给品的价格高的 |
| 7 | 依存度高的公司的货品 | | |

另外，采购经理应做好与供应商的沟通，并站在供应商的立场下订单，避免由于彼此间的隔阂而引起沟通不畅，从而导致交货期延误。

### 252 消除沟通不畅的方法

消除沟通不畅的方法如下。

（1）采购经理应充分了解购入品或外包加工品，并与合适的供应商建立合作关系。采购经理除了要充分了解自己经手的物料之外，还需正确掌握对方的产能状况。

（2）确立调度基准日程。关于调度所需要的时间，要与生产管理部门达成一致意见，并要得到生产管理、设计、制造、技术等部门的帮助；对外包加工品要设定调度基准日程，据此决定适当的交货期，以便下订单。

（3）建立交货期权威，以提高交货期的信赖度。设定交货期，尽量减少货期变更或紧急、特急、临时订货之类的事情发生，以建立交货期权威，提高信赖度，从而提高交货期的遵守度。

（4）确保订货的批量适当。尽量以采购方及供应商双方都能接受的最经济的数量定货。

（5）确定支给品的支给日程并严加遵守。要避免"支给慢了，但是交货期要遵守"之类不合理的要求。

（6）了解供应商的产能、负荷、进度的余力。掌握对方（供应商）的产能、生产金额或保有工数，以行使其余力的管理。在这种情况下，尤其重要的是不要纸上谈兵。

为了掌握机器、设备、人力状况，不妨要求供应商提交"机器设备状况""各工种劳动状况"及"岗位劳动状况"等各种报表。

（7）事务手续、指示、联络、说明、指导的迅速化。例如，交货地点的变更、图纸改版的指示、复杂难懂的图纸的说明、对于品质管理应重点指导哪些内容等都属于此项内容。

（8）当交货期变更或紧急订货时，应正确掌握其影响度。某一物料的交货期虽已确保，但要妥善处理流程中的工作，避免因其他物料而延误，否则会引起恶性循环。

（9）加以适当的追查。当有宽裕时间的时候，采购经理应确认所订购物料的状况。

（10）分析现状并予以重点管理。采购经理可采用 ABC 方法对所采购物品进行分析，这样就可以一目了然地了解应加强哪方面的管理。例如，

A品的件数虽然少，但金额很大；

C品的件数虽然多，但金额小；

所以有必要加强对A品的管理。

由此可见，分析现状是为了改变管理方法，或为了重新检讨管理措施。

## 253　制定异常发生报告制度

企业有义务向供应商报告所发生的各种异常。例如，对机器设备、模具、治工具（夹具）的故障或不良及货期延误原因的出现等提出报告。

通过报告，能使双方及时就异常情况进行沟通协商，共同查找原因，解决问题。企业应制定异常发生报告制度，对报告工作进行规范化管理。

## 254　制定交货期意识相关制度

交货期意识相关制度的具体内容如下。

1. 延误对策报告制度

除了制定异常发生报告制度，使供应商明确延误原因外，还要对改善对策提出要求。

**2．供应商交货期遵守率公告制度**

每月编制供应商的交货期遵守（延误）率，并且进行分发、公告，以对供应商提出警示。

**3．表扬制度**

对交货期遵守情形良好的供应商，分每年、每半年、每季等给予表扬，参考案例如下。

**【实用案例】**

## ××公司的表扬制度

| 公司名称 | 次数 | | | 表扬者（奖状具名人） | | | 纪念品 | 奖金 | 表扬对象 | 表扬的目的 |
|---|---|---|---|---|---|---|---|---|---|---|
| | 每年 | 每半年 | 每季度 | 总经理 | 资材经理 | 事业经理 | | | | |
| A | ○ | | | ○ | | | ○ | ○ | 前10名 | 建立表扬的权威 |
| B | | ○ | | | ○ | | ○ | | 前10名 | 增加次数，给予动机 |
| C | | | ○ | | ○ | | | | 前10名 | 增加次数，给予动机 |
| D | ○ | | | | ○ | | ○ | | 前10名 | 建立表扬的权威 |
| E | | ○ | | | ○ | | ○ | | 前10名 | 增加次数，给予动机 |

**4．与订货量联结的制度**

视交货期的遵守程度而采取以下措施。

A级→增加订货量；B级→订货量不变；C级→减少订货量；D级→停止订货。

但是，当品质与价格优于其他公司时，应另做考虑。另外，采购经理必须预先和供应商说明该制度的相关内容，以避免因减少订货量或停止订货而引起纠纷。

**5．指导、培育的制度**

例如，召开经营者研讨会，对供应商进行集中教育或个别指导等。

**6．抱怨、期望处理制度**

要诚恳听取供应商的抱怨并了解其期望。采购经理可以在企业物控部门内设置"供应商会谈室"之类的场所，用于对协力厂商进行指导、培育及处理其抱怨。

### 255  有效编制实绩资料

为了加强交货期意识有关制度的建立，采购经理应编制实绩资料，并及时查看"异常发生报告"或"交货期延误对策报告"理由栏内的理由。

如果运用计算机系统编制实绩资料，则可任意设定"代码"（详见表11-26），一旦有异常发生就加以输入，从而很快绘制出原因分类统计图，同时进一步设定品目分类、经办人分类的统计图。

表11-26  延误原因分类编号

| 责任在订货商的情形 | | 责任在供应商的情形 | |
|---|---|---|---|
| 代码 | 原因 | 代码 | 原因 |
| 101 | 事务手续的延误、不完备 | 201 | 设备、机器故障 |
| 102 | 指示联络不佳 | 202 | 作业人员离职 |
| 103 | 支付延误 | 203 | 工数计算错误 |
| 104 | 交货期不准时 | 204 | 不良的重修 |
| 105 | 模具、治工具送出延误 | 205 | 作业人员缺勤 |
| 106 | 图纸、规范的不完备 | 206 | 材料入手延误 |
| | | 207 | 再发包的延误 |

# 第六节  采购结算与付款

### 256  采购结算实施工作

票据是常用的结算和支付工具，包括汇票、本票、支票等，现实工作中汇票较为常用。常用的支付方式有汇付、托收和信用证三种。付款方式通常有预付（Payment in

Advance）、货到付款（C．O．D）、月结30天（或60天、90天）等。

由于市场竞争激烈，对本地供应商的付款绝大部分采用月结方式，且付款期限越来越长，但一般不超过90天。如果供应商是跨国公司或国外的企业，由于双方的信用情况彼此不太了解，因此一般要求采用预付款的方式，经过一段时间的合作，双方有了进一步的了解后，通过协商，可以改成月结30天。

对于市场需求较多的或供应商垄断的产品，供应商会要求货到付款，如果企业流动资金充足，可采用货到付款的方式，这通常能得到更优惠的价格。

## 257　采购发票的审核

对供应商提交的各种发票，采购经理应联系财务部门进行预先审核，并将一些在价格、条款或其他要点上与订单有出入的发票送交财务部进行复核，特别要注意增值税专用发票和普通发票的审核。

1．增值税专用发票的审核

采购部门和财务部门要对增值税专用发票进行审核，具体审核内容如表11-27所示。

表11-27　增值税专用发票的审核

| 序号 | 审核部门 | 具体审核内容 |
| --- | --- | --- |
| 1 | 采购部门 | （1）开票日期至请款日不得超过 80 天<br>（2）审核数量、单价、金额 |
| 2 | 财务部门 | （1）"购货单位名称"必须为本公司全称、"地址、电话""纳税人识别号""开户行及账号"等项目填写必须正确<br>（2）应同时取得发票联（第二联）及抵扣联（第三联），并确认是否为运用防伪税控系统开具的专用发票，各联均加盖销货单位发票专用章或财务专用章，字轨号码一致，字迹清楚且不得涂改，各项目填写齐全、正确无误，票面金额与实际支付的金额相符，两联的内容和金额一致<br>（3）不同商品或劳务名称应分别填写，汇总金额开立的发票及抵扣凭证应有"销货清单"作为发票附件，商品名称应与入库单相符<br>（4）"数量""单价""金额""税率""税额""合计""价税合计"各栏计算是否正确，"价税合计"中的大小写金额是否相符<br>（5）是否符合增值税专用发票的其他管理规定 |

2．普通发票的审核

普通发票的审核也经由采购部门和财务部门审核，具体审核内容如表11-28所示。

表11-28 普通发票的审核

| 序号 | 审核部门 | 具体审核内容 |
|---|---|---|
| 1 | 采购部门 | （1）日期为实际发生日，注意是否遵照规定不跨年度使用<br>（2）发票的开具日期是否超过该发票规定的使用时限 |
| 2 | 财务部门 | （1）发票应为发票联，套印有发票监制章、加盖销货单位发票专用章或财务专用章，发票上的字迹应当清楚，不得涂改，各项目填写齐全、正确无误，票面金额与实际支付的金额相符<br>（2）不同商品或劳务名称应分别填写，汇总金额开立的发票及抵扣凭证应有"销货清单"作为发票附件，商品名称应与入库单相符<br>（3）"数量""单价""金额""合计"各栏的填写是否正确，大小写金额是否相符<br>（4）如果是定额发票，应按发票项目将客户名称、日期等填写齐全 |

## 258 采购付款业务流程

付款业务流程大致包括申请、审批、资金支付、会计记录和资料保管。采购部门提出付款申请后，财务部门应从如下两个方面处理该业务。

### 1.出纳付款流程

出纳人员在办理付款手续时，应遵循图11-11所示的流程。

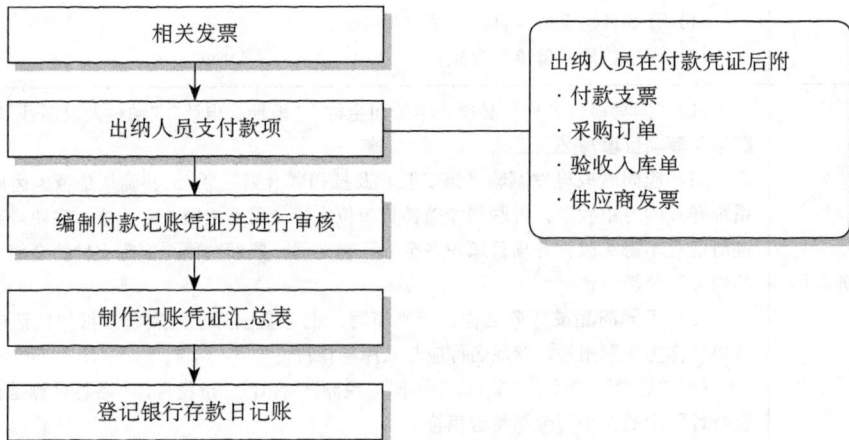

图11-11 出纳付款流程

财务部门要与采购部门共享原始付款凭证，采购部门可据此登记采购明细账。

## 2．会计核算流程

会计人员在办理付款手续时应遵循以下流程，具体流程如图11-12所示。

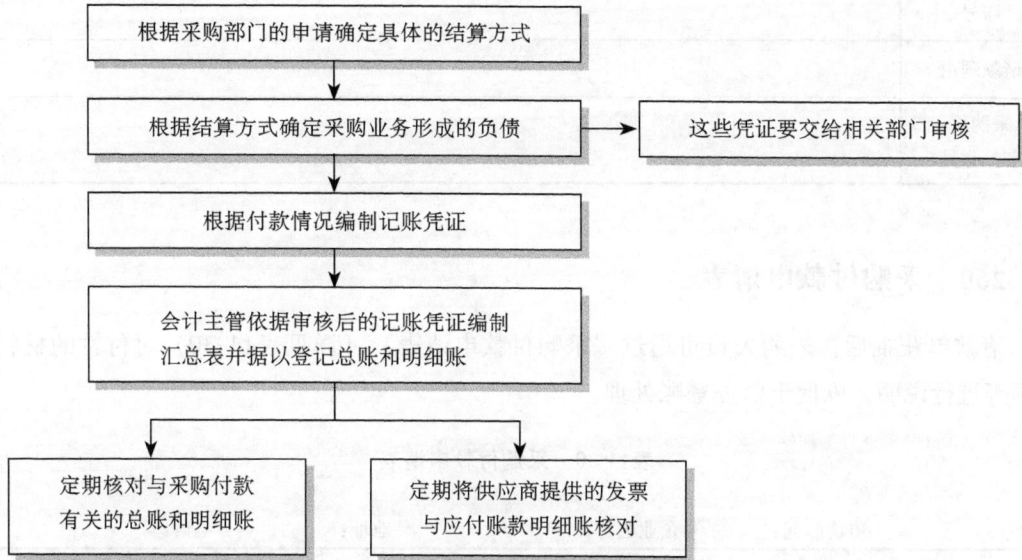

图11-12 会计核算流程

## 259 请款单

请款单是采购人员向部门经理申请采购款项的报告单，同时其是财务付款的依据。请款单样例详见表11-29。

表11-29 请款单

编号：                                                  日期：＿＿＿年＿月＿日

| 请款金额 | | 请款部门 | | 请款人 | | 请款日期 | |
|---|---|---|---|---|---|---|---|
| 合同编号 | | 合同经办人 | | 签订付款额 | | 已付款额 | |
| 入库验收人 | | 入库时间 | | 付款时间 | | 欠付款额 | |
| 财务部<br>审核意见 | | | | | | | |
| 收款单位 | | | | | | | |

(续表)

| 开户行 | |
|---|---|
| 账号 | |
| 请款理由 | |
| 采购部<br>审批意见 | |

## 260 采购付款申请表

请款单获批后，采购人员可通过"采购付款申请表"（详见表11-30）对付款的材料、金额等进行说明，以便于财务登账处理。

表11-30 采购付款申请表

编号： 申请时间： 企业名称： 地址： 电话：

| 序号 | 材料编码 | 名称 | 型号描述 | 合同编号 | 合同数量 | 单位 | 单价 | 入库数量 | 金额 | 备注 |
|---|---|---|---|---|---|---|---|---|---|---|
| | | | | | | | | | | |
| | | | | | | | | | | |
| 合计 | | | | | | | | | | |
| 总金额<br>（大写） | | | | | | | | | | |
| 特别说明 | 后付单据 | | | | | | | | | |
| | 其他说明 | | | | | | | | | |
| 付款申请人 | | | | | 采购经理审核 | | | | | |
| 总经理审批 | | | | | 财务部审批 | | | | | |

## 261 采购货款结算单

采购货款结算单（详见表11-31）是财务人员在付款结束后制作的单据，用以说明具体的付款数额和相关信息。

**表11-31　采购货款结算单**

编号：　　　　　　　　　　　　　　　　　　　　　　　　日期：＿＿＿年＿月＿日

| 供应商 | | | 合同号 | | | | | | | | |
|---|---|---|---|---|---|---|---|---|---|---|---|
| 时间 | | | 收货单号 | | | | | | | | |
| 验收单号 | | | | | | | | | | | |
| 品种 | 规格 | 结算规格 | 换算率 | 计算单位 | 数量 | 面积 | 含税单价 | 不含税单价 | 税率（%） | 金额 | 税额 | 价税合计 |
| | | | | | | | | | | | |
| | | | | | | | | | | | |
| 合计 | | | | | | | | | | | | |

预付金额：　　　　　　　　　　　实付金额（大写）：

备注：

| 经办人 | | 财务负责人 | | 制表人 | |
|---|---|---|---|---|---|

# 第十二章　采购价格控制

**导读 >>>**

物品采购价格构成企业产品的成本，其高低直接影响企业产品的利润和采购的绩效。每降低一分钱的成本，就相当于为企业赢回一分钱的利润，因此控制采购品的价格十分重要。

Q先生：A经理，经过一段时间的实习，我发现在确定采购价格前，有必要开展采购价格调查，请问如何才能做好采购价格调查呢？

A经理：首先你要了解采购涉及的各类价格，如到厂价与出厂价、现金价与期票价等，其次明确价格调查的范围、信息收集的渠道等，只有这样才算进行了充分的价格调查。

Q先生：那么我们采购部应该如何确定采购价格呢？

A经理：确定采购价格是采购部的一项重要工作。采购经理可以从制定采购底价做起，选择合适的价格确定方式。同时要熟练掌握各种控制采购价格的方法，如互买采购、困境采购等。

# 第一节　采购价格类别

## 262　了解到厂价与出厂价

到厂价与出厂价的具体内容如下。

1. 到厂价

到厂价是指供应商负责将物品送达采购方或指定地点所发生的各项费用。用国际贸易术语来说，到厂价即到岸价（FOB）加上运费（包括在出口供应商所在地至港口的运费）和货物抵达采购方前的一切运输保险费，以及进口税、银行费用、利息及报关费等。这种到厂价通常由国内的代理商以人民币报价方式（形成国内采购），向外国原厂进口货品后，再售给采购方，所有进口手续都由代理商办理。

2. 出厂价

出厂价是指供应商的报价，其不包括运送责任，即由采购方前往供应商的制造厂提货。该情形通常出现在采购方拥有运输工具或供应商加计的运费偏高时，或当处于卖方市场时，供应商不再提供免费的运送服务。

## 263　了解现金价与期票价

现金价与期票价的具体内容如下。

1. 现金价

现金价是以现金或与其相等的方式（如电汇T/T或即期信用证SightL/C）支付货款，但是"一手交钱，一手交货"的方式并不多见。现金价可使供应商免除交易风险，同时采购方可享受现金折扣，如若交易条件为10/2，即表示10天内付款可享受2%的折扣。

2. 期票价

期票价即采购方以期票或延期付款的方式来采购物品，这时供应商通常会加计延迟付款期间的利息于售价中，如果供应商希望取得现金用于周转，会要求超过银行现行的利率的加计利息，以此迫使采购方舍期票价而采取现金价。

## 264　了解净价与毛价

净价与毛价的具体内容如下。

### 1．净价

净价是指采购方不再支付任何货款以外的交易费用。例如，在采购方的信用证条款中，通常会载明"All banking charges out side China are for seller's account（中国境外的所有银行费用均由供应商负担）"；另外供应商有时也以货价为其净收入，不支付额外费用，因此在其报价单上会载明"The above offered price is FOB net without any commission or rebate"（以上承诺的FOB价格为不包含任何佣金或折扣净价）。

### 2．毛价

毛价是指供应商可以某些因素为依据提供折扣。例如，当采购空调设备时，供应商的报价已包含货物税，采购方若能提供工业用途证明，即可减免货物税。

## 265　了解现货价与合约价

现货价与合约价的具体内容如下。

### 1．现货价

现货价是指每次交易时，由供需双方重新议定价格，若签订买卖合约，完成交易后该价格即失效。在众多的采购项目中，最常用的采购方式是现货交易；买卖双方按交易时的市场价格进行采购，不必承担预立契约后价格可能发生巨幅波动的风险或困扰。

### 2．合约价

合约价是指买卖双方按照事先议定的价格进行交易，此合约价格涵盖的期间视合约而定，短则几个月，长则一两年。由于价格议定在先，经常造成与时价或现货价的差异。因此，合约价必须有客观的计算公式或进行定期修订才能维持公平、长久的买卖关系。

## 266　定价与实价

定价与实价的具体内容如下。

### 1．定价

定价是指物品标示的价格。例如，某些商场的习惯是不二价，自然牌价（定价）就是实际出售的价格，但有些商场仍然流行"讨价还价"的习惯。当然，使用牌价在某些行业有正常的理由。例如，对于钢管、水泥等价格容易波动的物品，供应商应经常提供一份牌价表给买方，表中价格均偏高且维持不变。当采购方要货时，供应商则以调整折扣率来反映时价，无需提供新的报价单给采购方。因此，此时牌价只是名目价格，而非真实价格。

2．实价

实价是指采购方实际支付的价格。供应商为了达到促销的目的，经常会提供各种优惠的条件给采购方，如数量折扣、免息延期付款、免费运送与安装等，这些优惠条件都会降低采购方的采购成本。

### 267　了解影响价格的因素

影响价格的因素大致有以下五个方面的内容。

（1）物料供求关系影响物料价格的高低。供求关系一旦改变，物料价格就会发生变动，即当供大于求时，物料价格下降；当供小于求时，物料价格上升。

（2）季节变动影响物料价格。旺季时，物料价格高；淡季时，物料价格低。

（3）经济循环影响物料价格。市场繁荣，产销两旺，物料价格会缓缓上升；市场萧条，物料价格就下跌。

（4）内部条件的变动影响价格。例如，生产技术改善会导致物料价格下降；生产效率提高也会导致物料价格下降等。

（5）交易条件影响物料的价格。采购量大，物料价格则较低；进货检验非常严格，物料价格则应提高；付款期较长，物料价格也应提高。

# 第二节　采购价格调查

### 268　价格调查的主要范围

在大型企业中，物料种类成千上万，但限于人手，要做好采购价格调查工作并不容易。因此，企业要了解帕累托定律所表明的情形，即通常数量上仅占20%的物料，其价值却占所有物料总值的70%～80%。

假如企业能掌握80%左右价值的"重要少数"，就可以达到控制采购成本的目的，这也就是所谓的重点管理法。根据一些企业的实际操作经验，采购经理可以把下列六大项目列为主要的采购调查范围。

（1）选定 20 ~ 30 种主要物料，其价值占全部总值 70% ~ 80% 的。

（2）常用材料、器材属于大量采购项目的。

（3）性能比较特殊的材料、器材（包括主要零配件），一旦供应脱节，就可能导致生产中断的。

（4）因突发事件需紧急采购的物料。

（5）波动性物资、器材。

（6）属计划外资本支出的设备器材采购，金额巨大且对经济效益产生深远影响的物料。

## 269　价格信息收集方式

价格信息的收集方式可分为三类，具体如图12-1所示。

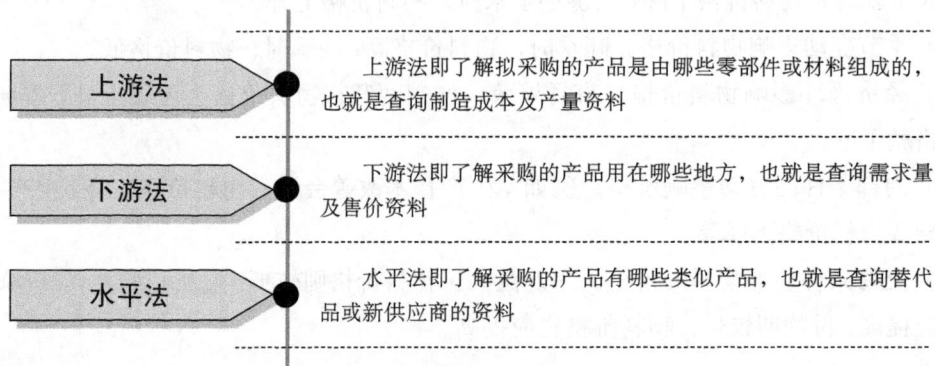

图12-1　价格信息的收集方式

## 270　价格信息收集渠道

价格信息收集的常用渠道如下：

（1）杂志、报纸等媒体；

（2）信息网络或产业调查服务业；

（3）供应商、客户及同行业相关产品价格；

（4）展览会或研讨会；

（5）行业协会或公会。

### 271　处理调查资料

企业应对市场调查资料进行整理、分析，在此基础上提出建议，即根据调查结果编制材料调查报告及商业环境分析报告，对本企业提出有关改进建议（如提供采购参考方案，以降低成本，增加利润），并根据科学调查结果制定更适合自身的采购方法。

# 第三节　采购价格的制定

### 272　采购底价制定方式

底价的制定不能仅凭主观印象和以往的底价或中标记录，因为这样制定的价格既不客观也不合理。制定底价可采用以下两种方式。

1．收集价格资料，自行制定

资料来源有以下七种：

（1）报载行情；

（2）市场调查资料；

（3）各知名企业相关物料的出厂价；

（4）同业公会牌价；

（5）过去的采购记录；

（6）临时向有关供应商询价；

（7）向其他机构调查采购价格。

2．请专业人员估计

有些对专业性和技术性要求较高的物品、机器或规模大的工程，还须请专业人员进行底价估算。

### 273　采购底价制定方式

采购底价制定的方式包括以下几种。

1．科学的底价计算方式

采购经理应对构成价格的各种因素进行科学的分析，必要时采取改进措施。底价计算方法即以合理的材料成本、人工成本及作业方法为基础，计算出采购价格。

采购价格的计算公式为：

$$P=C+F \qquad\qquad\qquad (公式1)$$
$$C=M \times a+t\,(b+c)\,(1+d) \qquad (公式2)$$
$$F=C \times r \qquad\qquad\qquad (公式3)$$

其中，

$P$ 为采购价格；

$C$ 为总成本；

$F$ 为采购对象的预期利润；

$M$ 为材料的需求量（表示标准材料的尺寸、形状、标准规格）；

$a$ 为材料的单价；

$t$ 为标准时间（主要作业时间＋准备时间）；

$b$ 为单位时间的工资率；

$c$ 为单位时间的费用率；

d 为修正系数（如为了特急品而加班、连夜赶工及试作等）；

$r$ 为预期利润率。

现以某产品为例来说明采购价格的具体计算方法。

$M$：钢板=0.2千克　　$a$：1千克=100元　　$t$：0.03小时

$b$：单位时间的工资率=800元

$c$：单位时间的费用率=600元　　d：修正系数=6%

$r$：预期利润率=8%

用公式2计算：$C=0.2 \times 100+0.03 \times（800+600）\times 106\%=20+44.52=64.52（元）$

用公式3计算：$F=C \times r=64.52 \times 8\%=5.16（元）$

用公式1计算：$P=C+F=64.52+5.16=69.68（元）$

据此计算，可知该产品的底价为69.68元。

该计算方法的依据十分明显，以此计算的价格在与供应商交涉时具有充分的说服力。但是，若供应商无法接受该价格，双方则应根据各项目的资料，逐一进行分析，以最终达成协议。

这种方法需要设定各项作业的标准时间，同时也需算出工资率及费用率。因此，采购经理应收集有关标准时间的数值资料、工资率及费用率调查资料，按各行业、规模予以分类并加以统计。此外，对于修正系数及预期利润也应预先确定。

2．成本加利润计算方式

成本加利润方法的计算公式为：

$$采购价格=成本+合理利润$$

（1）关于成本

关于成本的相关计算公式如下。

①成本=本地制造器材成本+进口器材成本+工程设计成本+安装成本+其他成本

②本地制造器材成本=直接原料成本+直接人工成本+间接制造成本+管理成本

③进口器材成本=进口器材在国外港口船上交货价格×汇率+保险费及运杂费+关税

④工程设计成本=设计人工成本+设计材料成本+间接费用

⑤安装成本=安装人工成本+安装材料成本+工具损耗成本+间接费用

⑥其他成本=财务成本+其他不属于以上的各项成本

（2）关于合理利润

关于合理利润的相关计算公式如下。

合理利润=本地制造器材成本×合理利润率+进口器材成本×合理利润率+工程设计
　　　　成本×合理利润率+安装成本×合理利润率+其他成本×合理利润率

各项合理利润率因其资金来源的不同而各异，成本分析人员可参考国内外相关行业的投资报酬率、风险率、市场利率以及财政部核定的相关行业利润率，并考虑预付款及成本内已包括的财务成本等因素审慎研订。

3．经验计算方式

经验计算方式是指有经验的采购经理和采购人员凭自己的判断来算出合理的价格。

4．比较前例计算方式

比较前例计算方式是指利用曾被认为适当的同类产品的价格，加以比较并予以必要的修正，以决定价格的方式。此种方式可依据过去累积的数值资料，使价格更加精确，但也可能深受以前价格的影响。

5．估计计算方式

估计计算方式是指依据图纸、设计书等，估计者凭经验及现有信息估计材料费及加工时间，并乘以单位时间的工资率，再加上费用率，以此来确定价格的一种方式。此种方式完全依赖估计者的技巧，在进行评价时，应不断地修正其差距，以获得适当的价格。

## 274　影响采购价格确定的因素

采购经理对影响采购价格确定的因素应有切实的了解，具体影响因素如表12-1所示。

表12-1　影响采购价格确定的因素

| 序号 | 内容 | 详细说明 |
|---|---|---|
| 1 | 供应商成本的高低 | 供应商成本的高低是影响价格最根本、最直接的因素。供应商进行生产，其目的是获得一定利润，否则生产无法继续。因此，采购价格一般会高于供应商的成本，两者之差即为供应商的利润，供应商的成本是采购价格的底线 |
| 2 | 规格与质量 | 采购物品的规格要求越复杂，采购价格就越高。价格的高低与采购物品的质量也有很大的关系。若采购物品的质量一般或质量低下，供应商往往还会主动降价，以求尽快脱手，有时甚至会贿赂采购经理 |
| 3 | 采购数量 | 若采购量大，采购方就有可能享受供应商提供的数量折扣，从而降低采购成本。因此，大批量、集中采购是降低采购成本的有效途径 |
| 4 | 交货条件 | 交货条件主要包括运输方式、交货期等。若货物由采购方来承运，则供应商就会降低价格，反之就会提高价格。有时为了争取提前获得所需货物，采购方会适当提高价格 |
| 5 | 付款条件 | 在付款条件方面，供应商一般都规定有现金折扣、期限折扣，以激励采购方能提前用现金付款 |
| 6 | 生产季节与采购时机 | 当处于生产旺季且采购方对物料需求紧急时，供应商会适当提高价格。避免这种情况的最好办法是提前做好生产计划，并根据生产计划制订出相应的采购计划，为生产旺季的到来提前做好准备 |
| 7 | 采购物品的供需关系 | 当企业需采购的物品为急需品时，则供应商处于主动地位，其往往会趁机抬高价格；当企业所采购的物品供大于求时，则采购企业处于主动地位，其可以获得最优的价格 |

## 275　采购价格确定方式

采购价格确定的方式有报价、招标、谈判三种，具体如图12-2所示。

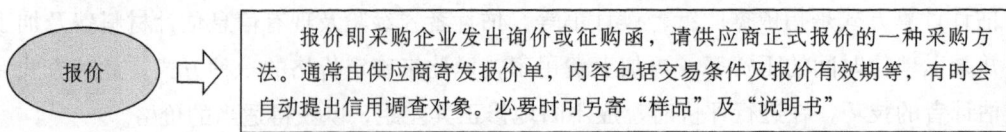

报价 ⇨ 报价即采购企业发出询价或征购函，请供应商正式报价的一种采购方法。通常由供应商寄发报价单，内容包括交易条件及报价有效期等，有时会自动提出信用调查对象。必要时可另寄"样品"及"说明书"

招标 ⟹ 招标的方式是采购企业确定价格的重要方式，其优点在于公平合理，因此大批量的采购一般采用招标的方式
采用招标的方式会受到两个条件的限制：
(1) 所采购的商品的规格要求必须表述清楚、明确且易于理解
(2) 必须有两家以上的供应商参加投标。这是采用招标方式的基本条件

谈判 ⟹ 谈判是确定价格的常用方式，它的过程复杂、成本较高。采用谈判方式确定价格，适用于各种类型的业务

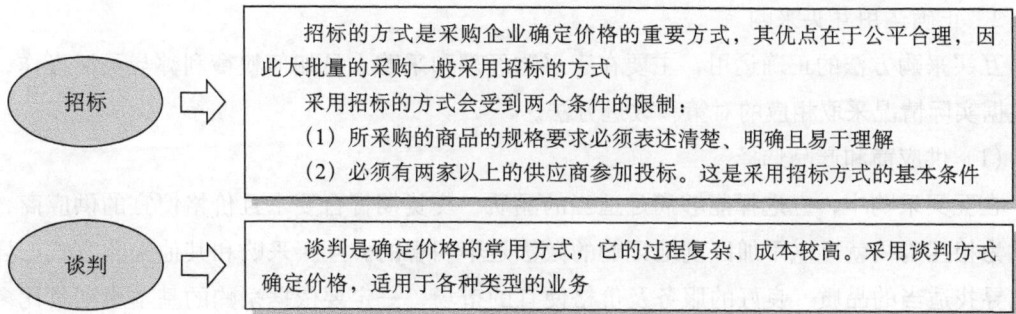

图12-2　采购价格确定方式

# 第四节　价格控制方法

## 276　互买采购

互买采购的具体内容如下。

1. 了解互买采购的优缺点

在互买采购中，买卖双方既是供应商又是购买方，他们具有双重身份。因此，在自己购买了对方产品的同时，也希望自己的产品能被对方所采购，互惠互利的结果最终形成了互买采购的关系。采购经理想要有效达成互买采购业务，首先必须对本企业的业务范围有清楚的认识，同时给企业的营销部门提供有效的援助。

采购经理不能主观地认为只要是互买采购就一定划算，而必须在相互购买的基础上对成本进行认真、仔细的分析，以降低企业整体成本。互买采购的优缺点详见表12-2。

表12-2　互买采购的优缺点

| | |
|---|---|
| 优点 | (1) 能准确地估计各自的销售量<br>(2) 采购与营销能获得良好的经济平衡<br>(3) 可以降低运输成本<br>(4) 能有效防止呆账的发生<br>(5) 减少销售及广告的费用 |
| 缺点 | (1) 无法自由选择供应商和产品<br>(2) 单价有时会偏高<br>(3) 会产生对某一类产品的依赖性，有时会把握不住供应商或产品转换的时机<br>(4) 有时会因产品品质、效率、价格、服务等引起双方的不满 |

## 2．正确运用互买采购

互买采购方法的正确运用，主要在于采购经理和采购人员如何权衡利弊与灵活操作，同时根据实际情况采取相应的对策和改进方法。

（1）供应商和产品选择

在互买采购中，应选择能够满足适当的品质、交货期符合要求且价格便宜的供应商，那些以为相互购买就可以不加区别地订购的做法是不明智的。互买采购和其他采购方式一样，应该寻找适当的品质、良好的服务及价格便宜的市场，一定要依据采购的基本原则货比多家后再做决定。

（2）把握控制总成本目标

互买采购常常会遇到以下不利因素：

①互买采购比原来单向采购的价格高出很多；

②互买采购因某种原因而使价格提高。

出现以上情况时，如果确实有相互购买的必要，则应尽力去协商，并以总体成本抑减为目标，否则应该考虑放弃互买采购。

（3）把握转换供应商或产品的有利时机

由于感情方面的因素，采购方会对某一类产品或某个供应商产生依赖性，即便已经因产品品质、价格、服务等引起双方的不满。这就要善于把握转换供应商或产品的有利时机，如有新的供应商或产品，其价格要优惠得多，此时可以放弃老供应商或老产品，转向与新的供应商合作，也可以借此契机，调整老供应商的供货价格，或者改变原先的服务范围。

在选择供应商前，采购经理对相关物料的价格和品质进行比较与评估是很有必要的。只有通过比较和评估确认供应商后才可以开始进行互买采购。此后，采购经理要不断关注市场上相关物料的价格，一旦实际情况偏离预估方向，要及时采取应对措施。

（4）做好详细记录

在互买采购过程中，采购经理要对双方的订购记录、销售记录、品管记录、交货期限做详细的记录，并随时对这些资料进行整理分析。在可能出现不利情况之前，要及时采取变动成本采购策略或要求对方降价等方法，以互买采购双赢为目标。

## 277　根据市场行情适时采购

该部分的具体内容略。

## 278　改善采购路径

采购路径是指物料从制造商到采购方的物流通路。在采购前，采购方应该了解生产所需的物料是哪个工厂生产的，并经过什么样的路径才流通到自己手中等。

很多企业，在可能的情况下都愿意与生产厂商交易，以减少中间环节，从而提高经济效益，但有时也可以利用流通环节来降低采购成本。例如，标准件、规格品以及一些专门的特殊品，适合由经销代理店或特约店来进行交易。在利用带有中间环节的流通路径时，我们可以依照下列几个原则进行处理。

1．标准件订购

像螺丝、螺帽、垫圈等标准的紧固件，可以由专门的经销商根据市场销售情况，向生产厂商订购，并加以储存和销售，这样做成本相对较低。对于一些不常用的、特殊的标准件、规格品，供应商也能随时供应。

2．偏远物料订购

有些物料生产商地处偏远地区，或者企业远离供应区域，直接购买会增加成本，这时可利用中间商代为采购。

3．特殊品的订购

新规格产品、特殊用途产品往往用量不大却一般都为急用品，此时以通过中间商预订为宜。即使某些产品已在市场上公开销售，但有时仍难以直接订购，若能通过中间商来订购，则在交货期、品质、价格方面都是有利的。

4．少量订购

批量很小的物料采购，不论是对供应商还是中间商来说，均会发生很多额外费用，此时还是通过中间商订购为宜。对于那些数量虽小，却持续需要的产品，则以直接向生产者购买为宜。

## 279　进行价格核算

企业计算产品价格通常有两种方法：一种是概略计算，又称估算；另一种是成本计算。

例如，一些铸造厂常常使用估算法计价，他们对铸造产品往往是以重量为计算基准，而不考虑铸件的形状。但实际上，铸件中空部分少则重量大，中空部分多则重量小，所以每千克的单价不应相同。

又如电焊作业，常以焊接长度计价。其实，焊接的作业条件不同，如焊接角度、焊缝高度、高空作业、地下作业等，其价格也是不一样的。

当供应商的产品价格计算采用估算法时，采购经理和采购人员可以采用"针锋相对"的价格核算方法来进行采购。同样以铸件生产为例，对那些热衷估算法计价的企业，尽量采购那些重量轻、模具多、加工比较难的产品，这样做可以获得较大的利润空间。

以焊接作业为例，对于那些焊接时间长、焊条耗量大的零件，或者需在高处作业或需在罐中作业或是焊缝难度大的零件等，如果仍以焊缝长度计价，采购方就可以低价购得所需物品。

## 280  实施困境采购

困境采购是指在供应商受经济形势和产品供求不利条件的影响时，采购商抓住时机，促使所采购产品的价格大幅度下降的采购行为。

利用困境采购策略进行采购，可分下列两类情况。

1．企业生产必需品的采购

经济环境的好坏对于企业来说，影响最大的恐怕是生产率和开工率两项指标。若开工率不足，人员和设备空闲，投入的资本回收困难，加上市场疲软、供大于求，企业为了尽快摆脱困境，往往会通过降价来争取更多的订单。

如能及时捕捉到以上信息，找到正遭遇不景气而可进行交易的供应商，在此时订购自己所需的材料、零件或制品，易取得较好的效果，同时可以运用变动成本采购或固定成本削减策略，以帮助供应商渡过难关。该采购方式可以达到双赢的效果。

2．预测未来所需的采购

通过对生产所需的材料、零件或制品的需要动向、经济发展趋势等进行分析，若预见价格将会上涨，此时可以多买一些来存放，或购入必要的直接材料。这是降低材料成本的方法之一，对企业来说也是较为有利的。

但这种采购是有前提条件的，如资金比较宽裕，且这些购入的物料不会因代替品的出现、技术的革新等而变成呆料或废料。

## 281  采用共同订货采购方式

共同订货是指把不同的企业联合起来，把若干不同的零件统一起来，然后向专门制造此零件的厂商订货。

　　由于是大批量订货，供应商可以批量生产，因此可以给采购方更多的价格优惠，加之设计的标准化，可以共同利用行业联合的优势，建立起与外国同类产品竞争的优势地位。

　　共同订货并非只用于同行业之间，只要产品条件可以协调，也能与其他行业企业积极地协同合作。

　　共同订货采购方式主要有以下四种。

　　（1）材料价格会随着采购批量的不同而有很大的变化，一般我们会根据联合采购企业的不同情况，汇集成大量采购。

　　（2）在不同的企业中，把部分同类零件标准化，转换成大量采购。

　　（3）共同利用劳动力工资低的地区或利用开工率不足的机器来制造产品，以进一步降低采购价。

　　（4）共同利用搬运工具及仓库，以减少费用。

# 第十三章　采购成本控制

**导读** ＞＞＞

采购成本对企业的经营业绩有着重要的影响。降低采购成本不仅会减少企业现金流出，而且能降低产品成本、增加利润、增强企业竞争力。采购经理应从多方面入手，严格控制企业的采购成本。

Q先生：A经理，降低采购成本一直是我们采购部的核心工作，你有什么好的方法可以帮助我们降低采购成本吗？

A经理：根据我的经验，降低采购成本的第一步是要了解采购成本的各项构成，如维持成本、订购成本等，这也是做好成本分析和成本控制的基础工作；第二步则可以采用ABC法进行分类采购，也可以采取按需订货、定量采购、定期采购和批量采购等方式降低采购成本。

Q先生：有员工提议让供应商早期参与，这对降低采购成本有没有帮助呢？

A经理：我认为这是很好的提议。供应商早期参与可以让供应商清楚地领会产品设计者的设计意图，从而更有利于物料的准确供应，这对降低企业采购成本非常有价值。

# 第一节　采购成本分析

## 282　了解企业维持成本

维持成本是指为保存物料而发生的成本，它分为固定成本和变动成本。

固定成本与采购数量无关，如仓库折旧、仓库员工的固定工资等；变动成本则与采购数量有关，如物料资金的应计利息、物料的破损和变质损失、物料的保险费用等。变动成本的具体构成如图13-1所示。

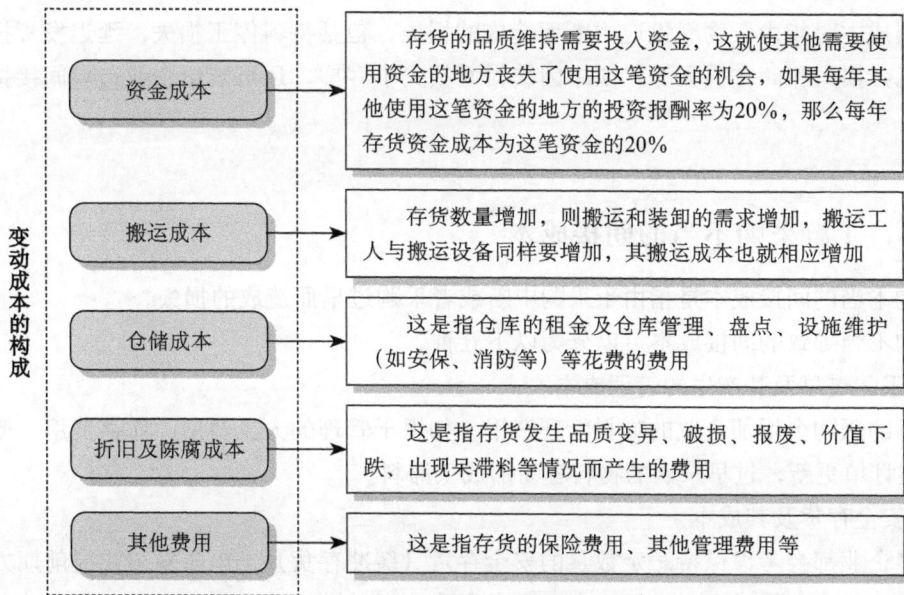

| 变动成本的构成 | 资金成本 | 存货的品质维持需要投入资金，这就使其他需要使用资金的地方丧失了使用这笔资金的机会，如果每年其他使用这笔资金的地方的投资报酬率为20%，那么每年存货资金成本为这笔资金的20% |
| --- | --- | --- |
| | 搬运成本 | 存货数量增加，则搬运和装卸的需求增加，搬运工人与搬运设备同样要增加，其搬运成本也就相应增加 |
| | 仓储成本 | 这是指仓库的租金及仓库管理、盘点、设施维护（如安保、消防等）等花费的费用 |
| | 折旧及陈腐成本 | 这是指存货发生品质变异、破损、报废、价值下跌、出现呆滞料等情况而产生的费用 |
| | 其他费用 | 这是指存货的保险费用、其他管理费用等 |

图13-1　变动成本的构成

## 283　了解企业订购成本

订购成本是指企业为了实现一次采购而进行各种活动所花费的费用，包括办公费、差旅费、邮资、电话费等。具体而言，订购成本包括与下列活动相关的费用（详见表13-1）。

表13-1 订购成本的构成

| 序号 | 类别 | 细目说明 |
|---|---|---|
| 1 | 请购手续成本 | 请购所花的人工费用、事务用品费用、主管及有关部门的审查费用 |
| 2 | 采购成本 | 估价、询价、比价、议价、采购、通信联络、事务用品等所花的费用，以及差旅费 |
| 3 | 进货验收成本 | 验收所花费的人工费用、交通费用、检验仪器仪表费用等 |
| 4 | 进库成本 | 搬运物料所花费的成本 |
| 5 | 其他成本 | 如会计入账支付款项等所花费的成本等 |

## 284 了解企业缺料成本

缺料成本是指由于物料供应中断而造成的损失，包括待料停工损失、延迟发货损失、丧失销售机会损失和商誉损失等。如果因缺料而损失了客户，还可能给企业造成间接损失或长期损失。

## 285 了解采购不当的间接成本

采购不当的间接成本是指由于采购中断或者采购过早而造成的损失。

采购不当导致的间接成本可以分为以下五种。

1．采购过早及其产生的管理成本

过早的采购会增加企业的物料管理费用，如用于管理的人工费用、库存费用、搬运费用等。一旦订单更新，过早采购的物料容易形成呆滞料。

2．安全存货及其成本

许多企业都会考虑保持一定数量的安全存货（缓冲存货），以防需求或提前期方面的不确定性。但是确定何时需要及保持多少安全存货非常关键，因为安全存货太多意味着多余的库存，安全存货不足则意味着断料、缺货或失销。

3．延期交货及其成本

延期交货有两种表现形式：缺货可以在下次订货中得到补充；利用快速运送延期交货。

（1）在前一种形式下，如果客户愿意等到下一个周期交货，那么企业实际上没有什么损失；但如果经常缺货，客户则可能不愿意与该企业合作。

（2）利用快速运送延期交货时会发生特殊订单处理费用和送货费用。这些费用相对于正常订货时的相应费用要更高一些。

### 4．失销成本

有些客户接受延期交货，但有些客户不接受且有可能转向与其他企业合作。在这种情况下，缺货导致失销，对于企业的直接损失是这种货物的利润损失。除了利润损失，损失还包括浪费的人力（销售人员）、精力，也就是机会损失。通常我们很难确定在某些情况下的失销总量。例如，许多客户习惯电话订货，在这种情况下，客户只是询问是否有货，而未说明要订多少货。如果这种产品没货，那么客户就不会说明需要多少，企业也就不会知道损失的总量，同时也很难具体估计一次缺货对未来销售的影响。

### 5．失去客户的成本

由于缺货而失去客户，也就意味着失去了一部分收入，且所造成的损失很难准确估计。除了利润损失，缺货还会造成信誉损失。信誉很难度量，它在采购成本控制中常被忽略，但它对未来销售及客户经营活动却非常重要。

## 286　了解供应商生产成本

在企业中，有些人认为"采购成本=采购价格"。尽管这种观点在有些企业中不被认同，但它对于采购人员执行采购任务来说却有较大的意义。

采购价格即采购产品购入价格，采购价格是由供应商的产品制造成本与供应商的利润目标来决定的。

**采购产品购入价格 = 供应商的产品制造成本 + 供应商的利润目标**

供应商的产品制造成本包括供应商原料费、人工费、制造费用三个方面，具体内容如图13-2所示。

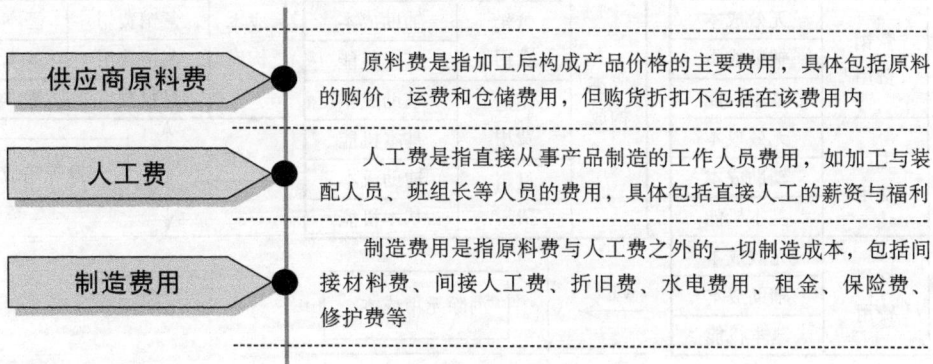

| 供应商原料费 | 原料费是指加工后构成产品价格的主要费用，具体包括原料的购价、运费和仓储费用，但购货折扣不包括在该费用内 |
| --- | --- |
| 人工费 | 人工费是指直接从事产品制造的工作人员费用，如加工与装配人员、班组长等人员的费用，具体包括直接人工的薪资与福利 |
| 制造费用 | 制造费用是指原料费与人工费之外的一切制造成本，包括间接材料费、间接人工费、折旧费、水电费用、租金、保险费、修护费等 |

图13-2　供应商的产品制造成本构成

### 287 采用VA法分析采购成本

VA是指Value Analysis，意思是价值分析。价值是指所采购的产品对企业的价值，即以最低的成本，在理想的地点、时间发挥出产品的功能。价值工程是指从这一理论出发去选择执行采购任务，它可以帮助企业控制并节约采购成本。

价值理论公式为：

$$V = F \div C$$

$F$ 代表 Function，是功能重要性系数；

$C$ 代表 Cost，是成本系数；

$V$ 代表 Value，是功能价值系数。

例如，某电视机厂家在生产电视机配件螺丝的时候，可选螺丝有铁的、铜的。其中，铁螺丝的成本为0.2元，而铜螺丝的成本为0.3元，但两者的功能相同。从价值角度出发，在选择螺丝的时候该厂家最好选择铁螺丝。

对采购而言，价值分析的目的是寻求成本最小化和追求价值最大化。

### 288 运用价值工程法分析采购成本

价值工程法英文为Value Engineering，简称为VE。它的工作原理是通过对采购产品或采购过程中的服务功能加以研究，以及剔除、简化、变更、替代等方法，以最低的生命周期成本来达到降低成本的目的。由于采购产品在设计、制造、采购过程中存在许多无用成本，因此VE的目的就是消除无用成本。其具体内容如图13-3所示。

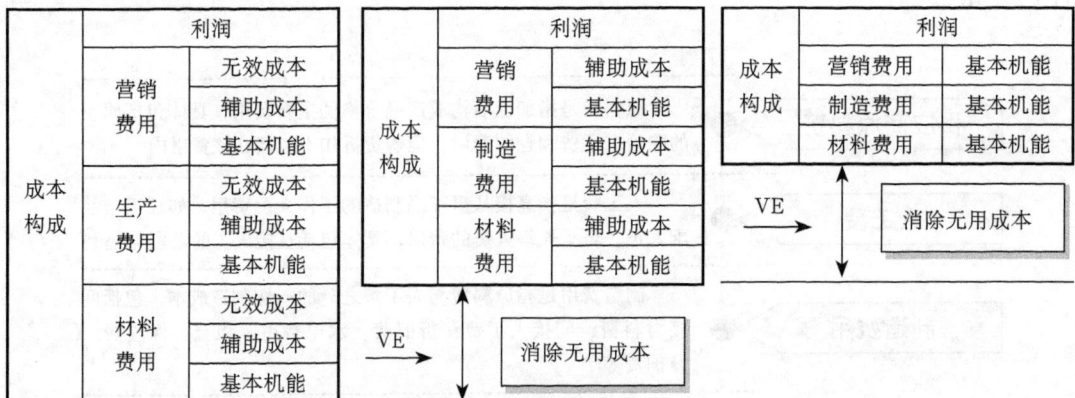

图13-3 价值工程中无用成本的消除

运用价格工程法分析采购成本的具体步骤如下。

1．选择分析对象

一般情况下，采购产品越复杂，成本就有可能越高，因此也最值得改善。在选择改善对象时，我们应将产品的主件与配件按价值的高低进行排序，以选取最值得改善的产品。

对于企业来说，所选择的分析对象如下：

（1）采购产品数量较多的；

（2）采购产品价值较大的；

（3）采购产品对企业影响较大的；

（4）采购产品成本消耗较多的。

2．分析产品或者服务的功能

例如，计算机组装制造公司在选择配件的时候，会先分析计算机主机的功能，因为主机的功能远大于装饰功能。分析产品的功能主要是为了针对功能选择可以替代的配件。

3．资料收集

收集采购产品、采购过程的相关资料，主要包括采购产品的制造成本、品质、制造方法、产量、发展情况等。

4．提出改善方法

改善方法主要有剔除、简化、替代等。

（1）剔除。在采购过程中，对用人力运输与用车进行运输的价值进行分析。当两地相距不过百米时是选择用车还是选择用人呢？此时就需要剔除多余的采购运输方法。

（2）简化。在采购过程中，采购谈判是最寻常的事。采购经理在分析产品价值的时候就可以进行决策，如对于那些需求不大且价格低廉的配件，可以不实施采购谈判。因此，通过采购价值分析可以简化采购谈判的环节。

（3）替代。在采购过程中，采购经理或采购人员如果发现所采购产品的质量没有达到预定要求，但并没有损害产品的功能时，是可以采购该产品的，因为它可以降低成本。以电风扇为例，就电扇的功能而言，用塑料风扇替代铝风扇就是一个降低成本的有效方法。


## 289　把握产品周期

产品周期的构成及对成本的影响如下。

1．产品周期的构成

产品生命周期一般可以分成四个阶段：引入期、成长期、成熟期和衰退期，具体内容如

图13-4所示。对于采购方而言，只有把握住产品的最佳时期，才能降低采购成本。

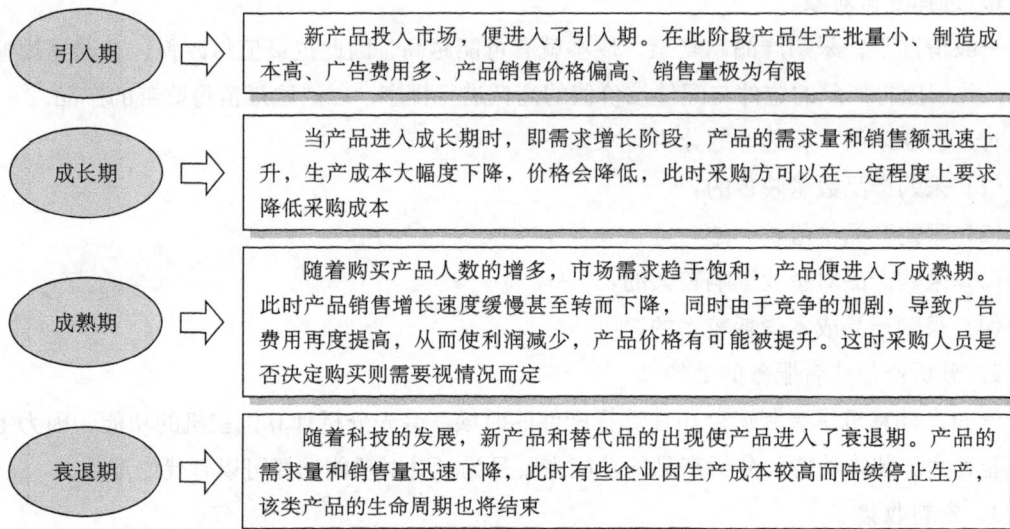

| | |
|---|---|
| 引入期 ⇨ | 新产品投入市场，便进入了引入期。在此阶段产品生产批量小、制造成本高、广告费用多、产品销售价格偏高、销售量极为有限 |
| 成长期 ⇨ | 当产品进入成长期时，即需求增长阶段，产品的需求量和销售额迅速上升，生产成本大幅度下降，价格会降低，此时采购方可以在一定程度上要求降低采购成本 |
| 成熟期 ⇨ | 随着购买产品人数的增多，市场需求趋于饱和，产品便进入了成熟期。此时产品销售增长速度缓慢甚至转而下降，同时由于竞争的加剧，导致广告费用再度提高，从而使利润减少，产品价格有可能被提升。这时采购人员是否决定购买则需要视情况而定 |
| 衰退期 ⇨ | 随着科技的发展，新产品和替代品的出现使产品进入了衰退期。产品的需求量和销售量迅速下降，此时有些企业因生产成本较高而陆续停止生产，该类产品的生命周期也将结束 |

**图13-4　产品周期的构成**

产品生命周期曲线如图13-5所示。

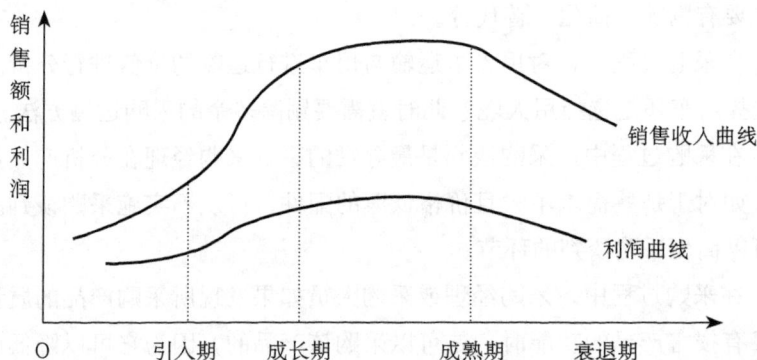

**图13-5　产品生命周期曲线**

2．产品周期对成本的影响

产品固有成本因产品所处的周期不同而不同。这里的固有成本一般指市场买价，由于产品所处的阶段不同，所以市场价格也就不同。除了市场价格对成本产生影响外，采购经理还必须考虑产品的维护成本。如果采购品的维护成本过高，则必须选择产品周期成本最小者。

# 第二节　降低采购成本

### 290　建立严格完善的采购制度

建立严格完善的采购制度，不仅能规范企业的采购活动、提高效率、杜绝部门之间扯皮，还能预防采购人员的不良行为。采购制度应规定以下内容：

(1) 物料采购的申请流程，授权批准人的权限；

(2) 物料采购的流程；

(3) 相关部门的责任和彼此之间的关系；

(4) 各种材料采购的规定和方式；

(5) 报价和价格审批等。

例如，在采购制度中规定采购物品时，要先向供应商询价、列表比较、议价、专业组比质比价，然后选择供应商，并把所选的供应商及其报价填在请购单中；还可规定超过一定金额的采购须附三个以上的书面报价等，以供财务部或内部审计部门稽核。

### 291　建立价格档案和价格评价体系

企业采购部要对所有采购材料建立价格档案，对每一批采购物品的报价，应先与归档的材料价格进行比较，分析产生价格差异的原因。如无特殊原因，原则上采购的价格不能超过档案中的价格水平，否则要做出详细的说明。

对于重点材料的价格，要建立价格评价体系，由企业有关部门组成价格评价组，定期收集相关供应价格信息，分析、评价现有的价格水平，并对归档的价格档案进行评价和更新。这种评议可视情况每季度或每半年进行一次。

### 292　建立材料的标准采购价格

对重点监控的材料，应根据市场的变化和产品标准成本定期制定标准采购价格，以促使采购人员积极寻找货源，货比三家。

标准采购价格也可与价格评价体系相结合，并提出奖惩措施，即对完成降低企业采购成本任务的采购人员进行奖励；对没有完成任务的采购人员，帮助其分析原因，并确定相应的惩罚措施。

### 293 采用ABC分类法控制成本

采用ABC分类法，对采购库存的所有物料按照其货币价值从大到小排序，并相应地划分为三大类，即A类、B类和C类。

A类物料价值最高，受到高度重视；处于中间的B类物料受重视程度稍差；而C类物料价值低，仅对其进行例行控制管理即可。ABC分类法的原则是通过放松对低值物料的控制管理来节省精力，从而可以把高值物料的库存管理做得更好。仓库ABC三类物料的存量如图13-6所示。

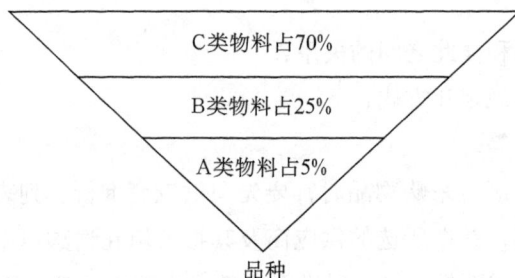

图13-6 物料ABC法

1. A类材料的采购

对占用资金多的A类材料必须严格采取定期采购，订购频率可以小一些，同时要进行精心管理。

一般情况下，对于A类材料的采购采用订货的形式，并通过询价比较或招标来控制采购成本，保证采购质量。采购前，采购人员应做好准备工作，并进行市场调查。对大宗材料、重要材料要签订购销合同。材料进场必须通过计量验收，即对材料的质量报告、规格、品种、质量、数量要认真验收，合格后才准予入库；进行货款结算时要进行检查与调整材料，以及时、有效纠正偏差。

2. B类材料的采购

对于批量不是很大的常用材料、专用物料的采购，可采取定做或加工改制的形式，因其主要适用于非标准产品、专用设备等。加工改制包括带料加工和不带料加工。

对于B类材料的采购可采取竞争性的谈判方式，即采购方直接与三家以上的供货商或生产厂家就采购事宜进行谈判，从中选出质量好、价格低的生产厂家或供货商。订货可采用定期订货或定量订货方式。B类材料虽无须像A类材料那样进行精心管理，但其计划、采购、运输、保管和发放等环节的管理，要求与A类材料相同。

3．C类材料的采购

C类材料是指用量小，市场上可以直接购买到的一些物料。这类材料占用资金少，属于辅助性材料，容易造成积压。因此，对于这类材料的采购可通过定量订货的方式进行。但要注意必须严格按计划购买，不得盲目多购。

采购人员要进行市场调查，收集采购材料的质量、价格等市场信息，做到择优选购。材料保管人员要加强材料的保管与发放，严格领用手续，做到账、卡、物相符。

4．ABC物料分类管理

ABC物料分类管理是保证产品质量、降低材料消耗、杜绝浪费、减少库存积压的重要方法。无论是A类材料，还是B类、C类材料，只有认真做好材料的计划、采购、运输、储存、保管、发放、回收等环节的管理工作，同时根据不同的材料采取不同的订货渠道和订货方式，才能及时、准确、有效地做好材料质量与成本控制工作，达到节约成本、提高经济效益的目的。

## 294　采用按需订货法降低成本

按需订货是属于MRP的一种订货方式，生成的计划订单在数量上等于每个时间段的净需求量。这是有效避免采购过多及采购不足的一种方法，也是有效避免采购成本增加的一种方法。目前大多数生产企业均采用这种订货方式。

其计算公式如下：

**净需求量＝生产订单需求量－（现有库存量+在途采购量）**

下面通过一个案例来说明净需求量的具体计算过程。

【实用案例】

### ××公司按需订货计算方式

××公司没有电子器件与天线的生产线，因此需要外购。如果该产品的生产周期是一个月，目前库存量是电子器件5 000个、天线3 000个。

则MRP的计算如下：

（1）1月份电子器件需求 = 1 000（A01单）+ 2 000（C01单）– 5 000（前库存量电子器件）

　　　　　= – 2 000（个）

因此，1月份没有必要采购电子器件；

（2）1月份天线需求量 = 500（A01单）+ 4 000（C01单）– 3 000（前库存量天线）

　　　　　= 1 500（个）

因此，1月份天线的需求量是1 500个。

利用MRP实施按需订货可以准确地计算出在一段时间内的净需求量。上面的例子过于简单，而实际操作中，订单每时每刻都在增加，采购需求也在不断变化，利用MRP技术实施按需订购是一种比较科学的方式。

## 295　采用定量采购方式降低成本

定量采购方式是指当库存量下降到预定的最低库存数量（采购点）时，按规定数量（一般以经济批量EOQ为标准）进行采购补充的一种采购成本控制方式。当库存量下降到订货点（也称为再订货点）时，采购经理应马上按预先确定的订货量发出订单，经过前置时间后收到订货，库存水平即上升。

要想实施定量采购，采购经理必须确定订货点与订货量。

1. 确定定量采购订货点

通常采购点的确定主要取决于需求率和订货、到货间隔时间这两个要素。在需要固定均匀地订货、到货间隔时间不变的情况下，不需要设定安全库存，订货点由以下公式确定：

$$E = LT \times D \div 365$$

公式中，

$E$ 为订货点；

$LT$ 为交货周期；

$D$ 为每年的需要量。

当需求发生波动或订货、到货间隔时间发生变化时，订货点的确定方法较为复杂，且往往需要安全库存。

2．确定定量采购订货量

订货量通常依据经济批量的方法来确定，即以总库存成本最低时的经济批量为每次订货时的订货数量。采购经理应掌握若干计算经济订货量的公式，而不是靠经验或凭感觉来决定经济的订货数量。

## 296 采用定期采购方式降低成本

定期采购是被广泛采用的一种订购方式，其是在一定的间隔期进行的采购，如在每周一或每月2号进行采购。该方式的特征是没有事先确定订购量，而是在每次订购时才确定，属于定期不定量的采购方式。

1．决定订购周期

订购的间隔周期不同，订购量也会有差别。例如，订购的间隔周期越长，订购量也会增多，从而使库存管理费用增加；反之，当这个周期变短，订购的次数就会增加，订购时所需要的开支也会增多。因此，该方式最重要的就在于如何设定订购的间隔周期，而销售量预测（预定出库量）、物料供应周期以及最小库存量等必须经过仔细的分析。

分析订购量时，采购经理和采购人员必须依照以下步骤进行：决定订购时期——调查供应期——调查预定的出库量——决定最大库存量和最小库存量。其中，预定的出库量最为重要，其计算方式是以过去的业绩为基准来衡量，但是如果平均出库量大的话，就要加上库存残量来增加订购量；如果平均出库量变少，就要减去库存残量来降低订购量。

2．定期采购方式的计算方法

如前所述，定期采购方式是指在一个固定的时期订货，并计算出在这个固定时期的适中存货量和订货量的方式。使用这种方式事先要确定订货周期是一个星期还是一个月。接下来要设定截至目前的销售实际（出货、使用、消费），计算此预测量与实际存货量之间的差额，得出订货过多或过少后再确定该订购的数量，其计算公式如下。

> 订货量＝（订货周期+预备期间）中的销售预订量+（订货周期+预备期间）中的安全存量-（现有的存货量+已订购的数量）+接受订货的差额

例如，A物料订购量的计算方法如下：

（1）A物料的订货周期为1个月；

（2）A物料的预备期间为2个月；

（3）A物料的预定销售量为800个；

（4）A物料的安全存量为940个；

（5）A物料的存货量为1 150个；

（6）A物料的订购量为1 400个；

（7）接受A物料订货后的差额为30个。

A物料的订货量＝[（1+2）×800]+940－（1 150+1 400）+30

　　　　　　　＝2 400+940－2 550+30

　　　　　　　＝820（个）

按照上面的公式，可以求出一个月预计订购A物料800～820个。

## 297　经济性批量采购

经济性批量是针对订购成本问题提出来的。经济订货批量（Economic Order Quantity，EOQ）是指使订单处理和存货占用总成本达到最小时的每次订货数量（按单位数计算）。订单处理成本包括使用计算机的时间、人工及新到产品的处置等费用。

占用成本包括仓储、存货投资、保险费、税收、货物变质及失窃等方面所产生的费用。我们可采用EOQ计算法来确定经济的订货数量（如图13-7所示）。

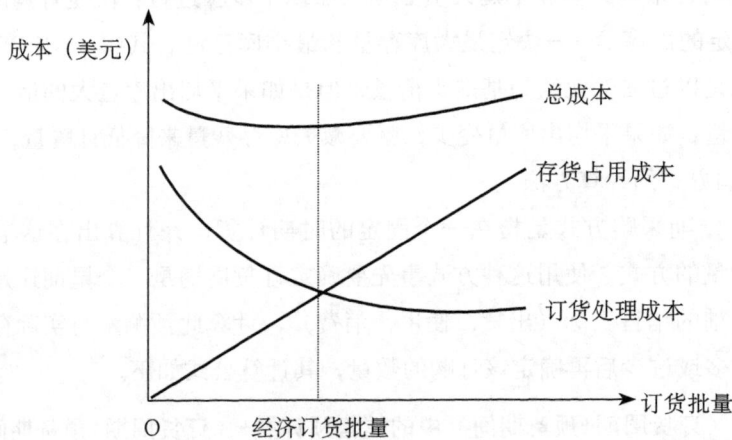

图13-7　经济性订货批量

订单处理成本随每次订货数量的增加而下降，而存货成本随每次订货数量的增加而增加（因为有更多的商品必须作为存货保管，且平均保管时间也更长）。这两种成本加起来就得到总成本曲线。

由于需求、价格、数量折扣及可变的订货成本和维持成本等方面的变化，我们必须经常修订EOQ。

对采购经理而言，在进行采购时，如何确定经济的订货数量非常关键。为了解决这一问题，采购经理应掌握若干计算经济订货量的公式，而不是靠经验或凭感觉来确定经济的订货数量。

一般的经济订货量的公式如下。

$$EOQ = \sqrt{\frac{2 \times 年需要量 \times 订货成本}{库存管理费用率 \times 单价}}$$

用数学公式表示，经济订货批量的计算公式如下。

$$EOQ = \sqrt{\frac{2DS}{IC}}$$

公式中，

$EOQ$ 为每次订货数量（以单位计）；

$D$ 为年需求量（以数量计）；

$S$ 为订货成本（以金额计）；

$I$ 为年存货成本占单位成本的百分比；

$C$ 为商品的单位成本（以金额计）。

# 第十四章　采购质量控制

**导读** >>>

采购物料质量是企业产品品质控制的第一个环节，物料质量的好坏直接影响企业最终产品的质量和生产进度，因此采购经理应做好采购产品质量控制工作。

Q先生：A经理，公司采购物料时，我每次都担心采购品质会出现问题，请问，有没有控制采购品质的好办法？

A经理：要想做好采购品质控制，必须掌握采购品质控制的各类基础知识，如采购品质构成、种类等，同时还要制定好准确的物料规格和采购品质控制标准、目标等。

Q先生：为了加强采购品质控制，总经理计划成立采购品质管理部门，并让我作为该部门的主要负责人，您认为这样做有必要吗？

A经理：这样做很有必要。采购品质控制是一项系统工程，要控制好采购品质，采购部需要其他部门的帮助，如需要品质部门协助检验物料质量等。因此，采购经理应当做好采购品质管理的协调工作。

# 第一节　采购部门的质量管理

采购部门的根本任务是根据生产的需要，适时、适量、适质、品种齐全地向生产部门提供各种所需物料，做到方便生产、服务良好，从而提高经济效益。

## 298　物料采购计划工作

在面临较复杂的采购情况时，如涉及企业各个部门和各工序、材料、设备、工具及办公用品等各种物料，采购部门要进行全面的统计分析，在分析的基础上编制物料采购计划，并检查、考核计划的执行情况。

## 299　物料采购的组织工作

依据物料采购计划，按照规定的物料品种、规格、质量、价格、时间等标准，与供应商签订订货合同或进行直接购置。

（1）确定供应商与采购方式后，要根据采购计划内容（包括质量、运输方式、交货时间、交货地点等）要求组织运输，并保证在合理的时间内提前完成。

（2）物料运到工厂后，经有关部门检验核实后，方可入库。

（3）对已入库的物料，要按科学、经济、合理的原则进行妥善管理，保证质量完好、数量准确、方便生产。

（4）根据生产部门的需要组织好生产前的物料准备工作，并按计划、品种、规格、质量、数量及时发送。

## 300　物料采购供应的协调工作

在一个企业中，采购部门与生产部门由于分工不同往往产生矛盾与冲突。此时可从企业的目标和利益出发进行沟通与协调，以达到提高产品质量和经济效益的目的。

### 301 物料采购供应的控制工作

由于采购活动涉及资金的流动以及各方的利益关系，因此为了避免采购物料质量差以及采购活动所带来的风险，必须加强采购控制工作，并建立采购计划管理制度、采购请示汇报制度、采购评价制度、资金使用制度、到货付款制度、保险制度等。

# 第二节　供应商评估、认证

在采购质量控制工作中，我们还应对供应商进行评估、认证，并进行产品的验收工作。

### 302 评估供应商

评估供应商时，主要围绕以下两个方面来开展工作。

1．建立供应商评估指标体系

为了对供应商进行系统、全面的评价，我们应建立一套完善的、全面的综合评估指标体系。在实际工作中，我们可以将供应商分成两类：一类是现有供应商；另一类是潜在供应商，具体内容如表14-1所示。

表14-1　供应商评估体系及要求

| 序号 | 供应商 | 评估体系及要求 |
|---|---|---|
| 1 | 现有供应商 | 对于现有的合格的供应商，每个月进行一次调查，着重对价格、交货期、合格率、质量等进行正常的评估；每1～2年对其进行一次详细评估 |
| 2 | 潜在供应商 | 对于潜在供应商，其评估的内容要详细一些。首先是根据产品设计对原材料的需求，寻找潜在供应商，由其提供企业概况、生产规模、生产能力、经营业绩、ISO 9000认证、安全管理、样品分析等基本情况，然后进行报价。其次对供应商进行初步的现场考察，考察时可以按照ISO 9000系列标准进行，最后汇总材料进行小组讨论。对供应商进行资源认定之后，由相关部门再对其进行正式的考察。如果愿意与供应商合作，可先让其小批量供货，考察三个月后，如果没有问题，再确定其为正式的供应商 |

在考察供应商的过程中，我们可根据ISO 9000或其他质量管理标准对供应商的质量保证体系进行审核，以确定其质量体系是否完备、运行是否持续有效。这也是目前评估供应商比较常用的一种方法。

2．出具供应商评估报告

每一次开展供应商评估工作都应出具评估报告，并呈报给管理层和相关方，以便选择与管理供应商。各个企业会根据自己的情况来编制供应商评估报告，以便对不同的供应商进行比较。

### 303　初选供应商的质量控制

初选供应商时，我们应对其提供的产品的质量进行严格把关。

（1）考察供应商的硬件（设备的先进性、环境配置的完善性等）、软件（人员技术水平、工艺流程、管理制度、合作意识等）设施情况。

（2）供应商是否通过 ISO 9000 的认证，所制定的质量控制措施是否有效。

（3）供应商所提供的物料是否为名牌产品，是否是你想要采购的物料等。

（4）产品的技术规范性如何。

技术规范是对所要认证的物料项目的技术品质要求，其可作为选择供应商的依据；技术规范由产品设计人员制定，由认证部门发给供应商；当产品技术规范与供应商的相关标准存在差异时，对于合理的、不影响物料质量的改动，认证人员有责任向设计人员提出。

### 304　试制认证的质量控制

试制认证是指对供应商提供的样件（也叫做样品）进行验证的过程。供应商提供样件的方式视其物料的形式而不同，具体方式如图14-1所示。

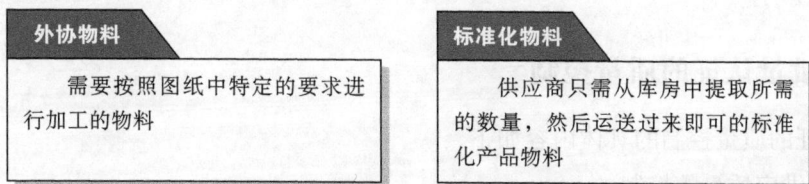

**外协物料**
需要按照图纸中特定的要求进行加工的物料

**标准化物料**
供应商只需从库房中提取所需的数量，然后运送过来即可的标准化产品物料

图14-1　供应商提供样件的方式

1．试制认证阶段的外协物料质量控制步骤

（1）对供应商外协加工过程进行协调，协调内容包括设计人员制定的技术规范和供应商实际生产过程有出入的，需要根据实际情况改正"技术规范"或"图纸"，或者改善供应商的加工流程。

（2）工艺、质管等部门相关人员对供应商提供的样品及检测报告进行评审。其目的是验证供应商的样品能否满足公司的技术和品质要求。

2．试制认证阶段的标准化物料质量控制

在标准化物料生产过程中，供应商一般都有较严格的质量控制手段，同时由于是机械化、自动化、大批量作业，认证人员没有必要对过程进行监控，但必须对样品进行评审。样品的认证方法多种多样，有些样品企业可以自行评审鉴定；有些样品需要借助其他公司协助，如金银的鉴别等。

## 305　中试认证的质量控制

中试认证阶段的关注点是单一样件向小批件过渡，而质量控制是此阶段最重要的工作内容。因此，认证人员应该注意，样品的质量符合要求并不代表小批件质量也符合要求。

1．新开发方案的质量控制

一个新开发方案，可能在试制期间，动用一切手段，使方案得以实现。该方案中物料的配套是精品中的精品，质量第一，成本则被放到第二位，而这种精品很难向小批件过渡，因为供应商提供一件物料较容易，而小批件的提供则难度大（成本大、时间长）。因此，如何选择质量过关、价格适中的物料是中试认证必须解决的难题。认证人员应参与到研发物料选型过程中，向研发人员推荐质优价廉的物料。

2．新供应商认证的质量控制

新供应商可能在试制认证期间，精心筛选出一个样件提供给认证部门，以供测试评审。而到了中试认证阶段，该供应商所提供的小批量物料的质量则很难保证。

## 306　批量认证的质量控制

批量认证的质量控制的具体内容如下。

1．物料供应质量的控制

质量检验是对产品或服务的一种或多种特性进行测量、检查、试验、度量，并将这些特性与规定的标准要求进行比较，以确定其符合性的活动。通过来料质量检验（对供应商送来的物料进行质量检验）来控制供应商批量物料供应质量。

2．批量认证的质量控制的解决方法

批量认证的质量控制的解决方法如图 14-2 所示。

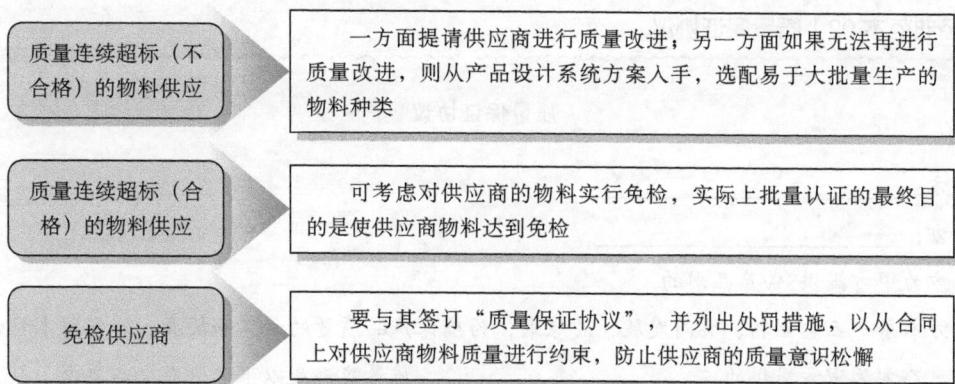

图14-2 批量认证的质量控制的解决方法

## 307 与供应商签订质量保证协议

质量保证协议对供应商明确提出了质量要求。协议中规定的质量要求和检验、试验与抽样方法应得到双方的认可和充分理解，从而保证采购产品的质量。

1．要求

质量保证协议应满足以下要求：

（1）质量保证协议应得到双方的认可，以防止给今后的合作留下隐患；

（2）质量保证协议应当明确检验的方法及要求；

（3）质量保证协议中提出的质量要求应包括成本和风险等方面的内容。

2．内容

质量保证协议中提出的质量保证要求应包括以下内容：

（1）双方共同认可的产品标准；

（2）由供应商实施质量管理体系，由公司第三方对供应商的质量体系进行评价；

（3）本公司的接收检验方法（包括允收水准 AQL 的确定）；

（4）供应商提交检验、试验数据记录；

（5）由供应商进行全检或抽样检验与试验；

（6）检验或试验依据的规程／规范；

（7）使用的设备工具和工作条件，同时明确方法、设备、条件和人员技能方面的规定等。

以下是某电器公司的质量保证协议，仅供读者参考。

**【经典范本02】质量保证协议**

质量保证协议

甲方：_____

乙方：_____

乙方为甲方提供SW产品用的_____

双方本着"互惠互利、共同发展"的原则，为确保产品质量的稳定和提高，特签订本协议。

一、乙方为甲方提供的_____质量应满足以下部分或全部要求。

1. 双方签订_____。

2. 甲方提供的技术标准_____。

3. 甲方提供的图纸_____。

4. 其他补充要求_____。

二、乙方应对以下项目：

_____

进行全程把关，每批产品并向甲方提供（用打"√"的方法选取）。

（　）检验合格证

（　）检测报告

（　）有关检验原始记录

（　）型式试验报告（每年）

三、甲方采用全数据检验或抽样检验两种方法对乙方提供的产品质量验收。

1. 全数检验，不合格率（P1）：_____。

2. 抽样检验：_____。

抽样方案：_____。

合格质量水平：_____。

抽样检验批不合格率（P2）：_____。

四、甲方对乙方不合格品的统计范围包括甲方进厂检验时发现的不合格品、生产过程中发现的不合格品和售后发现的不合格品。

五、产品进货检验全数检验不合格率（$P_1$）和抽样检验批次不合格率（$P_2$）的计算方法。

全数检验$P_1$＝＿＿＿×100%

抽样检验$P_2$＝＿＿＿×100%

六、产品进厂验收的检验判定依据为：＿＿＿＿＿＿＿＿＿＿＿＿＿＿＿＿＿＿＿＿＿。

七、质量保证

1. 乙方应按甲方的要求，参照ISO 9000系列标准建立质量体系文件，以不断提高产品质量。

2. 甲方确认乙方提供的产品的质量保证体系及质量保证的实施状况时，须征得乙方同意后方可进行质保体系调查。

3. 如果乙方将甲方所需的产品全部或部分委托给第三方制造时，甲方有权提出调查第三方的质量保证能力，乙方应予积极协助。

八、为促进乙方的产品质量稳定和提高，甲方确认属乙方质量责任的不合格品时，可采取以下经济措施。

1. 甲方应将被判为整批不合格的产品及时通知乙方，并做出可否回用的判定。对于被判为可回用的产品需办理回用手续并按降级处理，同时甲方将扣除该批产品总价值的＿＿＿%；对于被判为不可回用的不合格品甲方有权作整批退货处理，并收取乙方该批产品价值的＿＿＿%作为检验费和误工费。

2. 对于合格批中的不合格品，甲方除退货外，还应收取乙方退货价的＿＿＿%作为检验费与误工费。

3. 如因整批不合格被退回，且乙方不能及时再次提供合格品，甲方因此停产造成的一切损失，乙方必须负全部责任。

4. 乙方为甲方提供的产品、原物料、零配件的制造工艺发生改变时，必须事先通知甲方并征得甲方的同意；否则由此造成的一切损失由乙方承担。

5. 如果乙方所提供的产品连续两个月达不到本协议规定的质量水平，或发生重大质量问题，除执行本协议的有关条款外，甲方有权减少乙方的供货量或终止合同，并取消定点资格。

九、因乙方提供的产品出现质量问题且造成重大事故的，按《中华人民共和国产品质量法》处理。

十、其他补充条款＿＿＿＿＿＿＿＿＿＿＿＿＿＿＿＿＿＿＿＿＿＿＿＿＿＿＿＿＿。

十一、当甲乙双方认为协议条款需要变更时，由双方协商重新签订协议。

十二、本协议未签事宜，由双方共同协调解决。

十三、本协议一式四份，甲乙双方各执两份，经双方签字盖章后生效。

### 308 做好验收控制工作

物料的验收控制是采购质量控制的重要一环。一般而言，企业会设立IQC部门，对供应商品质进行确认与控制，即能确定供应商的交货状况，以及分析和发现各种品质问题，并提升供应商的交货品质。这也是目前所有企业都注重的。

1．采购验收

（1）采购验收的流程

采购验收的流程如图14-3所示。

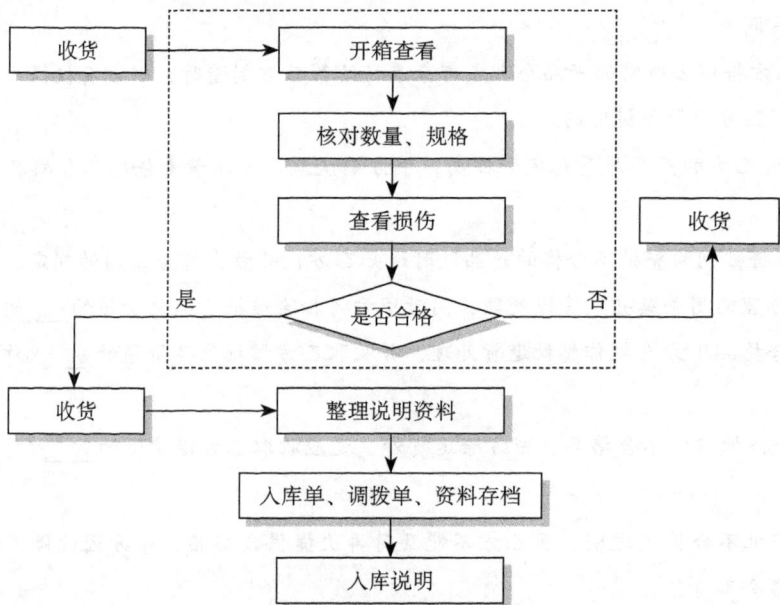

图14-3 采购验收的流程

（2）验收重点

查看物料数量、规格是否和目标订购数量与规格相符合、是否有损伤。验收完毕后，填写进货验收单。

2．采购检验

（1）采购检验的方法

采购检验的方法如图14-4所示。

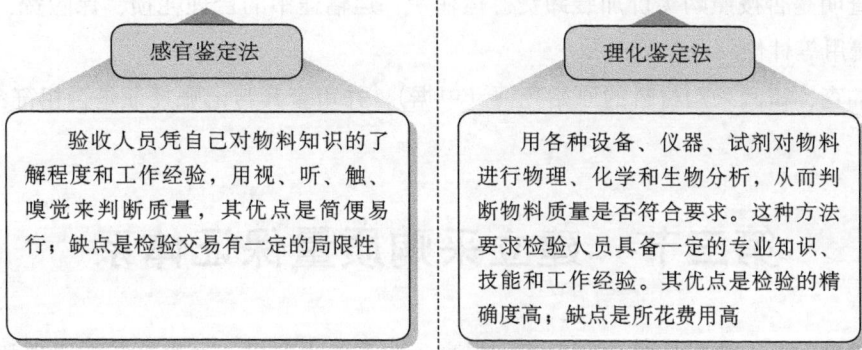

图14-4 采购检验的方法

（2）采购检验的流程

采购检验的流程如图14-5所示。

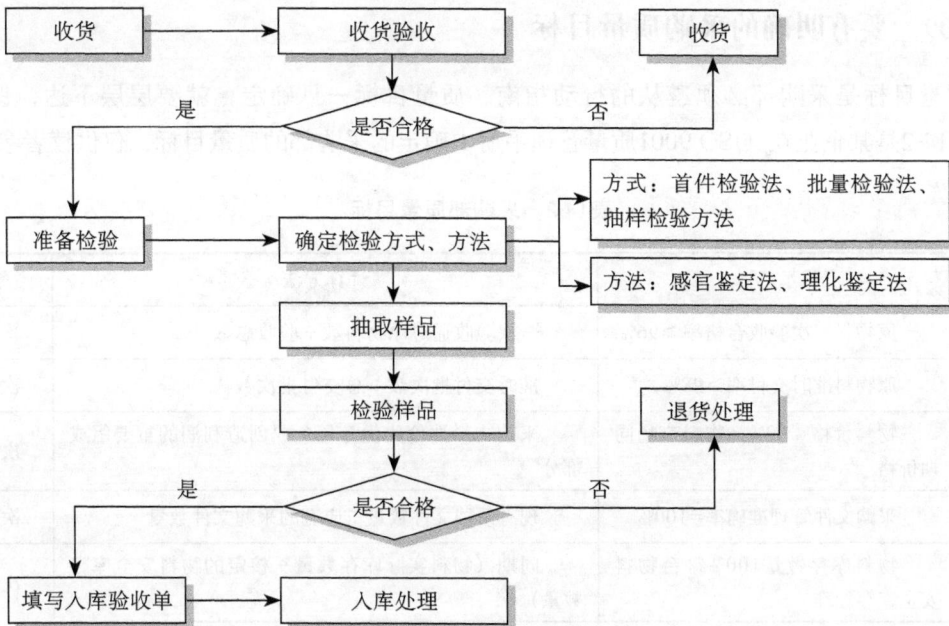

图14-5 采购检验的流程

3．采购审查

采购审查是指核对采购成本和采购成本构成项目正确与否，具体包括以下两个方面的内容。

（1）查明是否按照购买价加装卸费、运输费、运输途中的合理耗损、保险费、入库前的整理挑选费用等计价。

（2）抽查、审阅采购材料的原始凭证（单据），并审查其与记账凭证是否相符合。

# 第三节　建立采购质量保证体系

采购质量保证体系是指企业以保证和提高采购质量为前提，运用系统的原理和方法，设置统一协调的组织机构，把采购部门、采购环节的质量管理活动组织起来，形成一个有明确任务职责、权限、互助协作的质量管理有机体系。要想建立一个完善的、高效的采购质量保证体系，就必须做到以下几点。

## 309　要有明确的采购质量目标

质量目标是采购部必须遵从的行动指南。质量目标一旦确定，就要层层下达，保证实施。表14-2是某企业在其ISO 9001质量管理手册中确定的采购部的质量目标，仅供读者参考。

表14-2　采购部质量目标

| 序号 | 质量目标 | 计算方法 | 测量频次 |
|------|----------|----------|----------|
| 1 | 原物料一次验收合格率≥96% | 一次验收通过原物料数÷验收总数 | 次／月 |
| 2 | 原物料准时交付率≥98% | 准时交付批次数÷总交付批次数 | 次／月 |
| 3 | 物料价格≤99%×物料市场同期价格 | 采购物料性价比优势是企业创造利润的重要组成部分 | 次／月 |
| 4 | 采购文件管理准确率=100% | 现有采购文件数量÷应有的采购文件数量 | 次／月 |
| 5 | 物料库存数量100%符合物料安全库存标准 | 同期（物料实际库存数量÷核定的物料安全库存数量）=1 | 次／月 |
| 6 | 不良物料退货及时率≥99.5% | 采购部应全力做好对内、对外的服务工作，确保不良物料存退料仓时间不超过2日（有周期性规定的除外） | 次／月 |
| 7 | 合格供应商开发数≥8 | 开发部的核心工作是不断开发符合企业要求的合格供应商，开拓富有竞争力的原物料供给渠道，从而确保企业的持续竞争力 | 次／月 |

（续表）

| 序号 | 质量目标 | 计算方法 | 测量频次 |
|---|---|---|---|
| 8 | 供应商开发程序执行有效率=100% | 有效执行程序是规避企业内外部风险的基本要求，从而可建立系统的采购渠道开发流程 | 次/月 |
| 9 | 供应商开发资料完整率=100% | 现有供应商开发资料数量÷应有的供应商开发资料数量 | 次/月 |

## 310　建立健全采购质量管理机构

采购质量管理机构应能起到协调技术部门、使用部门与采购部门，以及协调供应商与采购部门的作用，使各方面配合得更好。

由于企业生产类型、规模、工艺性质、生产技术特点、生产组织形式等的不同，采购质量管理机构在各个企业中的设置也不一样。一般来说，可以成立由采购经理领导的采购质量管理小组（或委员会）；或者由采购部门设立一个单独的采购品质管理机构，该机构是企业领导执行采购品质管理职能的参谋、助手和办事机构。

采购质量管理机构在采购品质管理保证体系中的主要职责如下：

（1）协助采购经理进行日常采购品质管理工作；

（2）开展采购品质管理宣传教育；

（3）组织采购品质管理活动；

（4）制定降低质量成本的目标和方案，协同财务部门进行质量成本的汇集、分类和计算；

（5）协调有关部门的采购品质管理活动；

（6）组织供应商的评估，展开采购产品的质量调查，进行采购品质评价等。

## 311　采购质量管理制度

企业必须建立采购品质管理制度，确保采购品质管理工作事事有人管、人人有专职、办事有依据、考核有标准，使所有参与人员为保证和提高采购品质而认真工作。对此，各个企业根据自身情况所制定的质量管理制度的内容也有所不同，在此主要介绍以下三种，具体如表14-3所示。

259

表14-3　常见采购品质管理制度的内容要求

| 序号 | 制度 | 内容要求 |
|------|------|---------|
| 1 | 进货检验控制制度 | 该制度应对进货的验收、隔离、标示、结果处理，进货检验或试验的方法及判断依据，所使用的工具量具、仪器仪表和设备的维护与使用，检验人员、试验人员的技能要求等方面做出规定 |
| 2 | 供应商选择评估制度（程序） | 该制度应就供应商的选择、评估、体系审核等确定明确的权责人员、作业程序及结果处理办法等 |
| 3 | 采购品质记录管理制度 | 可按照ISO 9000质量管理体系的要求对采购品质的记录进行控制。采购品质记录包括两方面：一是与接收产品有关部门的记录，如验收记录、进货检验与试验报告、不良品反馈单、到达供应商处的验证报告等；二是与可追溯性有关的质量记录，如验收记录、发货记录、检验报告、使用记录（出库单、入库单）等。以上采购记录一定要按相关制度的规定进行填写、传递、保管 |

## 312　建立健全采购质量标准化体系

采购标准包括国际标准、国家标准、行业标准和企业标准。采购标准化是指采购物资或服务时，尽量采购那些已经形成某种标准的产品或服务，如采购按国际标准制造的零件或部件而不是购买定制的零部件。采购标准化意味着可以简化采购工作量，意味着采供双方在达成协议时有明确的尺寸、质量、规格等标准可依。因此，加强采购标准化工作，可以提高质量保证，减少采购的品种和库存，从而降低最终产品的成本。

采购标准化程序是为减少一个组织所购产品和服务种类而设计的程序。

1．标准化程序的作用

如果采用标准化程序，所采购的产品或服务的范围将会大大缩小，从而可以带来如下好处：

（1）增加物料的通用性，减少物料的库存，降低库存成本；

（2）采购方对产品的要求有更大的一致性，从而使服务标准化；

（3）需求可以集中于更少的供应商，从而减少供应商的数量；

（4）减少了品种、增加了数量，从而扩大了谈判的范围，可以争取更好的商业条款，如价格、运输等合同条款；

（5）实现更少的订单，这样可以简化管理，并且更高效地满足用户的需求；

（6）提供指定产品和服务的供应商能加深对采购商要求的理解，也可以更好地计划未来。

### 2．标准化程序的建立

建立标准化程序并不是将最便宜的产品或服务作为选择的标准。因为用户一般会有这样一种心理，即便宜的产品或服务可能代表更低的特性和特征，所以这样的选择常常会降低生产力。标准化程序应当使供应的总成本降低，而不仅仅是注重采购价格。

标准化程序首先应确定采购高使用价值的产品和服务。帕累托方法根据采购物料的使用价值分类，将其分为三种类型（详见表14-4）。

表14-4　采购物料的ABC分类

| 类别 | 占品种数量的百分比 | 占总采购价值的百分比 |
|---|---|---|
| A | 10% | 70% |
| B | 20% | 20% |
| C | 70% | 10% |

帕累托方法告诉我们，在所有的采购中，几乎都符合这样一个规律，即占总采购价值80%的商品，其品种数量仅占总品种数量的20%。因此，我们可以按照管理的优先级对20%的商品进行标准化，即首先选择此类产品进行标准化，以此来改善采购战略中关于采购的控制。

## 313　加强质量教育、强化质量意识

在采购管理过程中，企业应在自身内部形成一种加强质量教育、强化质量意识的文化氛围，将质量教育作为采购质量管理的"第一道工序"来抓。

## 314　建立供应商扣款制度

为保证供货商来料品质，企业应建立不良品质扣款制度。

### 1．管理责任者

（1）品质部负责编制供货商来料品质不良扣款报表。

（2）采购部负责供货商扣款金额的汇总及与供货商确认。

（3）财务部负责供货商扣款作业。

2．品质异常扣款项目

（1）重点尺寸超差（指产品图纸上标注的重点尺寸，如螺纹、装配尺寸、材质、试水、扭力等品质标准上的注明）。

（2）重工、分选处理（指企业花费人力、物力对供货商来料进行处理所花的工时）。

3．扣款标准

对于扣款标准也应事先规定，并告知供应商，以免在执行时发生矛盾，例如：

（1）来料特采（颜色色差除外），扣当批货款的 2%～5%，并由企业总经理酌情决定；

（2）来料分选重工，企业花人力来处理，由生产部统计工时、企业品质部汇总扣款；

（3）来料批退不作扣款，但必须提报；

（4）来料检验异常扣款总额每月低于一定数额的不予扣款；

（5）关系企业来料不良（分选，重工，特采的），依扣款标准执行，但扣款单最终由总经理签核；

（6）IQC 未发现品质异常，但在生产线发现异常并导致产生异常工时的批次，由生产线提供异常工时，企业品质部加以统计并作为扣款标准。

### 315 明确供应商扣款制度程序

所有供应商扣款每月由企业品质部提出，采购人员汇总并经采购经理和品质部经理会签后交财务部进行扣款，于每月月底完成。

对单笔物料依扣款标准扣款，由采购人员传供应商并回签，扣款月报经总经理签核后，由企业采购人员传真给供应商。若供应商对品质扣款有任何异议，可找企业总经理协调。

在处理程序中必须运用表14-5和表14-6来进行有效管理。

**表14-5　供应商来料检验异常扣款（特采类）**

编号：　　　　填报部门：　　　　　　　　　　　　　　日期：___年__月__日至___年__月__日

| 序号 | 供应商 | 料号 | 品名 | 采购单号 | 异常内容 | 数量 | 单价 | 币别 | 货款总金额 | 应扣款金额 | 实扣款金额 | 备注 |
|---|---|---|---|---|---|---|---|---|---|---|---|---|
| | | | | | | | | | | | | |
| | | | | | | | | | | | | |
| | | | | | | | | | | | | |

制表人：　　　　　　　　　　　　　审核人：

表14-6　供应商品质异常工时扣款（分选重工类）

编号：　　　　填报部门：　　　　　　　　　　　　　　日期：＿＿＿年＿＿月＿＿日至＿＿＿年＿＿月＿＿日

| 序号 | 供应商 | 扣款单号 | 料号 | 品名 | 不良品数量 | 异常扣款内容 | 耗用工时 | 工时费用 | 应扣款金额 | 实扣款金额 | 备注 |
|---|---|---|---|---|---|---|---|---|---|---|---|
|  |  |  |  |  |  |  |  |  |  |  |  |
|  |  |  |  |  |  |  |  |  |  |  |  |
|  |  |  |  |  |  |  |  |  |  |  |  |
|  |  |  |  |  |  |  |  |  |  |  |  |
|  |  |  |  |  |  |  |  |  |  |  |  |

制表人：　　　　　　　　　　　　　审核人：

## 316　加强采购文件管理

我们应从以下几个方面来加强采购文件管理工作。

### 1．管理采购文件

采购文件记载、储存和反映了采购业务的进展情况与完成情况，其所提供的各种采购信息资料是有效开展采购工作所不可缺少的信息资源。采购过程中最常见、最重要的基础性采购文件的类型如表14-7所示。

表14-7　常用采购文件的类型

| 序号 | 类别 | 具体说明 |
|---|---|---|
| 1 | 材料规范卷宗 | 企业需用的各种材料的规范应分类编号并编制索引，存入卷宗以便查考 |
| 2 | 产品目录卷宗 | 分类保管各供应商编印的产品目录和说明书 |
| 3 | 供应商记录 | 为每一供应商填制一张卡片，除记载该供应商的基本信息外，还记载对供应商访问调查的评价信息，以及合同执行情况的计分评价记录 |
| 4 | 价格记录 | 记录各种主要材料的市场价格、合同价格和报价 |
| 5 | 采购文件 | 每种材料都要填制一份，记载请购单号数和请购数量、订购单（或合同）号数和订购数量、发票数量和金额、收料单号数和收料数量等内容 |
| 6 | 订购单（或合同）卷宗 | 主要保管已完成交货的订购单（或合同） |

2．加强采购文件管理

（1）采购表单的设计

设计采购表单时应遵循下列两项原则。

①采用一次自动套写的方式。这样不但可以节省填写的时间，还能减小出错率，同时也能提高采购作业效率。

②采用一单多功能的方式。例如，请购单不但可以作为申请单位的需求凭证，同时可以作为采购部核准采购的凭证、财务部审核付款的凭证、仓储单位验收数量的凭证等。

（2）采购文件日常管理

各种采购文件是采购作业可追溯的原始性和基础性资料，采购经理应安排人员对采购文件进行安全、有效的保管。一般可根据企业的文件控制程序来加以管理，具体要求如下：

①记录填写应及时、准确；

②对各种文件应进行标记、分类，以便查阅、修改和处理；

③遵循文件作废条件和销毁方式，进行适当的处理；

④保证文件对采购的可追溯性和追溯期限；

⑤文件应为采购分析提供依据，以便分析和确定价格、品质趋势；

⑥对采购文件进行有效归档、保管。

# 第十五章 "互联网+"下的采购管理

**导读 >>>**

在"互联网+"背景下，传统企业如何做好采购管理创新，实现高效、集中、阳光、协同的生态型采购管理是至关重要的。

Q先生：A经理，伴随着"互联网+"的崛起，我们的采购业务可以通过一些专业采购平台来开展，这样既能节省成本，也能提高工作效率。

A经理：是的，进行网络采购时一定要注意选好、管好供应商，从某种程度上说，供应商的选择与关系管理的成败可决定网上采购能否顺利实施。

Q先生：嗯，现在网上采购风险也不小，尤其是一些全球采购的产品，供应商的认证更重要。

A经理：为了确保网络交易的安全，我们要了解常见的网络交易风险，并针对这些风险采取相应的防范措施。

# 第一节　网络采购的实施要点

企业采购是指企业为了维持正常的生产、服务和运营而向外界购买产品与服务的过程。企业网络采购的主要目标是对于那些成本低、数量大或影响关键业务的产品和服务订单，实现处理和完成过程自动化。

## 317　网络采购的流程

互联网络可以优化企业的采购活动，在线采购系统就是利用计算机网络软件系统，使采购活动规范化和程序化，提高采购效率，降低采购成本，保证企业的生产和经营活动顺利进行。网络采购流程具有非常明显的自动化特征，具体流程如图15-1所示。

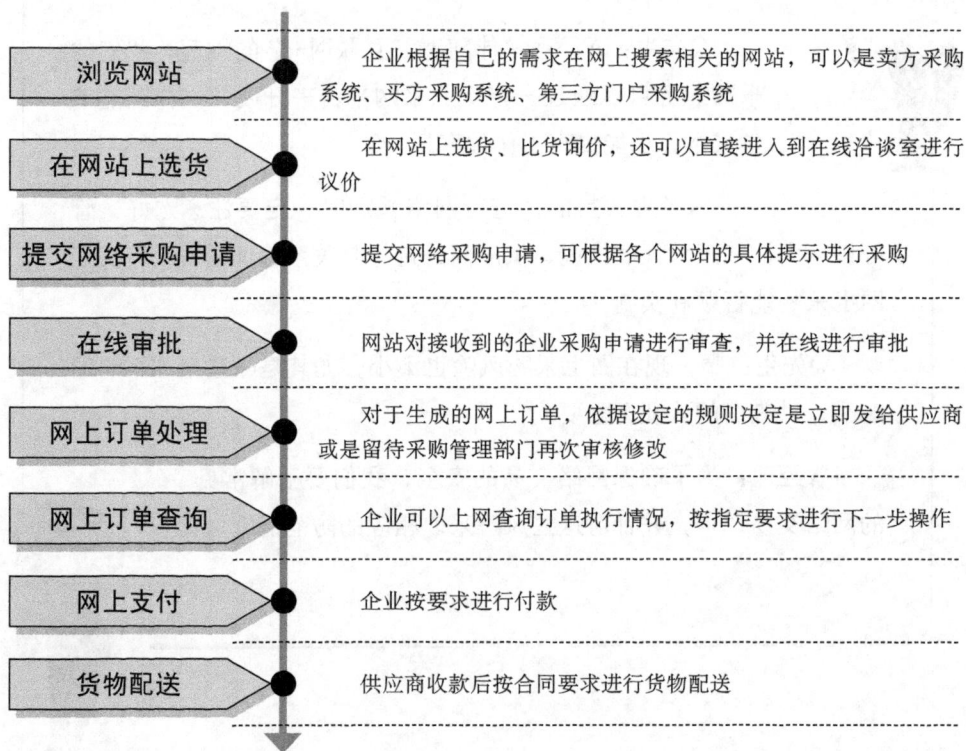

| 流程 | 说明 |
|---|---|
| 浏览网站 | 企业根据自己的需求在网上搜索相关的网站，可以是卖方采购系统、买方采购系统、第三方门户采购系统 |
| 在网站上选货 | 在网站上选货、比货询价，还可以直接进入到在线洽谈室进行议价 |
| 提交网络采购申请 | 提交网络采购申请，可根据各个网站的具体提示进行采购 |
| 在线审批 | 网站对接收到的企业采购申请进行审查，并在线进行审批 |
| 网上订单处理 | 对于生成的网上订单，依据设定的规则决定是立即发给供应商或是留待采购管理部门再次审核修改 |
| 网上订单查询 | 企业可以上网查询订单执行情况，按指定要求进行下一步操作 |
| 网上支付 | 企业按要求进行付款 |
| 货物配送 | 供应商收款后按合同要求进行货物配送 |

图15-1　网络采购的流程

## 318 网络采购数据传送途径

在企业内部，网络采购申请主要通过互联网传递。采购申请被批准并形成订单后，企业外部的传递对网上采购的效率影响最大，途径也十分多。目前，国际流行的网上采购数据传送途径主要包括图15-2所示的几种形式。

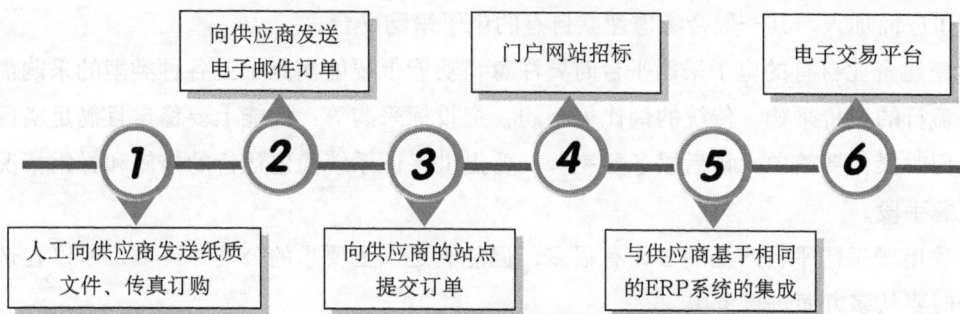

**图15-2　网上采购数据传送途径**

网络采购能够使买卖双方快速建立联系，从而使相关业务得到快速履行。在电子交易平台中，所有的商家都能得到相同质量的服务，并遵照工业标准的协议进行交易处理，商家之间的信息沟通更加便利，加入的商家越多，信息沟通越有效。

## 319 网络采购的组织实施

企业网络采购的组织实施一般由采购部门负责，即由它组织办理生产部门或其他部门提出的采购计划，并利用采购管理信息化系统，使网络采购实现内部各相关程序和权利的公开、透明与有效制衡。

采购物资的价格质量等信息要在企业内部网上公开，做到采购人员掌握的信息，监督和管理人员也能掌握，避免"暗箱操作"。企业采购物资信息公开，可在一定程度上堵塞采购漏洞，降低采购成本，保障采购物资质量，防止库存过高。

有条件的企业可通过相关专业网站广泛收集采购物资的市场价格和质量信息，努力实现网上招标采购，并与其他企业进行对比，实现比质比价采购。

### 320  选对采购平台

采购平台有两种：一是企业自有的、公开的、基于互联网的电子采购平台，即自建的电子采购平台；二是收费的电子采购平台。

**1．自建的电子采购平台**

对于达到一定规模的大中型企业来说，采购项目众多，有自己的供应商群体，也容易吸引新的供应商加入。其一般会考虑建立自有的电子采购平台。

在搭建企业自有的电子采购平台时要注意，功能上要能满足企业各种类型的采购需求，如现在流行的竞价采购、传统的询比价采购、招投标采购等；性能上要稳定且满足实际操作需要，同时操作要简单，售后服务要完善，要提供保证系统稳定运行的措施和异常情况发生时的应急手段。

开发电子采购平台产品的公司有很多，但能满足以上要求的公司并不多，所以在选择采购平台时要从多方面进行考虑。

**2．收费的电子采购平台**

什么样的电子采购平台才算符合收费要求呢？具体要求如图15-3所示。

要有大量的会员，且有海量的产品供应信息可供选择

① ②

要选择以制造商为主的平台，以便降低采购成本

图15-3　符合收费要求的采购平台

# 第二节　企业自建采购管理平台

作为基于"互联网＋"的新兴采购模式，企业采购管理平台的搭建需要信息化与采购业务深度融合。

### 321  自建采购平台的功能

自建采购平台应具备以下功能。

1．价格管理

价格管理是企业确定采购价格的过程，即建立和管理企业采购物品的统一价格体系，对采购价格的执行范围、定价方式进行规范。采购平台应为企业构建一套完善的价格管理体系。

2．采购计划

采购计划是由企业根据生产计划制订并按照不同的计划阶段导入采购平台的。其支持多种格式文件导入，导入后可以进行查看和修改。该平台具备数据校验机制，即通过核对采购目录与计划中物料，自动将不合格数据筛选出来，有效保证了计划数据的准确性。

3．采购定价

企业可根据业务需要选择多种采购模式，如招标、竞价、询价，以充分发挥市场杠杆效应，降低采购品的材料成本和采购过程成本，提升采购工作效率，从而达到降低企业采购成本的目的。

4．合同、协议管理

这是采购定价结果的体现，也是采购实施的依据，包括采购品的价格信息、交货条件、付款方式等主要信息。可以手工录入合同，也可以根据采购定价项目的中标结果直接生成合同。

5．订单协同

企业需要一个完整的供应链管理，以快速响应客户需求。采购平台应提供一整套订单协同的功能，包括订单、收货、退货等的流程。

6．采购统计

平台应按项目采购统计和按采购价格统计来设定统计查询的方式，可以对供应商报价的历史记录、订单响应、送货及时率、货物合格率、交易数据等进行自动统计，为采购决策提供强有力的支持。

7．供应商管理及评估

供应商通过网上注册，申请成为供应商企业；采购商可对供应商进行认证，使其成为自己的潜在供应商；拥有供货资质的供应商一般都为正式供应商；采购商可对正式供应商进行评估，选出合格供应商。

8．采购目录维护

采购品目录是整个采购系统的基础和根本，它具有统一分类、统一编码的特点，各个采购商根据自身企业的特点和需要进行维护。

## 322　企业采购平台建设要求

企业采购平台建设的要求如下。

### 1．建立供应商生命周期管理

集团性企业在发展供应商的时候，也要关注供应商的全生命周期管理，建立供应商全生命周期管理的平台，包括潜在供应商获取、供应商认证（资质评估、技术评审、样机试运行考核、小排量考核等）、供应商开发选择和准入、可供货申请管理、产品信息确认管理、供应商的关系和档案管理、绩效考评到供应商的退出和结束合作的过程管理。通过使用标准化的供应商管理流程，促使供应保证产品质量并降低采购成本。

### 2．支持规范统一的招投标流程

在互联网技术的支撑下，集团性企业采购部门通过采购管理平台可以直接连接到电商平台，并完成企业采购公告的发布以及与供应商之间的询报价、招标谈判、在线竞价、合同签订、履约验收等采购业务，最终实现所有采购渠道间综合比价的决策。同时，支持全业务流程的在线记录，包括在线编制标书、发布标书、投标、评标及确定中标结果、编写中标报告等，允许供应商在线投标及反馈意见，使企业能够建立透明化、规范化、专业化的招投标体系。

### 3．建立供应商协同平台

建立供应商协同沟通的统一平台，使公司的采购需求能快速传达给供应商，同时要加强沟通协作、信息交互，快速掌握供应商的交货计划及到货情况，提高供应商的交货及时率及计划达成率，降低积压风险，优化质检信息协同、财务对账协同等采购管理流程，最终获得高效率产出、低库存周转和快速度响应，达到在优化采购流程的基础上优化产供销供应链的目的。例如，在协同平台上允许供应商即时查看采购订单，包括全部附件，同时也可以确认接受订单，以表明其履行订单的能力，并确认订单的各项条款。采购人员也可查看供应商提出的更改要求，审批确认后，平台将自动更新订单。

### 4．支持多种采购业务模式

对于集团性企业来说，一般拥有众多的分公司和子公司，采购的生产物资品类也因而较多。基于不同采购品类及各分公司、子公司区域分布等特点，采购业务模式包括集中采购和分散采购，而集中采购一般又包括统谈分签、统谈统签、代理采购（分散调拨）三种模式。

#### （1）统谈分签模式

统谈分签模式是由集中采购中心汇总集团企业各单位的需求，统一和供应商进行寻源，确定寻源结果之后，由各个单位分别和供应商签合同，各单位自行执行收货结算业务。该业务通过集中采购中心集中寻源，以提高议价能力，而由各个单位签订合同则减少了各单位与集中采购中心之间的公司关联交易。

（2）统谈统签模式

统谈统签模式是由集中采购中心汇总各单位的需求，统一和供应商进行寻源、签合同，各单位自行执行收货业务；由集中采购中心与供应商结算后，各单位再与集中采购中心进行结算。集中采购中心通过集中寻源、签合同、结算，提高自身的议价能力和合同管控能力，其与各个单位存在诸多的公司关联交易。

（3）代理采购模式

代理采购模式是由集中采购中心汇总各单位的需求，统一和供应商进行寻源、签合同、收货，集中采购中心收货后再调拨货物给各单位。其中，该模式的结算流程与统谈分签模式类似。集中采购中心通过集中寻源、签合同、收货、结算整个采购流程，与各单位发生业务联系；但该业务需要集中采购中心收货之后，由其负责重新调拨物资，同时其与各单位也存在较多关联交易。如果产品出现质量问题，则难以确定是由集中采购中心或是由各单位与供应商进行沟通，沟通效率也比较低。

（4）完全分散采购模式

完全分散采购模式适用于容易获取的常规物资，因其价格弹性低或重要程度不高，且存在的供应商数量众多，该模式可简化采购的流程。

5．支持透视化采购分析

实现采购数据可视化，以更直观地分析复杂的信息数据。集团性企业采购管理平台要提供直观精准的宏观、微观可视化数据，如可对采购品类价格和交易额、采购订单响应及时到货率、供应商分布情况、供应链热度等方面进行分析。在收集、过滤、分析数据后，通过图表、地图、动态图像或互动效果图等进行数据可视化转化，兼备钻取查询、图形化、表格化、打印、导出等功能，以满足多种形态的数据需求。

## 323 企业自建采购平台的建设要点

企业自建采购平台的建设要点如下。

1．梳理采购流程

建立统一和规范的采购业务流程对企业成功搭建采购管理平台来说至关重要。首先，企业应根据采购管控战略要求进行流程设计，实现采购从策略到评估的端到端管理，建立整体的管理标准。其次，企业应从整体上规划采购流程划分标准，梳理采购各个高阶流程之间的衔接关系和覆盖的业务情形，明确各个流程与岗位之间的职责关系、各个岗位在流程中扮演的角色、各个流程中承担的KPI指标，以及相应的流程关键控制点。

2．将数据标准化

为了满足集中采购的需求，采购经理需要对采购数据进行标准化处理，包括制定和统一标准、规范数据信息及编码、建立数据标准化管理系统。集采物资必须建立映射关系，集成到SRM平台中，如集团和下属公司建立统一标准或建立映射关系，物料编码由分类代码加流水组成，灵活增加分类层次及代码，分类可以灵活配置。

3．进行试点与推广

采购管理平台在集团性企业中的实施范围广，推广难度较大，所以采购经理需要结合集团规范标准和部分个性化需求制定采购模板方案。鉴于模板是体现集团管理规范与标准的信息化系统解决方案，因此对其进行管理时还需要有与之配套的项目管理体制、推进方法与变更流程。合理的实施与推进方法，在确保项目实施质量的同时，也能以最具效率的方式实现共享全球系统、支持集团全球业务。

4．开展培训

采购管理平台的成功搭建是建立在庞大的供应和内部用户培训体系基础上的，培训涉及计划、组织、实施等过程，企业要对整个培训过程进行合理评估、审核。培训团队要对企业员工的能力进行了解和分析，以防止知识传递沟通中出现"漏斗效应"。

# 第三节　网络供应商的管理

## 324　了解网络供应商管理的现状

网上采购利用互联网这一媒介，改变了传统采购模式供应商数量的局限性，在实现对供应商进行全方位选择的同时，也带来传统采购模式下不曾遇到的新问题，具体如图15-4所示。

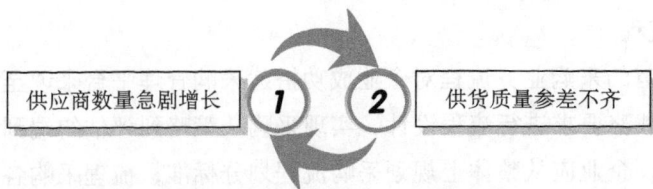

供应商数量急剧增长　① ②　供货质量参差不齐

图15-4　网络供应商管理的现状

1．供应商数量急剧增长

供应商数量急剧增长，是传统采购模式下供应商总数的几倍甚至十几倍。这些供应商遍布全国主要省份，企业性质多种多样，企业规模相差悬殊，供应商核心能力参差不齐，给中小企业供应商管理带来前所未有的挑战。

2．供货质量参差不齐

网上采购信息透明、竞价充分，决定供应商的原则一般为低价中选。这在一定程度上会导致部分供应商为了获得供货资格，尽量压低报价，中选后以降低供货质量来保持利润，甚至极个别供应商不顾自身信誉提供假冒伪劣产品。

## 325　网络供应商管理的基础工作

供应商管理的基础工作主要包括图15-5所示的几方面的内容。

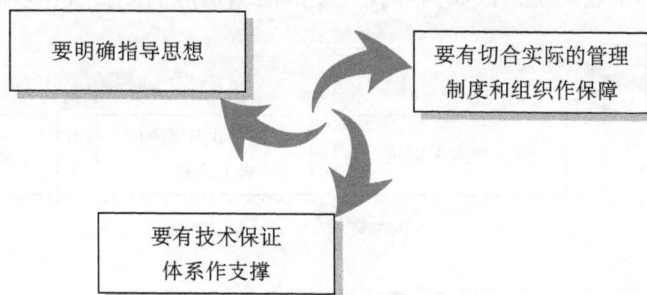

图15-5　供应商管理的基础工作

1．要明确指导思想

网上采购的核心是逐步完善，直到建立一个具有高效市场反应的供应链，提高企业的长期竞争力。基于这个认识，供应商关系管理就要以公平、公正为目标，努力创造良好的网上交易环境；以业绩为导向实现供应商的优胜劣汰；以业务奖励为手段逐步培育核心供应商，实现供需双方的共赢。

2．要有切合实际的管理制度和组织作保障

俗话说："没有规矩不成方圆。"专门的供应商管理制度是执行供应商管理的依据，是供需双方进行公平交易必须信守的准则，是交易双方维护自身正当权益的保障。与此同时，设置独立于采购业务之外对供应商管理的专职供应商管理机构，也是做好供应商管理的一项重要措施。专职供应商管理机构负责供应商管理标准的建立、供应商认证、供应商资质管理、供应商绩效管理、供应商投诉处理、供应商考核与激励，以及供应商开发的实施。这样的组织设计可以保证制度执行的有效性。

3．要有技术保证体系作支撑

要确保网上采购信息的明确性和准确性，以及到货物资验收标准的统一性。另外，依据国际标准、行业标准制定和执行企业通用性物资与专业物资的验收标准，以有效避免一些问题的发生。

## 326　网络上寻找目标供应商

优秀的供应商是企业成功采购的决定性因素，在选择和评估供应商时，我们必须对诸多因素进行综合考虑，包括交货速度、产品质量、批量柔性、技术能力、应变能力、采购价格等。那么，对于中小企业来说，该如何寻找优质的网络供应商呢？具体步骤如图15-6所示。

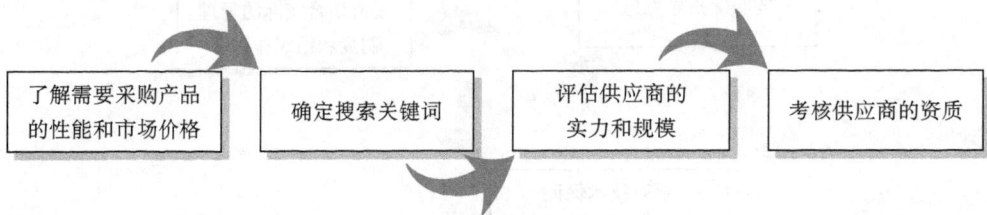

图15-6　网络供应商的寻找步骤

1．了解需要采购产品的性能和市场价格

寻找供应商之前，应先了解需要采购产品的性能和市场价格。这样做的目的是使自己掌握一定的主动权，再加上对产品有了一定的了解，供应商就不会乱报价。对企业而言，就可以很顺利地采购到价位和品质合适的产品。

2．确定搜索关键词

掌握了产品的性能和价格后，就可以开始通过网络，寻找优秀供应商了。

3．评估供应商的实力和规模

通过了解供应商公司网站和排名，来评估供应商的实力和规模。

4．考核供应商的资质

进行完搜索引擎查找和网站初步评估后，我们就可对供应商进行考核，那些企业资质不良、有不良信用记录的供应商坚决不予通过。

合格供应商应符合图15-7所示的条件。

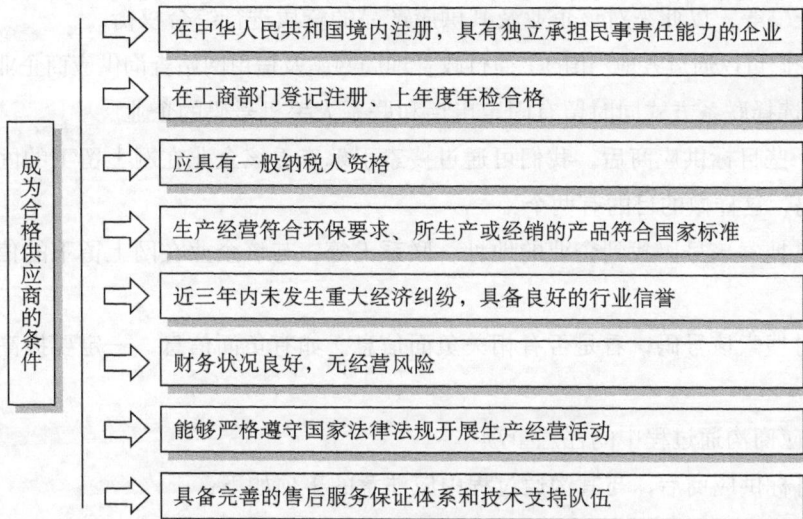

**图15-7 成为合格供应商的条件**

企业的采购人员也可要求供应商提供以下资料，作为考核的依据：

（1）盖公章的企业营业执照副本复印件；

（2）商标注册证明；

（3）代理、经销商的代理、经销许可（授权书）；

（4）企业开户行资料。

如果供应商能提供以上这些资料，并且已通过考核，就可以考虑与其合作的事宜了。

## 327 网络供应商的核查、确认

通过网络找到目标供应商后，无论采购需求多么紧急，我们一定要注意核查目标供应商的正规性。

1．尽量选择企业营业执照已核实的企业

很多B2B平台都要求企业上传其营业执照，并对已上传真实且有效营业执照的企业进行标注。

**2．尽量选择所提供的企业资质证明较为完善的企业**

很多B2B平台都会要求注册企业提供企业资质证明，如经营许可证书、产品类证书等企业证书。我们可以进入企业网站查找所选择供应商企业的"企业证书"，如经营许可类证书、产品类证书等，以此来对该企业及其供应产品的资质进行综合权衡。

另外，我们可以通过各地/市的工商行政管理局网站及信用网站查询供应商企业的真实性。

**3．尽量选择联系方式同时留有固定电话和联系人手机号码的企业**

筛选出一些目标供应商后，我们可通过搜索引擎查看该企业在网上留下的固定电话和联系人手机号码，这样做的目的有两个：

（1）通过搜索该号码找到企业的地址、联系人等，与该企业在网上留下的信息对照，看是否相符；

（2）通过搜索该号码，看是否有相关负面信息。如有负面信息，一定要提高警惕，谨慎对待。

**4．与供应商沟通过程中的注意事项**

确定了目标供应商后，与其沟通过程中应注意的事项如下：

（1）打电话给该企业，对其企业联系人的姓名、身份（所属部门、职级甚至权限）等进行核实或进一步了解；

（2）可请企业提供企业资质证明，如传真其营业执照、经营许可证、产品相关证书等；

（3）收到样品后，不要急于确定合作意向，还要就产品的详细参数、质保及售后等与厂家进行沟通，如果对方很多都答不出来或遮遮掩掩就需要提高警惕了；

（4）如果是大宗工业品的采购，条件允许的话，尽量跟厂家商议实地考查事宜，当面进行交易。

# 第四节　互联网采购的突出应用——全球采购

全球采购是利用全球的资源，基于电子商务交易平台，整合互联网技术与传统工业资源，在全世界范围内寻找供应商和质量好、价格合理的产品。全球采购在地理位置上拓展了采购的范围，因此也成为大型企业实施全球化战略的必经之路。这种全球化采购模式能够充分发挥现代物流、信息流的功能。

### 328 全球采购的特点

全球采购具有图15-8所示的特点。

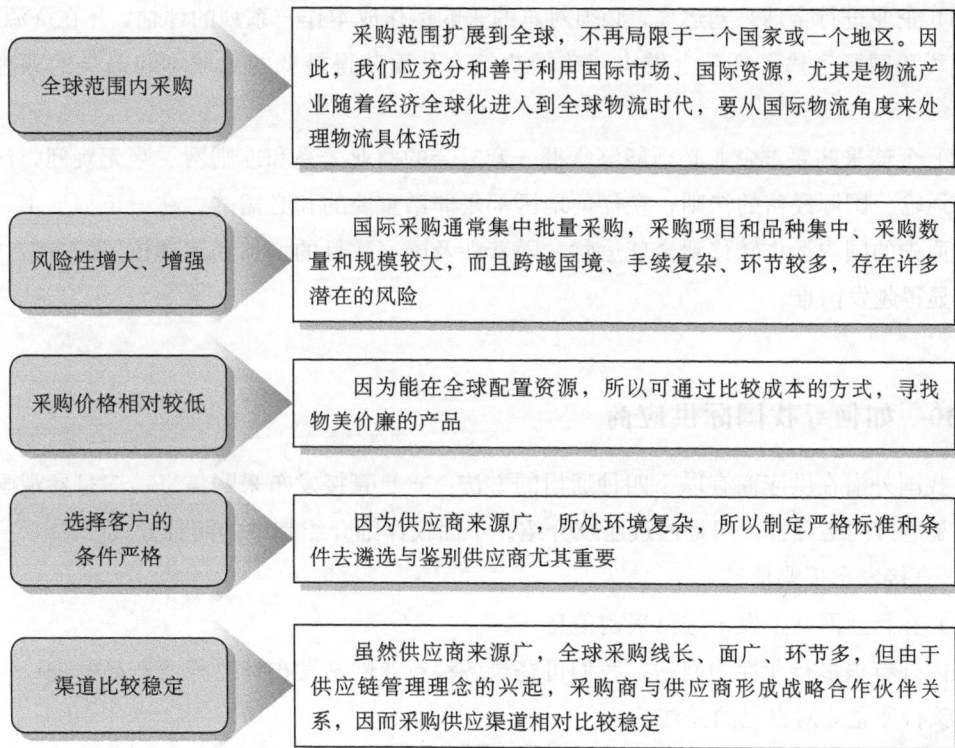

| 全球范围内采购 | 采购范围扩展到全球，不再局限于一个国家或一个地区。因此，我们应充分和善于利用国际市场、国际资源，尤其是物流产业随着经济全球化进入到全球物流时代，要从国际物流角度来处理物流具体活动 |
|---|---|
| 风险性增大、增强 | 国际采购通常集中批量采购，采购项目和品种集中、采购数量和规模较大，而且跨越国境、手续复杂、环节较多，存在许多潜在的风险 |
| 采购价格相对较低 | 因为能在全球配置资源，所以可通过比较成本的方式，寻找物美价廉的产品 |
| 选择客户的条件严格 | 因为供应商来源广，所处环境复杂，所以制定严格标准和条件去遴选与鉴别供应商尤其重要 |
| 渠道比较稳定 | 虽然供应商来源广，全球采购线长、面广、环节多，但由于供应链管理理念的兴起，采购商与供应商形成战略合作伙伴关系，因而采购供应渠道相对比较稳定 |

图15-8 全球采购的特点

### 329 全球采购成功的先决条件

一般来说，企业拥有更多的只是一些适合单个国家或地区的物流运作规则和系统，每个系统都具有各自的法律约束、运作结构和管理风格。企业除了具备基本的经济基础和技术资源外，还必须具备以下一些先决条件，只有这样才能顺利进行全球采购。

（1）企业全球供应链上的所有供应商都必须具有能够被普遍接受的采购整合逻辑，特别是企业的组织结构必须能够适合不同的外部环境，即具有在绝大部分国家取得成功的知识和技巧的能力，这些知识和技巧能够有效地被用来支持与完成企业的全球采购战略。

（2）进行全球采购的企业通常需要更多的库存储备，仅仅是地理位置上的原因，全球采购的提前期更长，变化也比较频繁，因而使得全球经营的库存通常比在一国国内进行运作的库存要多，加上不可测的因素较多，为避免供应的不连续和需求的意外变化，需要增加库存量。尽管建立一个供应链体系能够解决上述问题，但实践起来却相当困难。

（3）企业进行全球采购运作，必须对总的采购运作成本作一系列的评估，并在资源采购、报关赋税和国际运输等环节上做出正确的决策，从而获得最低的总成本和最佳的顾客服务水平。

（4）全球采购要求企业必须能够掌握一套复杂的商业关系和准则网。毫无疑问，涉及有关国际运输、国际经营的法则，在任何地区都是非常重要的和必需的。在一定程度上，一个企业从原先的国内运作转移到全球运营，随着涉及国家数目的增加和地理位置的分散，管理控制就显得越发困难。

## 330　如何寻找国际供应商

寻找国外潜在供应商有以下四种通用的方法：一是直接发布采购信息；二是参观国际展会；三是通过网络寻找；四是通过朋友介绍。下面仅详细介绍其中的两种方式。

1．直接发布采购信息

（1）在行业网站上发布进口采购信息

国内外有很多行业性的网站，我们可登录各种行业网站发布针对行业产品的进口需求，以引起该行业企业对自己的关注。

（2）在国内外贸易门户网站或平台上发布进口采购信息

国内很多综合性贸易门户网站都有针对各行业的分类，并且可以发布采购信息，这同样可以引起国外供应商对进口商采购需求的重视。

（3）登录各个国家或地区驻华代表处网站

很多国家在华办事机构都设有自己的网站，我们可登录此类网站留言或发布采购需求。例如，美国驻华大使馆商务处、英中贸易协会等，都可以为国内进口商建立海外业务关系。

2．通过网络寻找供应商

（1）我们可通过大型搜索引擎，如谷歌、雅虎等，用关键词搜索相关企业或产品信息。

（2）我们可登录行业网站，用关键词搜索产品或企业信息。

（3）我们可通过大型的公司数据库搜索相关企业或产品信息。

（4）我们可通过 B2B 网站搜索相关参展商的名单、联系方式及网址。

### 331 国际供应商的门槛标准

企业成功实施全球采购的首要条件是选择合适的供应商。供应商选择是一个重要的职能战略。如果一个企业实行成本领先战略，这个企业会偏好以规模经济生产或具有低成本区位优势的供应商。这些供应商会帮助采购企业确保低成本的竞争优势。如果一个企业是以给客户提供创新产品为战略重心，供应商选择战略将会集中在供应商的技术和创新能力方面。尤其是在高度竞争的环境下，供应商常常介入到采购企业的产品设计和开发中。然而，在供应商选择过程中采购部门不能仅仅重视价格或创新能力。期望一个供应商在所有方面都具有出众的能力是不现实的。采购企业只需要确定供应商在自己最优先的需求上具有足够的能力即可。因此，供应商应至少在低成本、质量和创新方面占有一种优势。

1．低成本优势

随着企业在产品中使用越来越多的标准化零部件，许多产品渐渐被看作是普通商品，其差别仅仅局限在价格方面。因此，成本领先战略比过去显得更加重要。为了确保低成本优势，供应商应至少在低成本区位优势、规模经济和学习效果方面具有其中一种能力。

2．质量优势

从传统上说，供应商的选择和评估常常基于价格标准。采购企业往往强调产品的当前采购价格而不是长期的总成本趋势。当全球采购成为一个支持企业竞争战略的工具时，总成本常常作为企业战略成本管理的一部分被用来评估和选择供应商。总成本的理念是，当把各种成本因素考虑在内时，提供最具有吸引力的价格的供应商并不一定具有最低的总成本。其他成本因素同样起着重要的作用，包括质量缺陷带来的成本的增加、供应商不确定的交货服务、运输成本、订单成本、检验成本等。

3．创新优势

企业采用全球采购的最初目的可能是降低成本，但是当全球采购成为一个支持企业竞争战略的工具以后，降低成本就不再是全球采购的唯一目标。不同国家都有各自不同的优势，这就给企业提供了一个利用各种不同优势的机会。也就是说，除了具有低成本优势的供应商，企业还有更多机会在全球范围内找到具有质量和创新优势的供应商。

### 332 国际供应商的评估与调查

国际供应商的评估与调查的内容如下。

1．国际供应商评估

评估信息的主要来源包括采购经理所掌握的信息和对供应商的实地考察。如果无法对供应商进行实地考察，那么企业应收集以下几方面有关国际供应商的信息：

（1）过去及现在的中国客户名单；

（2）款项支付过程；

（3）相关银行的信息；

（4）设备清单；

（5）质量协会成员资格；

（6）其他基本商业信息，如销售情况、资产情况、产品线及所有权问题等。

2．国际供应商信用调查

向国外订购货物时，我们要了解国外供应商的信用情况，具体可采取的调查方法如图15-9所示。

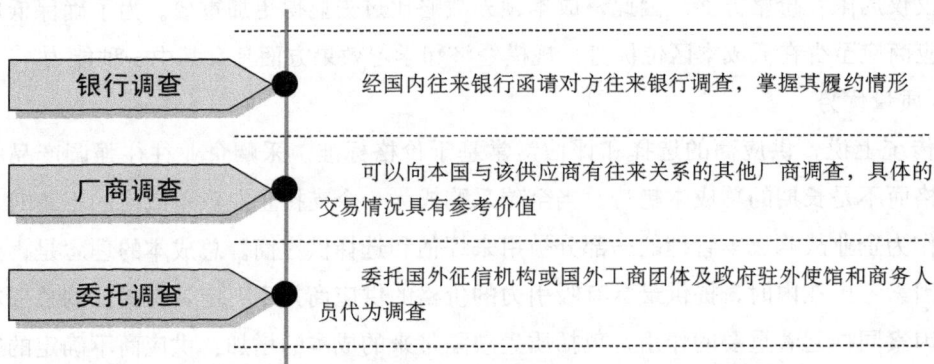

| 银行调查 | 经国内往来银行函请对方往来银行调查，掌握其履约情形 |
| 厂商调查 | 可以向本国与该供应商有往来关系的其他厂商调查，具体的交易情况具有参考价值 |
| 委托调查 | 委托国外征信机构或国外工商团体及政府驻外使馆和商务人员代为调查 |

图15-9　信用调查方法

# 第五节　网络交易安全管理

### 333　网络交易常见风险

网络交易常见的风险有图15-10所示的几种。

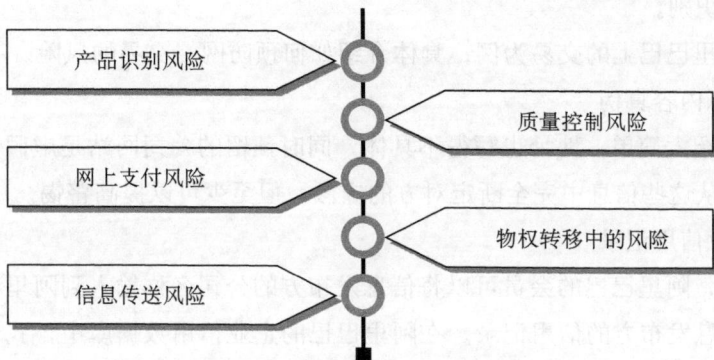

图15-10 网络交易常见风险类型

**1. 产品识别风险**

由于网络的虚拟性,采购方有可能得不到全面、准确的产品信息,供应商在把一件立体的实物缩小许多变成平面画片的过程中,商品本身的一些基本信息会丢失。因此,这会给采购方带来产品识别的风险,这种风险会延伸到产品的性能、质量等诸多方面。

**2. 质量控制风险**

电子商务中的卖方可能并不是产品的制造者,此时质量控制便成为风险因素之一,如果卖方选择了不当的外包方式,就有可能使采购方承担这一风险。

**3. 网上支付风险**

网上支付作为电子商务的一部分,其支付手段也会有所变化,许多企业仍然担心安全问题而不愿采用网上支付方式,因此支付问题是电子商务的风险因素之一。

**4. 物权转移中的风险**

电子商务需要建立远程作业方式,商品在转移过程中若发生意外情况,就会影响交易的成功,同时也会产生相应的风险管理问题。

**5. 信息传送风险**

电子商务的主要业务过程是建立在互联网基础上的,许多信息要通过网络传送。网络安全或信息安全是网络采购的另一个风险因素,如果遭受计算机黑客的攻击,重要的企业信息甚至支付权限被窃取,其后果将是非常严重的。

## 334 网络交易风险预防

针对各种网络交易风险,最为关键的预防措施是准确识别交易风险,特别是在交易前对交易对方的身份识别。

下面以在阿里巴巴上的交易为例，具体介绍如何预防网络交易的风险。

1．辨别信息内容真伪

如果公司介绍太简单，地址也写得不具体，同时预留的公司网站是虚假地址，通常情况下，我们并不能从这些信息中完全断定对方的虚假，但至少可以提高警惕。

2．查询企业信用记录

通常情况下，阿里巴巴的会员可以将信息发布方的公司名称输入到阿里巴巴企业信用数据库，以查询信息发布方的信用记录。在阿里巴巴的企业信用数据库中，我们可以查询到很多信用不良的企业被投诉的记录。这些记录可以帮助用户判定信息发布方的诚信情况。

3．从论坛搜索相关信息

阿里巴巴论坛是网商们交流信息的平台，若用户对某企业诚信程度不了解，可以到阿里巴巴论坛中去搜索相关信息。只要将某个企业的名称输入到阿里巴巴论坛中进行搜索，就可以了解该企业的相关信息。

4．查询诚信指数及评价

如果信息发布方是诚信通会员，想要了解其诚信程度就比较方便了。这是因为阿里巴巴诚信通会员都是通过了第三方认证的，我们还可以查看该企业作为诚信通会员的诚信通档案。诚信通档案记录了企业的诚信指数及其他客户的评价，我们可以据此综合判断与该企业进行贸易时的风险程度。

5．通过搜索引擎搜索

以上四项防范贸易风险的措施，均是依据阿里巴巴网站来获取信息的，除此之外，我们也可以借助其他工具获得相应的信息，即通过搜索引擎获取某个企业的贸易诚信信息也不失为一种好办法。

采购方可以将某个企业的名称、地址、联系人、手机、电话、传真等信息，输入到搜索引擎中，找到和其相关的信息就可以据此做出综合的判断。当然，在进行商业贸易的过程中，判定搜索引擎搜索到的信息是否真实可靠也是非常重要的。互联网上的信息如浩瀚大海，不可靠的信息也屡见不鲜，我们需要时刻提高警惕。

6．通过工商管理部门网站查询

要想了解交易对方诚信信息，可以通过国家权威部门网站进行查询，如通过国家工商总局网站进入各地工商红盾网的网站，查到交易对方的企业代码、法人代表、地址以及联系方式等信息，以了解对方公司的真实注册情况。

从工商行政管理部门网站上查询的资料，具有很高的可信度。用户可以根据权威部门提供的信息做出正确的判断。

### 7．手机归属地判断

在交易对方所提供的企业联系方式中，通常有手机号码。我们可以通过手机归属地查询来判断交易对方信息的真实性。

### 8．专业性测试

大多数网络诈骗者是通过格式化的传真或是求购函，四处散发类似于传单的求购信息。由于网络诈骗者没有真实的采购意图，其往往对产品本身并不了解或是了解不多。因此，用户在与其进行沟通的过程中，可以设定一些问题，测试对方是否了解采购的产品，进而来判断对方是否有真实的采购意图。

## 335 网络交易风险防范

在核实了对方身份，且双方达成协议后，自然要进入下一个环节——付款。一旦涉及货款的问题，就需要谨慎对待，常用的三种相对安全的付款方式如下。

### 1．对公账户汇款

企业的对公账户是以企业身份在银行登记的账户，银行已经核实了对方企业的注册情况。因此，企业的对公账户是可以选择的安全汇款方式。

### 2．法人代表的私人账户

因为只有法人的私人账户才能和这个企业直接挂勾，所以法人代表的私人账户也是比较可信的汇款方式。

### 3．支付宝交易

如果对方不愿提供法人代表的私人账户，而随便提供一个账户并自称是公司财务的账号，那么就一定要求对方使用支付宝。支付宝作为网络支付平台，其最大的特点就是使用了"收货满意后卖家才能拿钱"的支付规则，在流程上保证了交易过程的安全性与可靠性。同时，支付宝拥有先进的反欺诈和风险监控系统，可以有效地降低交易风险。

# 第十六章　招标采购的管理

**导读 >>>**

　　招标采购是指采购方作为招标方，事先提出采购的条件和要求，邀请众多企业参加投标，然后由采购方按照规定的程序和标准一次性从中择优选择交易对象，并与提出最有利条件的投标方签订协议的过程。这是寻找优质供应商进行采购的最有效的方法之一。

　　A经理：小Q，准备一下，我们这一项大宗采购准备进行招标采购。

　　Q先生：好啊，我还没有做过招标采购，现在可以趁机学习一下了。

　　A经理：招标采购是一项大型活动，牵涉面广、费时间、费精力且成本高。招标采购有两种方式，即公开招标和邀请招标，其基本程序是一样的。

　　Q先生：嗯，招标采购要求是非常严格的，国家对招标采购有严格的规定。

　　A经理：是的，你好好了解一下招标采购的要求，再去做准备工作。

# 第一节 招标采购概述

### 336 招标采购的方式——公开招标

公开招标又叫竞争性招标，是指招标人以招标公告的方式邀请不特定的投标者，即由招标人在报刊、电子网络或其他媒体上刊登招标公告，吸引众多企业单位参加投标竞争，然后从中择优选择中标单位的招标方式。

### 337 招标采购的方式——邀请招标

邀请招标又称有限竞争性招标（Restricted Tendering）或选择性招标（Selective Tendering），是指招标人以投标邀请书的方式邀请特定的投标者，即由招标单位选择一定数目的企业，向其发出投标邀请书，邀请他们参加招标的方式。一般选择3~10个参加者较为适宜，具体要视招标项目的规模大小而定。

邀请招标的特点如下：

（1）邀请投标不使用公开的公告形式；

（2）接受邀请的单位才是合格投标人；

（3）投标人的数量有限。

### 338 招标采购的步骤

招标采购的步骤如图16-1所示。

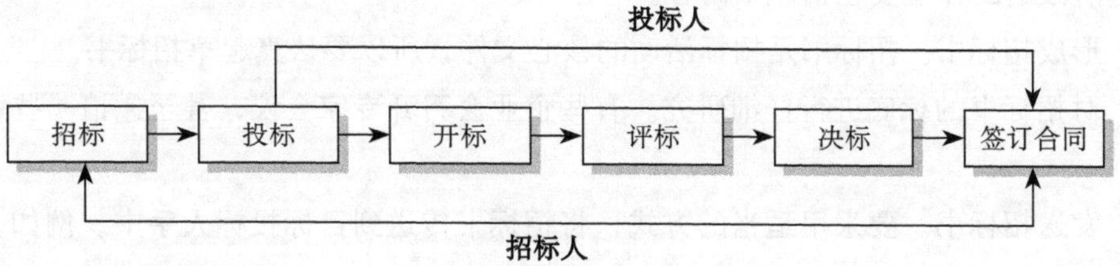

图16-1 招标采购的步骤

### 339  招标采购的适用情况

招标采购一般只适用于比较重大的项目，或者影响比较深远的项目。

（1）寻找长期物资供应伙伴时。

（2）寻找一次批量比较大的物资供应商时。

（3）寻找一项大型建设工程的物资采购供应商时。

对于小批量物资采购或者比较小的建设工程，一般不采用招标采购的方式。

# 第二节  招标采购的过程管理

### 340  招标策划

招标策划的主要工作如下。

（1）明确招标的内容和目标，对招标采购的必要性和可行性进行充分的研究和探讨。

（2）确定招标书的标底。

（3）明确招标的方案、操作步骤、时间进度等。例如，是采用公开招标还是邀请招标，是自己亲自主持招标还是请人代理招标，具体有哪些步骤，每一步怎么进行等。

（4）对评标方法和评标小组进行讨论研究。

（5）将以上方案或计划形成文件，交由企业领导层讨论决定，以取得企业领导决策层的同意和支持，有些甚至可能还要经过公司董事会的同意和支持。

### 341  招标

招标阶段的工作主要包括以下内容。

（1）形成招标书。招标书是招标活动的核心文件，所以要认真起草招标书。

（2）对招标书的标底进行仔细研究。有些企业会召开专家会议，甚至邀请一些咨询公司代理。

（3）发送招标书。要采用适当的方式，将招标书传送到目标投标人手中。例如，公开招标时，可以在媒体上发布招标书；选择性招标时，可以用挂号或特快专递将招标书直接送交所选择的投标人。

## 342　投标

投标人收到招标书后，如果愿意投标，就要对投标书、投标报价进行研究，同时在规定的时间内准备好投标文件（一份正本、若干份副本），并分别封装签章，注明"正本""副本"字样，寄到招标单位。

## 343　评标

评标的流程如下。

### 1．初步评标

初步评标的内容包括供应商资格是否符合要求、投标文件是否完整、是否按规定方式提交投标保证金、投标文件是否基本上符合招标文件的要求、有无计算上的错误等。如果供应商资质不符合规定，或投标文件未做出实质性的反映，都应作为无效投标处理，不允许投标供应商通过修改投标文件或撤销不合要求的部分而使其投标具有响应性。经初步评标，凡是确定为基本上符合要求的投标，下一步要核定投标中有没有计算和累计方面的错误。在修改计算错误时，要遵循两条原则：如果数字表示的金额与文字表示的金额有出入，要以文字表示的金额为准；如果单价和数量的乘积与总价不一致，要以单价为准。但是，如果采购单位认为有明显的小数点错误，此时要以标书的总价为准，并修改单价。如果投标商不接受根据上述修改方法调整的投标价，可拒绝其投标并没收其投标保证金。

### 2．详细评标

具体的评标方法取决于招标文件中的相关规定，并按评标价的高低，由低到高评定出各投标的排列次序。在评标时，当出现最低评标价远远高于标底或缺乏竞争性等情况时，应废除全部投标。

### 3．编写并上报评标报告

评标工作结束后，采购单位要编写评标报告。评标报告应包括以下内容。

（1）招标通告刊登的时间、购买招标文件的单位名称。

（2）开标日期。

（3）投标商名单。

（4）投标报价及调整后的价格（包括重大计算错误的修改）。

（5）价格评比基础。

（6）评标的原则、标准和方法。

（7）授标建议。

4．资格后审

如果在投标前没有进行资格预审，在评标后则需要对最低评标价的投标商进行资格后审。如果审定结果认为该投标商有资格、有能力承担合同任务，则应把合同授予他；如果认为他不符合要求，则应对下一个评标价最低的投标商进行类似的审查。

## 344 定标

定标即授予合同，是指由采购机构决定中标人的方式。定标是采购机构的单独行为，但需由使用机构或其他人一起进行裁决。

1．采购机构所要进行的工作

（1）决定中标人，通知中标人其投标已经被接受。

（2）向中标人发送授标意向书。

（3）通知所有未中标的投标人，并向他们退还投标保函等。

2．中选者的条件

招标人应当从评标委员会推荐的中标候选人中确定中标人。中选的投标者应当符合下列条件之一。

（1）满足招标文件中规定的各项要求，并考虑各种优惠及税收等因素，在合理条件下所报投标价格是最低的。

（2）满足招标文件中规定的综合评价标准。

3．注意事项

除采用议标程序外，招标人或者招标投标中介机构不得在定标前与投标人就投标价格、投标方案等事项进行协商谈判。

招标人或者招标投标中介机构应当将中标结果书面通知所有投标人。招标人与中标人应当按照招标文件的规定和中标结果签订书面合同。为保证合同顺利履行，签订合同后，中标的供应商或承包商还应向采购人或业主提交一定形式的担保书或担保金。

# 第十七章　采购部人力资源管理

**导读 >>>**

　　采购人员是采购活动的执行者，决定着采购活动能否顺利进行。因此，采购经理要做好对采购人员的管理，提高采购人员的素质。具体来说，就是要把好招聘关，做好培训与考核工作；同时，要对采购人员进行监督，以防贪腐问题产生。

　　　　Q先生：A经理，作为采购经理，我该如何管理采购人员呢？

　　　　A经理：一切采购工作都要靠采购人员去完成。因此，从招聘环节你就要把好关，同时做好日常培训与绩效考核工作。

　　　Q先生：最近我发现有员工接受供应商的回扣，对此我该如何处理呢？

　　　A经理：这需要按照公司相关规定去处理。同时在日常管理工作中，你要做好对采购人员的监督工作。例如，制定采购人员行为规范、价格差异报告制度等。另外，你还应定期或不定期地对采购人员进行稽核，以确保他们遵守公司规定。

# 第一节  采购人员招聘工作

## 345  明确采购人员岗位职责

采购人员主要包括采购助理、采购工程师、具体采购人员、采购文员等，其具体职责如表17-1所示。

表17-1  采购人员岗位职责

| 序号 | 人员 | 具体职责 |
| --- | --- | --- |
| 1 | 采购助理 | (1) 协助主管进行材料采购渠道的搜集，制订采购计划<br>(2) 对市场行情进行调查与分析<br>(3) 对供应商评估数据进行统计与分析<br>(4) 对采购人员进行培训<br>(5) 编写有关采购文件 |
| 2 | 采购工程师 | (1) 对主要原材料进行估价<br>(2) 初步确认供应商材料样板的品质<br>(3) 制作与更改材料样板<br>(4) 寻找替代材料<br>(5) 拟制采购部门有关技术、品质文件<br>(6) 沟通和协调与技术、品质部门有关的技术、品质问题<br>(7) 沟通和协调与供应商有关的技术、品质问题 |
| 3 | 具体采购人员 | (1) 下订购单<br>(2) 控制物料交货期<br>(3) 调查材料市场行情<br>(4) 查证进料的品质和数量<br>(5) 处理进料品质和数量异常情况<br>(6) 与供应商沟通、协调有关交货期、交货量等方面的问题 |
| 4 | 采购文员 | (1) 收集、整理与统计各种采购单据与报表<br>(2) 保管与维护采购品质记录<br>(3) 传达各项采购事务 |

## 346　明确采购人员素质要求

由于采购业务的复杂性和重要性，采购部经理对采购人员的职业素质提出了更高的要求。采购人员需要具备的职业素质如下：

（1）要熟悉采购的相关政策和具体程序；

（2）熟悉并掌握与采购相关的法律法规；

（3）熟悉市场环境和企业内部资源环境；

（4）熟悉并掌握所在企业的规章制度；

（5）不仅要具有经济方面的知识，还要具备工程技术等方面的专业知识；

（6）不仅要了解采购技巧，还要善于解决采购过程中出现的各种问题；

（7）具备较强的阅读、写作、口语表达能力；

（8）具备较强的管理、沟通、协调能力；

（9）熟悉采购物料市场行情；

（10）擅长谈判，有丰富的供应商开发、评估经验。

## 347　建立采购人员招聘流程

招聘采购人员时，一定要遵循企业的人力资源聘用制度。采购经理最好能参与到面试中，以认真考核对方的专业知识、职业道德和品行。采购经理可预先设计一些问题来询问应聘者，常见的问题如下。

（1）有一批物料你已经下订单并通知供应商生产，此时你又接到通知客户已取消该订单，公司其他的产品又用不到该物料。请问你该如何解决？至少要提出三个解决方案。

（2）为什么选择做采购？

（3）采购人员的价值体现在哪里？谈谈你对采购的认识。

（4）采购人员应该怎样去开发新的供应商？

（5）IC/电容/电阻/晶振有哪些封装？

（6）电子料/塑胶料的市场价格怎样？

（7）客户突然取消订单，而物料又到工厂了，但供应商不同意退货（不能向客户索赔），你该怎么办？

（8）产品的成本由哪几个部分构成？

（9）如何让公司与供应商共同发展？谈谈你对采购战略的看法。

（10）如何同供应商维持合作关系？

（11）谈谈你的工作经历，如以前采购部门的日常工作、部门组织结构、直接上司是谁、部门人员分工情况等。

（12）如何判定供应商报价的真实性？

（13）老供应商每次报价都略高于新供应商，但沟通后又同意适当降价，对此该如何处理？

人员招聘工作完成以后，采购经理再根据岗位职责、规章制度、管理职能等，对所选人员进行工作安排。

# 第二节　采购人员培训管理

### 348　制订采购培训计划

采购经理应协助人力资源部制订培训计划，具体可以从以下三个方面进行规划。

1．正式培训

正式培训是指例行性的培训，其又可分为三个阶段，具体如图17-1所示。

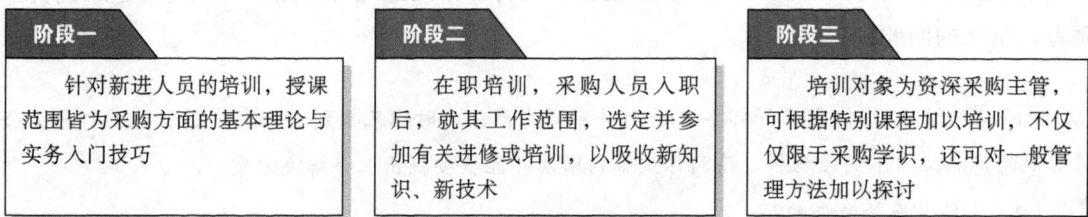

| 阶段一 | 阶段二 | 阶段三 |
| --- | --- | --- |
| 针对新进人员的培训，授课范围皆为采购方面的基本理论与实务入门技巧 | 在职培训，采购人员入职后，就其工作范围，选定并参加有关进修或培训，以吸收新知识、新技术 | 培训对象为资深采购主管，可根据特别课程加以培训，不仅仅限于采购学识，还可对一般管理方法加以探讨 |

图17-1　正式培训的三个阶段

2．国外培训

国外培训即给予部门中优秀的、有潜力的采购人才赴国外培训的机会，以提高其涉外能力，从而使其成为优秀的对外采购人才。

3．外部培训

外部培训是指选派人员参与外界各种研究机构、协会、团体所开展的研习活动，使采购人员彼此间能交换心得、开阔视野的一种培训方式。

## 349　明确采购培训基本内容

一般来说，采购培训主要包括三个方面的内容，具体如表17-2所示。

表17-2　采购培训基本内容

| 序号 | 培训事项 | 具体内容 |
| --- | --- | --- |
| 1 | 采购基本知识和采购的角色 | (1) 采购与物料管理之间的关系<br>(2) 采购和利润的关系<br>(3) 采购计划以及采购管理的目标<br>(4) 采购的基本要点<br>(5) 采购业务的具体规则 |
| 2 | 采购业务操作体系 | (1) 采购的权限<br>(2) 采购的具体作业流程<br>(3) 采购的目录管理<br>(4) 采购的具体方法 |
| 3 | 采购技术 | (1) 综合知识，包括经济学知识、采购原理与理论、国际经济规则与采购的国际惯例等<br>(2) 采购对象（物料）所涉及的技术与知识，尤其是专业的采购人员，必须具备塑料件、五金件、电子元器件、包装材料等方面的相关知识<br>(3) 市场分析与判断技术。采购人员必须进行市场调查与分析，以随时掌握采购市场的变动趋势<br>(4) 掌握各种采购方式的程序与操作要领，熟悉采购方面的法律法规<br>(5) 掌握采购合同的签订技巧，重点做好合同条款的设计<br>(6) 掌握质量与技术监督方面的知识和技能，做好履约验收 |

## 350　实施采购培训

采购经理要与人力资源部做好协调工作，按照采购计划，对部门中不同人员实施采购培训。实施采购培训时的要点如下：

(1) 要安排好培训时间；

(2) 增强培训的实用性，以提高员工参与培训的兴趣；

(3) 做好培训记录，以作为下次制订培训计划的参考依据。

## 351　对培训进行考核

培训结束后，要做好相关的记录，并对受训人员进行必要的考核，以检验培训效果。

"培训考核表"样例详见表17-3。

表17-3　培训考核表

| 姓名 | | | 职务 | |
|---|---|---|---|---|
| 考核项目 | 考核内容 | 考核得分 | 考核评价 | 备注 |
| | | | | |
| | | | | |
| | | | | |
| | | | | |
| | | | | |
| | | | | |
| | | | | |
| 考核总得分 | | | | |
| 采购经理意见 | | | | |

# 第三节　采购人员监控与稽核

## 352　采购人员监控

采购主管人员向下属采购人员下达任务后，还要对采购人员的工作进行监控与跟踪，具体监控流程如图17-2所示。

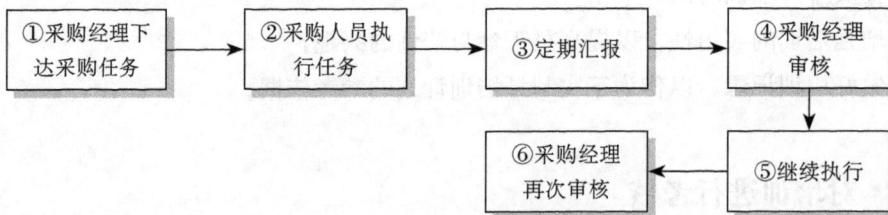

①采购经理下达采购任务 → ②采购人员执行任务 → ③定期汇报 → ④采购经理审核 ↓ ⑤继续执行 → ⑥采购经理再次审核

图17-2　采购人员监控流程

采购人员监控流程说明如表17-4所示。

表17-4  采购人员监控流程说明

| 流程名称 | 详细说明 |
| --- | --- |
| 采购经理下达采购任务 | 采购经理可以根据采购计划下达采购任务,并将任务分配给每位采购人员 |
| 采购人员执行任务 | 采购人员根据任务要求开展采购工作 |
| 定期汇报 | 采购人员在执行任务的过程中要定期将采购进展情况向采购经理进行汇报 |
| 采购经理审核 | 采购经理对汇报的情况严格进行审核,如果存在问题,必须立刻予以解决,如果不存在问题,则继续执行 |
| 继续执行 | 采购人员继续执行直至任务完成,然后再向采购经理进行汇报 |
| 采购经理再次审核 | 采购经理通过再次审核,确认任务是否如实完成,如果仍然存在问题,则应督促采购人员进行整改,直到问题解决为止 |

## 353  采购人员暗箱操作预防

采购中的暗箱操作一直存在,它对公司管理、社会风气造成的负面影响不可低估,因此我们应当采取措施减少此类现象的发生。

采购人员暗箱操作预防措施详见表17-5。

表17-5  暗箱操作预防措施

| 要点 | 详细说明 |
| --- | --- |
| 实施三分一统 | (1) 三分是指三个分开,即市场采购权、价格控制权、质量验收权做到三权分离,各负其责,互不越位;一统是指合同的签约特别是付款一律统一管理<br>(2) 物资管理人员、验收人员和财务人员相互间不能发生业务联系,并对他们实行严格的封闭式管理。财务部依据合同规定的质量标准,对照检验单和数量测量结果,认真核算后付款 |
| 实施三公开两必须 | (1) 三公开是指采购物资的品种、数量和质量指标公开,参与供货的供应商价格竞争程序公开,采购完成后的结果公开<br>(2) 两必须是指必须在货比三家后采购,必须按程序、法规要求来签订采购合同 |
| 实施五到位一到底 | (1) 五到位是指所采购的每一笔物资都必须有五方的签字,即只有采购人、验收人、证明人、批准人、财务审查人都在凭证上签字,才被视为手续齐全,才能报销入账<br>(2) 一到底就是负责到底,谁采购谁负责并且要一包到底,包括价格、质量、使用效率等都要记录在案,什么时候发现问题什么时候进行处理 |

### 354　采购日常活动控制

采购人员在开展工作的过程中会涉及许多日常活动，如招待、参会等，公司要加强对员工在这些方面的管理，确保无违规情况发生。

采购日常活动控制要点详见表17-6。

表17-6　采购日常活动控制要点

| 要点 | 详细说明 |
|------|----------|
| 招待控制 | 明文规定采购人员可以参加供应商的礼节性招待，但档次、次数要适当，而且要有一次采购活动发生 |
| 送礼控制 | 明文规定采购人员可以接受具有广告性质的礼品，如印有供应商广告的一件衬衫、一支笔、一本日历等，且这些都是供应商广泛赠送的。但不允许采购人员接受供应商专制的特殊礼物，包括任何试图或可能产生不正当关系的金钱赠予、特殊优惠、股份赠予等 |
| 活动控制 | 采购人员和供应商一起组织活动是增进公司与供应商沟通的较好途径，但费用必须双方均摊；禁止参加任何不健康的活动 |
| 学会拒绝 | 明文规定采购人员应拒绝参加任何可能损害采购利益的行为活动。若发现下列行为要及时进行处理：<br>(1) 试图利用以往的关系走捷径<br>(2) 绕过公司的管理流程<br>(3) 利用公司的管理漏洞 |

### 355　采购人员稽核

对采购人员进行稽核的目的在于确保采购人员的行为能符合公司制定的规范，并查核有无为自己或为他人而牺牲公司利益的事，借此培养采购人员的道德观念。

1. 加强日常检查

采购经理应加强对采购人员的检查，检查的内容如下。

(1) 采购人员由于采购作业而产生的各类表格、单据等。

(2) 采购人员提交的问题报告。

2. 寻找不良迹象

采购经理对采购人员进行稽核时，可从以下方面着手。

(1) 若采购人员选择错误的采购对象，则有可能存在弊端。

(2) 货品可直接向原制造供应商购买，却经由中间商购入，显然有"图利他人"的嫌疑。

（3）集中一家采购，当采购的货品不是特殊品，合乎报价的供应商为数不少，而是长期需用且亦经常举行询价；但得标供应商总是固定某一家，这说明买卖之间可能有不当的"默契"，或供应商有"图标"的行为。

（4）报价单的笔迹与图章可疑。

3．调查与处罚

采购经理一旦发现上述问题，应及时进行调查，如发现情况属实，则应按公司规定进行处罚，涉及重大经济问题的，可以提交公安机关处理。

## 356　请购稽核

为了解请购是否依公司的规定办理，审核请购是否与采购预算符合，并依核准权限核准，我们必须开展请购稽核工作。

1．稽核依据

稽核依据包括采"购计划表""请购单""送货传票"等。

2．稽核内容

（1）是否有同一品名物资使用不同的物资流程名称，致使库存多，又继续请购。

（2）请购单规格变更或数量增减是否经权责单位核准。

（3）送货传票有无涂改某联。但会计正联未依规定更改致生溢付款之事。

（4）审核部门申请进货是否与请购预算符合，并经核准。

（5）分析紧急采购的原因，部门是否未依手册计划执行，致缺货而未予控制。

（6）请购有无化整为零，有意逃避核准权限。

（7）请购单是否依规定核准数量金额且有无超过采购预算。

（8）查核请购的物资、品名、规格、厂牌有无库存或替代品可供使用。

（9）请购单所需物资到货日期、数量是否符实。

3．异常处理

稽核过程中，一旦发现异常情况，必须立刻彻查，弄清异常情况发生的原因，并追究相关人员的责任。

## 357　订购稽核

为查核"采购订单"与"进货申请单"是否相符，保证订购业务符合规范，我们必须对订购业务进行稽核。

1．稽核依据

稽核依据包括"进货申请单""询价单""报价单"等。

2．明确稽核内容

（1）依物资分配表核对"进货申请单""询价单""报价单"及"合同"内容是否相符。

（2）依订购单查核采购程序，核准是否依规定办理。

（3）合同内容是否合法化，有没有法律事务部门提出意见。

（4）采购订单与各部门是否检讨采用不同品牌，以降低进货成本。

（5）有无建立最直接的采购方式，对于安全库存、经济订购量的控制是否良好。

（6）采购部如预知厂商无法如期送货时，是否及时通知公司以免影响日常工作。

（7）订单发出后有无加以追踪控制。

3．异常处理

稽核过程中，一旦发现异常情况，就必须立刻彻查，弄清异常情况发生的原因，并追究相关人员的责任。

## 358　验收稽核

验收稽核工作的具体内容如下。

1．稽核依据

稽核依据包括"采购订单""送货单""检验单"等。

2．明确稽核内容

（1）采购订单是否会同使用单位及有关部门共同验收。

（2）有关技术部分是否指派有专门学识的技术人员负责验收。

（3）检验不符标准但尚可使用，是否予以扣款；无法使用者有无退回厂商。

（4）分批收取的货物有无收足。如遇短缺，瑕疵破损有无立即处理。

（5）部门有关物资进货事项是否按规定的"运送路线"送交点验。

（6）有关物资进货是否在进口处设立检验控制物资进货的登记事项。

3．异常处理

稽核过程中，一旦发现异常情况，就必须立刻彻查，弄清异常情况发生的原因，并追究相关人员的责任。

# 第四节　采购人员绩效评估

### 359　确定采购部的绩效目标

采购部的绩效目标主要根据以下标准来确定。

1．以往绩效

选择公司以往的绩效，作为评估目前绩效的基础，是相当正确、有效的做法。但公司采购部门，无论组织、人员等，均应在没有重大变动的情况下，才适合使用此项标准。

2．预算或标准绩效

若无法查明过去的绩效或采购业务变化较大时，则可以将预算或标准绩效作为衡量目标。设定标准绩效时，应遵循以下三项原则。

（1）固定的目标。目标一旦建立，就不能再更改。

（2）理想的绩效目标，即在理想的工作条件下，所应取得的绩效。

（3）可达成的目标。在现实情况下，应该可以达到的水平。通常依据当前的绩效加以考量和设定。

3．同业平均绩效目标

若其他同业公司在采购组织、职掌及人员等方面，均与公司相似，则可与其绩效目标比较，从而以辨别彼此在采购工作成效上的优劣；若个别公司的绩效资料不可得，则可以与整个同业绩效的平均水准来比较。

4．期望绩效

预算或标准绩效是代表在现况下，"应该"可以达成的工作绩效；而期望绩效则是在现况下，必须经过一番特别的努力，否则无法完成的较高境界。期望绩效代表公司管理当局，对工作人员追求最佳绩效的"期望值"。

### 360　确定采购人员的绩效考核指标

采购人员的绩效考核指标如下。

1．品质绩效

采购的品质绩效可根据进料验收指标及在制品验收指标来确定。前者是指供应商交货时，为公司所接受（或拒收）的采购项目数量或百分比；后者则是指交货后，在生产过程中发现品质不合格的项目数量或百分比。两者用公式表示如下。

$$进料验收指标 = \frac{合格（或拒收）数量}{检验数量} \times 100\%$$

$$在制品验收指标 = \frac{可用（或拒用）数量}{使用数量} \times 100\%$$

若进料品质管制采用抽样检验的方式，则在制品品质管制发现品质不良的比率将比进料品质管制采用全数检验方式的比率要高。拒收或拒用比率越高，则显示采购人员的品质绩效越差。这也说明其未能找到理想的供应商。

2．数量绩效

当采购人员为争取数量折扣，以达到降低价格的目的时，可能会导致存货过多，甚至发生呆料、废料的情况。

（1）费用指标。现有存货利息费用与正常存货水准利息费用的差额。

（2）呆料、废料处理损失指标。处理呆料、废料的收入与其取得成本的差额。

存货利息费用越大，呆料、废料处理的损失越高，则显示采购人员的数量绩效越差。不过此项数量绩效有时会受公司营业状况、物料管理绩效、生产技术变更或投机采购的影响，因此该指标的高低也并不一定完全取决于采购人员。

3．时间绩效

这项指标是用以衡量采购人员处理订单的效率，及对供应商交货时间的控制。延迟交货，可能造成缺货；但是提早交货，也可能导致买方负担不必要的存货成本或提前付款的利息费用。

（1）紧急采购费用指标。紧急运输方式（如空运）的费用与正常运输方式的差额。

（2）停工断料损失指标。停工期间作业人员薪资损失。

事实上，除了前述指标所包括的直接费用或损失外，还有许多间接的损失。例如，经常停工断料造成客户订单流失、作业人员离职、恢复正常作业的机器必须做的各项调整（包括温度、压力等）；紧急采购会使得购入的价格偏高，品质欠佳，并有可能产生额外的加班费用。这些费用与损失，通常都未加以估算在此项绩效指标内。

4．价格绩效

价格绩效是企业最重视及最常见的衡量标准。通过价格指标，我们可以衡量采购人员议价的能力以及供需双方实力的消长情形。

采购价差的指标通常包括以下内容。

（1）实际价格与标准成本的差额。

（2）实际价格与过去移动平均价格的差额。

（3）比较使用时的价格和采购时价格的差额。

（4）将当期采购价格与基期采购价格的比率与当期物价指数与基期物价指数的比率比较。

5．采购效率（活动）指标

下列各项指标可衡量在达成采购目标的过程中各项活动的水准或效率。

（1）采购金额。

（2）采购金额占销货收入的百分比。

（3）订购单的件数。

（4）采购人员的人数。

（5）采购部门的费用。

（6）新厂商开发个数。

（7）采购完成率。

（8）错误采购次数。

（9）订单处理的时间。

现就上述各项中的"新厂商开发个数""采购完成率"及"错误采购次数"进行具体说明。

（1）新厂商开发个数。为使供应来源充裕，对单一来源的物料，通常要求采购人员必须在期限内扩增供应商数。这一绩效指标也可以单一来源物料占所有 A 类物料的比率来衡量。

（2）采购完成率。该指标衡量采购人员的工作绩效。

采购完成率有两种计算标准：一是根据采购人员签发的订购单计算；二是必须等供应商交货验收完成才计算。不过，采购人员如果是为了提高完成率，使议价流于形式或草率议价，则将得不偿失。因此，如果没有停工断料的顾虑，完成率稍低也无妨。

（3）错误采购次数。错误采购次数是指未依有关的请购或采购作业程序处理的次数。例如，错误的请购单位、没有预算的资本支出请购案、未经请购单位主管核准的案件、未经采购单位主管核准的订购单等。在实际工作中，我们应力求将该指标降至零。

## 361　确定各岗位的关键绩效指标及权重

KPI（关键绩效指标）是Key Performance Indicators的英文简写，是一种用于衡量工作人员工作绩效表现的量化指标，也是绩效计划的重要组成部分。因此，我们应明确采购部各岗位的关键绩效并分配相应的权重。有关确定采购人员的关键绩效指标与权重的范例如下。

**【经典范本 03】采购人员的关键绩效指标与权重**

### 采购人员的关键绩效指标与权重

| 序号 | 关键绩效指标 | 指标定义/公式 | 信息来源 | 考核周期 | 考核目标 | | | 权重 |
|---|---|---|---|---|---|---|---|---|
| | | | | | 最高 | 目标 | 最低 | |
| 1 | 材料价格差异 | 各种材料实际采购数量×实际价格之和—各种材料实际采购数量×计划价格之和 | 财务部 | 每月 | | | | 10 |
| 2 | 采购费用预算的节省率 | 实际采购节省费用÷计划采购费用×100% | 财务部 | 每月 | | | | 10 |
| 3 | 材料周转率 | 主营业务成本÷材料平均余额×100% | 采购部 生产部 | 每月 | | | | 15 |
| 4 | 采购订单按时完成率 | 采购订单按时完成数÷采购订单总数(其中,数量在订单要求数量的95%~105%之内,完成时间在订单要求时间的两日之内) | 采购部 | 每月 | | | | 15 |
| 5 | 采购周期评估结果 | 各品种的物料采购周期得分结果的算术平均值(采购周期指从供应商接单日期到采购订单达成日期) | 采购部 | 每月 | | | | 10 |
| 6 | 供应商档案资料的完备率 | 已具备的供应商资料项目÷应具备的供应商资料项目×100% | 采购部 | 每月 | | | | 10 |
| 7 | 采购质量合格率 | 合格采购批数÷采购总批数×100% | 品质部 采购部 | 每月 | | | | 15 |
| 8 | 不合格原材料退货率 | 不合格原材料退货批数÷不合格总批数×100% | 品质部 | 每月 | | | | 15 |

## 362 签订个人绩效合约

个人绩效合约(也叫个人绩效合同、业绩合约、业绩合同等)是指员工与其主管签订的书面绩效协议,记录了在一段具体的时间内需要达成的工作结果。采购人员个人绩效责任书

302

样例如下。

【经典范本04】采购人员个人绩效责任书

采购人员个人绩效责任书

我是采购人员_____，负责_____物料的采购工作，谨签下以下绩效责任书。

1. 根据销售部月份预测订单汇总表，每月28日向直属主管提交"××物料采购计划表"并预测下月应付款项，提交"下月资金计划表"，具体评分标准如下。

| 等级 | 评分 | 标准 |
|------|------|------|
| A | 优（15分） | 按时提交相关表格，数据详细、准确，相应的供应商资料齐全 |
| B | 及格（10分） | 按时提交相关表格，数据详细、准确，没有提供相应供应商资料 |
| C | 差（0分） | 没有按时提交相关表格或数据不全、不准确 |

（注：正常情况下，物流部每月22日向采购部提交销售部的月份预测订单汇总表。若因个别区域没有按时提交预测订单，以致物流部延迟汇总时间的，采购部向直属主管提交相应表格的时间也应顺延。）

2. 保证按生产计划准确、合理地采购相应的××物料，具体评分标准如下。

| 等级 | 评分 | 标准 |
|------|------|------|
| A | 优秀（25分） | 准确、及时地向厂部提供××物料，全月没有出现因××物料原因造成生产断货并影响发货的现象 |
| B | 良好（20分） | 基本上能够向厂部提供××物料，全月出现因××物料原因造成生产断货次数不超过两次 |
| C | 及格（15分） | 基本上能够向厂部提供××物料，全月出现因××物料原因造成生产断货的情况超过两次但低于四次 |
| D | 差（0分） | 基本上能够向厂部提供××物料，但全月出现因××物料原因造成生产断货的情况超过四次 |

（注：如因资金不足、厂家不供货或是其他合理的客观情况导致生产断货的，并且采购人员已提前两天向直属主管申报的，则采购人员不承担断货责任。）

3. ××物料在仓库的存放日期控制合理[旺季（8月至次年1月）平均控制在15天以内；淡季（2月至7月）平均控制在20天以内]。如超过时间，即扣全分，具体评分标准如下。

| 等级 | 评分 | 标准 |
|---|---|---|
| A | 优秀（15分） | 按时提交"××物料库存周转分析表"，数据详细、准确。××物料在仓库的存放日期控制合理[旺季（8月至次年1月）平均控制在15天以内；淡季（2月至7月）平均控制在20天以内] |
| B | 及格（8分） | 按时提交"××物料库存周转分析表"，数据详细、准确。××物料在仓库的存放日期控制合理[旺季（8月至次年1月）平均控制在15天；淡季（2月至7月）平均控制在20天] |
| C | 差（0分） | 没有提交"××物料库存周转分析表"或数据不准确，或××物料在仓库的存放日期控制不到位[旺季（8月至次年1月）平均控制在15天以上；淡季（2月至7月）平均控制在20天以上] |

4. 每月10日向直属主管提交"采购成本节省效益情况表"，具体评分标准如下。

| 等级 | 评分 | 标准 |
|---|---|---|
| A | 优秀（15分） | 按时提交"××物料采购成本节省效益情况表"（如发掘到新厂家等）节省采购成本超过2万元 |
| B | 良好（10分） | 按时提交"××物料采购成本节省效益情况表"（如发掘到新厂家等）节省采购成本在5 000元至20 000元 |
| C | 及格（10分） | 按时提交"××物料采购成本节省效益情况表"（如发掘到新厂家等）节省采购成本在5 000元以内 |
| D | 差（0分） | 没有提交"××物料采购成本节省效益情况表"（如发掘到新厂家等）没有节省采购成本 |

5. 每月至少应与供应商对账一次，以保持与供应商的往来账务清晰，具体评分标准如下。

| 等级 | 评分 | 标准 |
|---|---|---|
| A | 优秀（15分） | 与供应商的账务保持清晰。每月10日之前向直属主管提交所有的应付账款确认单（要求由供应商签名确认），及时做好付款手续，并确保全月不出现"要付款而当日单据手续未完成"的情况 |
| B | 及格（10分） | 与供应商的账务保持清晰。每月10日之前向直属主管提交所有的应付账款确认单（要求由供应商签名确认），但没有及时跟进付款手续，出现了"要付款而当日单据手续未完成"的情况 |

（续）

（续表）

| 等级 | 评分 | 标准 |
|------|------|------|
| C | 差（0分） | 每月10日之前没有向直属主管提交所有的应付账款确认单（要求由供应商签名确认） |

受约人：　　　　　　　　　　　　　　发约人：

日期：　　　　　　　　　　　　　　　日期：

## 363　确定绩效评估的参与人员

绩效评估的参与人员主要有以下几类（详见表17-7）。

表17-7　绩效评估的参与人员

| 序号 | 参与人员 | 参与原因 |
|------|----------|----------|
| 1 | 采购部门主管 | 由于采购主管对管辖的采购人员最为熟悉，且所有工作任务的指派或工作绩效的好坏，均在其直接督导之下。因此，由采购主管负责评估，可注意到采购人员的个别表现，并兼收监督与训练的效果 |
| 2 | 会计部门或财务部门相关人员 | 采购金额占公司总支出的比例甚高，若能节约采购成本，则对公司利润的贡献很大；尤其在经济不景气时，对资金周转的影响也大。会计部门或财务部门不但掌握公司产销成本数据，而且对资金的取得与付出也做全盘管制，故可以参与评估采购部门的工作绩效 |
| 3 | 工程部门或生产管制部门相关人员 | 若采购项目的品质及数量，对企业的最终产出影响较大，则可由工程或生产管制部相关人员评估采购部门的绩效 |
| 4 | 供应商 | 有些企业通过正式或非正式渠道，向供应商了解采购作业的绩效和采购人员的素质 |
| 5 | 外界的专家或管理顾问 | 为避免企业各部门之间的本位主义或门户之见，可以特别聘请外界的采购专家或管理顾问，让其针对全盘的采购制度、组织、人员及工作绩效，进行客观的分析并提出建议 |

## 364　将采购绩效考核制度化

在绩效管理的工作流程中，制度也相当重要。而制度化也就是以文件的形式将考核的相关要求固定下来，并告知员工。

## 365　按规定开展绩效评估

采购人员工作绩效的评估可分为定期绩效评估和不定期绩效评估两种。

1．定期绩效评估

定期绩效评估是配合公司年度人事考核制度进行的。一般而言，以"人"的表现，如工作态度、学习能力、协调精神、忠诚程度等为考核内容，这对采购人员的激励及工作绩效的提升并无太大作用。如果能以目标管理的方式，即从各种工作绩效指标中，选择本年度重要性比较高的3～7个项目为目标，年终按实际达成程度加以考核，则必能提升个人或部门的采购绩效。因为这样做摒除了"人"的抽象因素，以"事"的具体成就为考核重点，比较客观、公正。

2．不定期绩效评估

不定期绩效评估是以专案方式进行的。例如，公司要求某项特定产品的采购成本降低10%，当设定期限一到，即评估实际的成果是高于还是低于10%，并就此成果给予采购人员相应的奖惩。此种评估方式能有效提升采购人员的士气，特别适用于新产品开发计划、资本支出预算、成本降低专案等。